清代學術名著叢刊

讀書雜志

（二）

［清］王念孫　撰
徐煒君　樊波成　虞思徵　張靖偉　等　校點

上海古籍出版社

讀管子雜志

張靖偉 點校

讀管子雜志序

《管子書》八十六篇，見存者七十六篇，中多古字古義，而流傳既久，譌誤滋多。自唐尹知章作注，已據譌誤之本，强爲解釋，動輒抵牾。明劉氏績，頗有糾正，惜其古訓未閑，讎校猶略。曩余撰《廣雅疏》成，則於家藏趙用賢本《管子》，詳爲稽核，既又博考諸書所引，每條爲之訂正。長子引之，亦屢以所見質疑，因取其説附焉。余官山東運河兵備道時，孫氏淵如采宋本與今本不同者，録以見示。余乃就曩所訂諸條，擇其要者，商之淵如氏，淵如見而韙之。而又與洪氏筠軒，稽合異同，廣爲考證，誠此書之幸也。及余《淮南子》校畢，又取《管子書》而尋繹之，所校之條，差增於舊。歲在己卯，乃手録前後諸條，竝載劉氏及孫、洪二君之説之最要者，凡六百四十餘條，編爲十二卷。學識淺陋，討論多疎，補而正之，以竢來喆。嘉慶二十四年三月既望，高郵王念孫敍，時年七十有六。

管子弟一

牧民

政之所興

「政之所興，在順民心。政之所廢，在逆民心」。念孫案：「政之所興」，唐魏徵《羣書治要》及《藝文類聚·治政部上》《太平御覽·治道部五》引此竝作「政之所行」，今作「政之所興」者，後人改「行」爲「興」，以對下文「政之所廢」耳，不知此四句本謂政順民心則行，不順民心則廢，下文曰「令順民心，則威令行」是其證，改「行」爲「興」則失其旨矣。

形勢

得幽

「蛟龍得水，而神可立也；虎豹得幽，而威可載也」。念孫案：「得幽」當依明仿宋本及朱東光本作「託幽」，此涉上句「得」字而誤，後《形勢解》正作「託幽」。

循誤爲脩

「上無事，則民自試。抱蜀不言，而廟堂既脩」。尹知章注曰：「蜀，祠器也。君人者，但抱祠器，以身率道，雖復靜然不言，廟堂之政，既以脩理矣。」朱曰：「『蜀』乃『器』字之誤書耳。」念孫案：朱以「蜀」爲「器」之誤，是也。後《形勢解》作「蜀」，亦誤。「脩」當爲「循」，亦字之誤也。隸書「循」、「脩」二字傳寫往往譌溷，《繫辭傳》「損，德之脩也」，釋文：「脩，馬本作循。」《莊子·大宗師篇》「以德爲循」，釋文：「循，本亦作脩。」《晉語》「矇瞍脩聲」，《王制》正義引作「循聲」。《史記·商君傳》「湯武不循古而王」，索隱曰：「《商君書》作『脩古』。」《荀子·議兵篇》「循上之法」，《呂氏春秋·盡數篇》「射而不中，反循于招，何益于中」，《韓子·五蠹篇》「聖人不期循古」，《趙策》「循禮無邪」，今本「循」字竝譌作「脩」。漢《北海相景君碑陰》「故循行都昌台丘遲」，《金石録》曰：「案《後漢書・百官志》注，河南尹官屬有循行一百三十人，而《晉書・職官志》州縣吏皆有循行。今此碑陰載故吏都昌台丘遲而下十九人皆作『脩行』，他漢及晉碑數有之，亦與此碑陰所書同。豈『循』、『脩』字畫相近，遂致訛謬邪？」《隸續》曰：「『循』、『脩』二字，隸法只争一畫，書碑者好奇，所以從省借用。」「事」、「試」爲韻，「循」、「言」爲韻。 循，順也，《説文》：「循，順行也。」鄭注《尚書中候》曰：「循，順也。」從也，《文選・陸雲〈答張士然詩〉》注引《廣雅》曰：「循，從也。」言人君抱器不言，而廟堂之中已順從也。《形勢解》云：「人主立其度量，陳其分職，明其法式，以莅其民，而不以言先之，則民循正。所謂抱蜀者，祠器也。故曰：抱蜀不言，而廟堂既循。」今本「循」字亦誤作「脩」，今據上文「則民循正」改。 是其證矣。《宙合篇》曰：「明墨章畫，今本「畫」譌作「書」，辯見「宙合」。 道德有常，則後世人人脩理而不迷。」「脩」亦當爲「循」，言君子道德有常，如工人之明墨章畫，則後世皆循其理而不迷也。《君臣篇》曰：「權度不一，則脩義者惑。」又曰：「能上盡言於主，下致力於民，而足以脩義從令者，忠臣也。」兩「脩」字皆當爲「循」。 「循」亦「從」也，下文云：「下之事上不虚，則循義從令者審也。」是其證矣。《四稱篇》曰：「不脩天道，不鑒四方。」又曰：「不脩先故變易國常。」兩「脩」字亦當爲「循」，言不順天道，不遵先故也。《侈靡篇》曰：「緣故脩法，以政治道。」「脩」亦當爲「循」，「緣」亦「循」也，《廣雅》：「緣，循也。」「政」與「正」同，言緣順故常，遵循法度，以正治道也。尹注：「緣順故常，脩理法制，爲政不違於道。」失之。《勢篇》曰：「慕和其衆，以脩天地之從。」又曰：「脩陰陽之從，而道天地之常。」兩「脩」字亦當爲「循」。循，順也。從，行也，《廣雅》：「從，行也。」《夏小正》傳曰：「不從者弗行。」言順天地之行，順陰陽之行也。「道天地之常」，「道」與「循」義亦相近也。尹注：「道，從也。」《正篇》曰：「明之以察其生，必脩其理。」《九守篇》曰：「因之脩理，故能長久。」兩「脩」字亦當爲「循」。循理，順理也。《九守篇》又曰：「脩名而督實，按實而定名。」「脩」亦當爲「循」。循，因也，因名而責實也。韓子《定法篇》曰：「因任而授官，循名而責實。」《淮南・主術篇》曰：「循名責實，官使自司。」《後漢書・王堂傳》曰：「循名責實，察言觀效。」《蜀志・諸葛亮傳》評曰：「循名責實，虛僞不齒。」皆本於《管子》也。《地數篇》曰：「脩河濟之流，南輸梁趙宋衛濮陽。」「脩」亦當爲「循」，言循河濟而南也。

獨有

「唯夜行者獨有也」。念孫案：「獨有也」，當從朱本作「獨有之也」。尹注云：「故獨有之也。」後《解》云：「故曰：唯夜行者獨有之也。」今本「也」誤作「乎」，據此文改。皆其證。《淮南・覽冥篇》作「惟夜行者爲能有之」，亦有「之」字。

平原之隰

「平原之隰，奚有於高」。後《解》云：「所謂平原者，下澤也，雖有小封，不得爲高，故曰：『平原之隰，奚有於高。』」念孫案：此當作「平隰之封，奚有於高」，後《解》當作「所謂平隰者，下澤也，雖有小封，不得爲高。故曰：『平隰之封，奚有於高。』」尹注云：「言平隰之澤，雖有小封，不成於高。」是其明證也。下溼曰「隰」，故言「下澤」。積土曰「封」，故言「雖有小封，不得爲高」。後人既改此文「平隰之封」爲「平原之隰」，遂并後《解》而改之，弗思甚矣。

譕臣

「譕臣者可以遠舉，顧憂者可與致道」。引之曰：「譕」與「謨」同，《集韻》曰：「謨，古作譕。」《爾雅》曰：「謨，謀也。」臣，當作「巨」，字形相似而誤。巨，大也。「譕巨」者，謀及天下之大，而非一家一國之謀也。《形勢解》曰：「明主之慮事也，爲天下計者，謂之譕臣。」「臣」亦當作「巨」。曰「慮」曰「計」，釋「譕」字也，曰「天下」，則釋「巨」字也。若作「譕臣」，則其義不可通矣。且「巨」與「舉」爲韻，「憂」與「道」爲韻，二字古音同在幽部。若作「臣」字，則又失其韻矣。尹注非。

故曰

「故曰：伐矜好專，舉事之禍也」。劉績曰：「經文不應有『故曰』，此二字疑衍。」念孫案：「伐矜好專」二句與上文義不相屬，則不當有「故曰」二字，此涉上注「故曰參之天地」而衍。

邪氣入内

「邪氣入内，正色乃衰」。念孫案：「入」當依宋本、朱本作「襲」，後《解》及《文選·長門賦》注、《七發》注引此竝作「襲」。襲，即入也，《晉語》韋注、《淮南·覽冥篇》高注、《莊子·大宗師篇》司馬彪注、《吴都賦》劉逵注竝云：「襲，入也。」無庸改「襲」爲「入」。孫氏淵如説同。

天下

「有聞道而好定萬物者，天下之配也」。念孫案：「天下」，當爲「天地」。人君能定萬物，則可以配天地。上文云：「能與而無取者，天地之配也。」即其證。今作「天下」者，涉上文「天下之人」而誤。《黄氏日鈔》亦云：「『地』誤作『下』。」

釋之

「莫知其釋之」。念孫案：宋本「釋」作「澤」，古字假借也。說見《戒篇》「澤其四經」下。今本作「釋」者，後人不識古字而改之。

違之

「其功逆天者，天違之」。念孫案：宋本「違」作「圍」，下文「天之所違」及後《解》竝同。古字假借也。「違」之通作「圍」，猶「圍」之通作「違」耳。《繫辭傳》「範圍天地之化而不過」，釋文：「範圍，馬、王、肅、張作『犯違』。」今本作「違」者，亦後人不識古字而改之。

烏鳥之狡

「烏鳥之狡，雖善不親」。念孫案：「烏鳥之狡」，當作「烏集之佼」。「佼」與「交」同，《說文》：「佼，交也。」《七臣七主篇》「好佼友而行私請」。又《明法篇》「民務交而不求用」，《明法解》「交」作「佼」。《趙策》「夫齊韓事趙宜爲上交」，《史記·趙世家》「交」作「佼」。後《解》云：「與人佼，宋本如是，今本改「佼」爲「交」。多詐僞，無情實，偷取一切，謂之烏集之佼。」是其證也。尹注非。

見與之交　見哀之役

「見與之交，幾於不親。見哀之役，幾於不結」。念孫案：「見與之交」，當從朱本作「見與之友」，後《解》亦作「友」。隸書「交」字作「㕛」，與「友」相似而誤。後《解》云：「以此爲友則不親，以此爲交則不結。」是此文上句作「友」，下句作「佼」也。「見哀之役」，「哀」與「愛」古字通。《吕氏春秋・報更篇》「人主胡可以不務哀士」，《淮南・説林篇》「各哀其所生」，高注竝云：「哀，愛也。」《樂記》「肆直而慈愛者」，鄭注：「愛，或爲哀。」「役」當爲「佼」，字之誤也。「役」字古文作「役」，與「佼」相似。「佼」與「交」同，後《解》作「見愛之交」，是其證也。尹注非。

獨王

「獨王之國，勞而多禍」。劉曰：「當依《解》作『獨任之國』。」念孫案：「任」字古通作「壬」，因譌而爲「王」。尹注非。

權脩

民無取

「民衆而兵弱者，民無取也」。洪氏筠軒曰：「『取』當作『恥』，謂民無愧厲，雖衆而弱。《北堂書鈔》二十七引下文『則民無取』，《文選·射雉賦》李善注引下文『民無取』，『取』皆作『恥』。尹注非。」

民力

「欲爲天下者，必重用其國。欲爲其國者，必重用其民。欲爲其民者，必重盡其民力」。孫云：「『民力』之『民』因上文而衍。」念孫案：《羣書治要》引此無「民」字。

婦言人事

「婦言人事，則賞罰不信」。洪曰：「當作『婦人言事』。尹注非。」

不可不審

「欲民之可御，則法不可不審」。念孫案：「審」本作「重」。此言人主重民而輕法，則民不畏；民不畏，則不可御。故曰：「欲民之可御，則法不可不重。」《法法篇》曰：「法重於民，不爲愛民枉法律。」義與此同也。今作「不可不審」者，涉下文兩「不可不審」而誤。鈔本《北堂書鈔·刑法部一》明陳禹謨本删去。《太平御覽·刑法部四》引此竝作「不可不重」。

立政

大德

「大德不至仁，不可以授國柄」。念孫案：「至仁」即大德，未有大德而不仁者。《羣書治要》引此，「德」作「位」，是也。今作「德」者，涉上章諸「德」字而誤。大位而不至仁，則必失衆心，故下文曰：「卿相不得衆，國之危也。」「卿相」即大位也。尹注非。

不救於火

「山澤不救於火，草木不殖成」。孫曰：「『救』當作『敬』，下文『脩火憲，敬山澤』，其證也。『敬』與『儆』通，言山澤無焚萊之禁，則草木不殖成。」

博出入　博民於生穀

「一道路，博出入，審閭閈，慎筦鍵」。念孫案：「博」字義不可通，「博」當爲「摶」，字之誤也。俗書「摶」字作「搏」，因譌而爲「博」。《商子・農戰篇》「民不營則國力摶」，《衛策》「願王摶事秦，無有佗計」，《韓詩外傳》「好一則摶」，今本「摶」字竝譌作「博」。「摶」與「專」同。「一道路，專出入」，「專」與「一」正同義。「審閭閈，慎筦鍵」，亦所以專出入也。下文曰：「置閭有司，以時開閉，閭有司觀出入者，以復于里尉。」即專出入之謂也。古書多以「摶」爲「專」，《霸言篇》曰：「夫令不高不行，不摶不聽。」「摶」與「專」同，尹讀「摶」爲「摶聚」之「摶」，非是，劉已辯之。《內業篇》曰：「能摶乎？能一乎？」今本「摶」譌作「搏」，劉已辯之。《心術篇》作「專」。《繫辭傳》「其静也專」，陸績本「專」作「摶」。昭二十五年《左傳》「若琴瑟之專一」，董遇本作「摶」。《史記・秦始皇紀》「摶心揖志」，索隱曰：「摶，古專字。」引《左傳》「如琴瑟之摶一」，從董本也。《商子・農戰篇》曰：「摶民力以待外事。」凡《商子》，「專」字皆作「摶」。《吕氏春秋·適音篇》曰：「耳不收，則不摶。」高注曰：「『不摶』，入不專一也。」《史記·田完世家》「韓馮因摶三國之兵」，徐廣曰：「摶音專。」《漢書·天文志》「卒氣摶」，如淳曰：「摶，專也。」此皆借「摶」爲「專」之證。又《八觀篇》「先王之禁山澤之作者，博民於生穀也」，「博」亦當爲「摶」，即《商子》所云「摶民力」也。又見《幼官篇》「博一純固」下。

圈屬

「凡出入不時，衣服不中，圈屬群徒，不順於常者」。尹注曰：「圈屬，羊豕之類也。」洪云：「圈讀『圈聚』之『圈』。屬，係也。群徒謂朋輩，言環結交遊之人，《幼官篇》『强國爲圈，弱國爲屬』即其證也，尹注非。」

致于鄉屬

「五鄉之師出朝，遂于鄉官致于鄉屬，及于游宗皆受憲」。引之曰：「致」下不當有「于」字，此涉上下兩「于」字而衍。「鄉官」謂鄉師治事處也，言五鄉之師出朝，遂于治事之處致其鄉屬，下及于游宗，皆來受憲也。下文云：「五屬大夫至都之日，遂於廟致屬吏，皆受憲。」

是其證。

由田

「相高下，視肥墝，觀地宜，明詔期，前後農夫，以時均脩焉，使五穀桑麻皆安其處，由田之事也」。念孫案：「由」即「田」字之誤，今作「由田」者，一本作「田」，一本作「由」，而後人誤合之也。「田」謂農官也，《月令》「命田舍東郊」，鄭注曰：「田，謂田畯，主農之官也。」《法法篇》曰：「皋陶爲李，后稷爲田。」《小匡篇》曰：「弦子旗爲理，甯戚爲田。」

脩

「脩生則有軒冕服位穀祿田宅之分，死則有棺槨絞衾壙壟之度」。念孫案：「生上」不當有「脩」字，此涉上文「鈞脩」而衍，《春秋繁露·服制篇》文與此同，無「脩」字。

服絻

「刑餘戮民，不敢服絻。」「絻」與「冕」同。「絻」，一本作「絲」。念孫案：刑餘戮民，不得與四民同服，非但不敢服絻而已。一本「絻」作「絲」，是也。《春秋繁露》作「刑餘戮民，不敢服絲玄纁」是其證。古者爵弁服、玄衣、纁裳皆以絲爲之。洪説同。

乘馬

太山

「凡立國都，非於太山之下，必於廣川之上」。念孫案：「太」當爲「大」，「大山」、「廣川」相對爲文，無取於「太山」也。

正不正

「正不正，則官不理」。念孫案：「正不正」當作「地不正」，此承上文「正地」而言。「地不正，則官不理」，即上文所云「地不平均和調，則政不可正也」。今本「地」作「正」者，涉上下文「正」字而誤。尹注非。

百利不得

「是故百貨賤，則百利不得。百利不得，則百事治」。念孫案：「百利不得」，當作「百利得」，言百貨賤，則民之得貨多而百利得，百利得則百事治矣。上文云：「何以知事之治也？曰：貨多。」是其證。今作「百利不得」者，涉下文六「不」字而誤，《太平御覽・資産部七》引此正作「百利得」，尹注非。孫説同。

地之小大

「是知諸侯之地千乘之國者，所以知地之小大也，所以知任之輕重也」。念孫案：「地之小大」，當作「器之小大」。上文云「諸侯之地，千乘之國者，器之制也。」故此文云：「是知諸侯之地千乘之國者，所以知器之小大也，所以知任之輕重也。」下文「不知任」、「不知器」正承此二句言之，今本「器」作「地」者，涉上文「諸侯之地」而誤。

樊棘

「樊棘雜處，民不得入焉」。引之曰：草木無名樊者，「樊」當爲「楚」，字形相似而誤。「楚」，荆也。「楚棘雜處」，謂荆棘叢生也。《地員篇》曰：「其草宜楚棘。」

鎌纏

「藪鎌纏得入焉」。念孫案：「纏」，當從宋本作「纆」。《説文》作「纆」，云：「索也。」《坎》上六「係用徽纆」，馬融曰：「徽纆，索也。」劉表曰：「三股曰徽，兩股曰纆。」案：鎌者，所以刈薪，纆者，所以束之，《列子·説符篇》曰「擔纆采薪」是也。今本「纆」譌作「纏」，據殷敬順《釋文》改。「采薪」譌作「薪菜」，據《淮南·道應篇》改。鎌與纆皆入藪采薪者之所用，故曰「藪鎌纆得入焉」。若「纏」爲纏繞之義，非繩索之名，不得與「鎌」竝舉矣。世人多見「纏」，少見「纆」，故諸書「纆」字多譌作「纏」，辯見《淮南·道應篇》。

一馬

「一馬，其甲七，其蔽五。四乘，其甲二十有八，其蔽二十」。念孫案：一馬之所用，不得有七甲五蔽，「一馬」當爲「一乘」，四乘有二十八甲、二十蔽，則一乘當有七甲、五蔽也。今本「乘」作「馬」者，涉上文「四馬」而誤。

奉車兩

「白徒三十人，奉車兩」。念孫案：「奉車兩」，當爲「奉車一兩」，《山至數篇》「方六里而一乘，二十七人而奉一乘」是也。

十一仞見水輕征十分去二三二則去三四

「十一仞見水輕征，十分去二三，二則去三四，四則去四，五則去半」。引之曰：以「五則去半」推之，則當爲「一仞見水輕征，十分去一，二則去二，三則去三，四則去四，五則去半」，謂一仞見水，則去常征十分之一，二仞則去十分之二，三仞則去十分之三，四仞則去十分之四，五仞則去十分之五也。今本譌脱而又有衍文，幾不可讀。

十分去一

「五尺見水，十分去一，四則去三，三則去二，二則去一」。劉曰：「此言當旱之時，若汙下地五尺見水，則常征十分免四，四尺見水則免三，三尺見水則免二，二尺見水則免一。『十分去一』當作『十分去四』，乃字之誤也。」

三尺而見水

「三尺而見水比之於澤」。引之曰：上文由五尺而四尺，四尺而三尺，三尺而二尺，則此當爲一尺矣。若三尺而見水，則地猶高燥，不得比之於澤，蓋寫者誤耳。

閉則類

「民之生也，辟則愚，閉則類」。念孫案：「生」讀爲「性」。見《周官·大司徒》注。「閉」當爲「閑」，字之誤也。《廣雅》曰：「閑，正也。」《爾雅》曰：「類，善也。」言民之性入乎邪僻則愚，由乎中正則善也。尹注非。

七法

檐竿

「不明於則而欲出號令，猶立朝夕於運鈞之上，檐竿而欲定其末」。引之曰：「檐」當爲「搖」。「搖」，古「搖」字。《考工記》「矢人夾而搖之」，釋文：「搖，本又作搖。」《漢書·天文志》：「附耳搖動。」言鈞運則不能定朝夕，竿搖則不能定其末也。故《心術篇》曰：「搖者不定，趮者不静。」「搖」與「檐」字相似，世人多見「檐」少見「搖」，故「搖」誤爲「檐」。《史記・建元以來王子侯者表》「千鍾侯劉搖」，《漢表》作「劉擔」。《文選・上林賦》「消搖乎襄羊」，汪文盛本《漢書・司馬相如傳》作「消擔」。皆是「搖」字之誤。尹注訓「檐」爲「舉」，非是。

倍招而必拘之

「不明於心術而欲行令於人，猶倍招而必拘之」。引之曰：「倍」與「背」同，招，射之的也。《吕氏春秋・本生篇》曰：「萬人操弓，共射一招。」高注：「招，埻的也。」《別類篇》曰：「射招者，欲其中小也。」「拘」當爲「射」，字之誤也。草書「射」、「拘」相似。射招者必向招而射，若背招則招不可得而射矣。上文云：「實也、誠也、厚也、施也、度也、恕也，謂之心術。」若無此六者，則令必不行於民，故曰：「不明於心術而欲行令於人，猶背招而必射之也。」尹注非。

百匿傷上威　比周以相爲匿是忘主死交以進其譽

「百匿傷上威」。尹注曰：「百，百官也。言百官皆匿情爲私，則上威傷。」念孫案：尹説甚迂。「匿」與「慝」同。「百匿」，衆慝也。言姦慝衆多，共持國柄則上失其威也。《逸周書·大戒篇》「克禁淫謀衆匿乃雍」,《韓子·主道篇》「處其主之側爲姦匿」,今本「匿」譌作「臣」,辯見《韓子》。「匿」竝與「慝」同。《漢書·五行志》「朔而月見東方,謂之仄慝」,《書大傳》作「側匿」。《漢書·酷吏傳》「上下相爲慝」,《史記》「慝」作「匿」。《後漢書·班固傳〈典引〉》「慝亡迴而不泯」,《文選》「慝」作「匿」。是「匿」與「慝」古字通。又《明法篇》:「比周以相爲匿,是忘主死交以進其譽。」尹讀「比周以相爲匿是」爲句,注云:「比周者,凡有公是之事皆匿而不行也。」其説甚謬,此當讀「比周以相爲匿」爲句。「匿」亦與「慝」同,「比周以相爲慝」猶言朋比爲姦也。「是」下當有「故」字,後《明法解》作「比周以相爲慝,是故忘主死佼以進其譽」是其明證也。又案:「忘主死交」,《韓子·有度篇》「死」作「外」,是也。故《明法解》云:「群臣皆忘主而趨私佼。」「外」、「死」字相近,故「外」譌作「死」。尹注云:「爲交友致死。」非也。劉以「死」爲「私」之誤,亦非也。

見危

「人君泄,見危」。念孫案:「見」當爲「則」,故尹注曰:「君泄其事,則其位危。」

實也　萬世之實

「世主所貴者實也」。念孫案：實，當從朱本作「寶」，下文「令貴於寶」是其證。又《侈靡篇》：「萬世之國，必有萬世之實，必因天地之道。」念孫案：「實」亦當從朱本作「寶」，下文「弃其國寶」是其證。「寶」與「道」爲韻，下文「聖稱其寶」亦與「道」爲韻。

百匿

「右四傷百匿」。念孫案：朱本無「百匿」二字，是也。「四傷」是篇目，「百匿」乃四傷之一，不得與「四傷」竝列。

精材

「故聚天下之精財，論百工之鋭器」。念孫案：「財」當爲「材」。《幼官篇》：「求天下之精材，論百工之鋭器。」尹注云：「精材，可以爲軍之器用者。」是也。今本「材」作「財」者，涉上文「聚財」而誤。孫説同。

故攻國救邑不恃權與之國

「不遠道里，故能威絕域之民。不險山河，故能服恃固之國。獨行無敵，故令行而禁止。故攻國救邑不恃權與之國，故所指必聽」。念孫案：「故攻國救邑」，「故」字涉上下文而衍，「不遠道里」、「不險山河」、「獨行無敵」、「攻國救邑」皆承上文言之，則皆不當有「故」字。「不恃權與之國」，「恃」當爲「待」，《幼官》《事語》二篇竝云「不待權與」，是其證。今本「待」作「恃」者，涉上文「恃固」而誤。尹注同。

版法

置不能圖

「衆之所忿，置不能圖」。劉曰：「當依《解》作『寡不能圖』，注非。」

宥過

「頓卒怠倦以辱之，罰罪宥過以懲之，殺僇犯禁以振之」。念孫案：「宥過」，當從朱本作「有過」。此謂怠倦者頓卒之，有過者罰罪之，犯禁者殺僇之也。後《解》正作「有過」。

倚邪乃恐

「植固不動，倚邪乃恐」。念孫案：「倚邪」，即《周官》之「奇衺」。「奇」與「倚」古字通，後《解》及《明法篇》竝作「奇邪乃恐」，又見後「隱行辟倚」下。言法立而不動，則奇衺之人皆恐也。尹注非。

象法

「法天合德，象法無親」。念孫案：「象法」，當從朱本作「象地」。「象地」與「法天」相對爲文，故尹注曰：「地之資生，無所私親。」後《解》正作「象地無親」。

佐於四時

「參於日月，佐於四時」。念孫案：「佐」，當從朱本作「伍」，字之誤也。「參於日月」，與日月而三也。「伍於四時」，與四時而五也。後《解》正作「伍於四時」。

悦在施有衆在廢私　説在愛施

臧氏用中曰：「『悦在施有衆在廢私』，尹注四字爲句者，誤也。後《解》作『説在愛施』、『有衆在廢私』，而宋本作『四説在愛施』，其上文云『愛施俱行，則説君臣，説朋友，説兄弟，説父子』，此『四説』之明證也。然則此文實五字爲句，本篇脱『四』字、『愛』字，後《解》有『愛』字而脱『四』字，合之宋本，而四説之旨乃明。」

脩長　高安　不脩

「脩長在乎任賢，高安在乎同利」。念孫案：「脩長」，當從後《解》作「備長」，言備長久之道在乎任賢也。「高安」，當從後《解》作「安高」，言安上之道，在乎與民同利也。今本「備長」作「脩長」，則義不可通。俗書「備」字作「偹」，與「脩」相似而誤。「安高」作「高安」，則與上句不對矣。又《八觀篇》「宫垣關閉，不可以不脩」，「脩」亦當爲「備」，下文曰：「宫垣不備，雖有良貨，不能守也。」是其證。

管子弟二

幼官

若因夜虛守静人物人物則皇

尹讀「若以夜虛」爲句，「守静人物」爲句，「人物則皇」爲句。注云：「必因夜虛之時，守其安静以聽候人物，此時人物則皇暇。」劉云：「後《中圖》作『處虛守静，人物則皇』，此『人物』字疑衍。《黄氏日鈔》亦云：「衍『人物』二字。」當以『處虛守静』爲句，『人物則皇』爲句。」臧云：「『處虛』與『守静』對文，《老子》所謂『致虛極，守静篤』也。『處』與『夜』，字形相似而誤。《秦策》「江上之處女」，《初學記・器物部》引「處」誤作「夜」。尹注非。」念孫案：劉、臧説是。

攻之以官　威之以誠

「期之以事，攻之以官，發之以力，威之以誠」。念孫案：後《中方本圖》「攻之以官」作「攻之以言」，一本作「攷之以言」，一本是也。《堯典》曰：「詢事考言。」故曰：「期之以事，攷之以言。」尹注非也。「威之以誠」，「威」當爲「感」。「攷」「攻」、「言」「官」、「感」「威」，皆字之誤。

摶大

「九本摶大，人主之守也」。念孫案：「摶大」，當爲「博大」。尹注非。

十官

「十官飾勝備威，將軍之守也」。念孫案：此在「八分」之下，「六紀」之上，則「十官」當爲「七官」。

介蟲

「以介蟲之火爨」。引之曰：上文言「倮獸」、「羽獸」、「毛獸」，下文言「鱗獸」，則此亦當言「介獸」，後人多聞「介蟲」，寡聞「介獸」，故改「獸」爲「蟲」也。不知「羽」、「毛」、「鱗」、「介」、「倮」，皆可謂之蟲，亦皆可謂之獸。《月令》曰：「其蟲羽，其蟲倮，其蟲毛。」是羽者、倮者、毛者，亦謂之蟲也；其羽者、介者、鱗者，亦皆可謂之獸。故此言「羽獸」、「介獸」、「鱗獸」。《曲禮》曰：「前朱鳥而後玄武，左青龍而右白虎。」鄭注曰：「以此四獸爲軍陳。」正義曰：「玄武，龜也。」龜爲四獸之一，即此所謂「介獸」也。《淮南·天文篇》亦曰：「北方其獸玄武。」

利周

「信利周而無私」。劉云：「『周』當依後《圖》作『害』。」念孫案：隸書「害」字或作「𡨦」，與「周」相似而誤。尹注非。

置大夫以爲廷安入共受命焉　必足三年之食安以其餘脩兵革　其外安榮　下安無怨咎　凡道無所善心安愛　其陽則安樹之五麻　群木安逐　群藥安生　群藥安聚　群木安逐鳥獸安施

「置大夫以爲廷，安入，共受命焉」。念孫案：此當以「置大夫以爲廷」爲句，「安入」爲句，「共受命焉」爲句。「廷」，官名，言以大夫爲此官也。「安」，語詞，猶「乃」也，言諸侯乃入而共受命也。尹讀「置大夫以爲廷安」絶句，甚爲不詞，其注亦甚謬，不足辯。又《大匡篇》曰：「必足三年之食，安以其餘脩兵革。」言必足三年之食，乃以其餘脩兵革也。尹讀「必足三年之食安」絶句，注云：

「有三年食，然後可安。」非是。《内業篇》曰：「精存自生，其外安榮。」言精生於中，其外乃榮也。尹訓「安」爲「静」，非是。《山國軌篇》曰：「民衣食而繇，下安無怨咎。」言下乃無怨咎也。《内業篇》又曰：「凡道無所，善心安愛。」「愛」當爲「處」，字之誤也。隸書「處」字或作「𠩄」，與「愛」相似。「安」，猶「是」也。「處」，居也。言道無常所，唯善心是居也，下文曰：「心静氣理，道乃可止。」是其明證也。此二句以「所」、「處」爲韻，下文以「理」、「止」爲韻，「遠」、「産」爲韻，「離」、「知」爲韻。尹讀「凡道無所善爲」句，「心安愛」爲句，注云：「言道無他善，唯愛心安也。」非是。又《地員篇》曰：「其陰則生之楂藜，其陽安樹之五麻。」「安」與「則」相對爲文，「安」亦「則」也，言其陽則樹之五麻也。今本「安」上有「則」字，乃後人不曉文義而妄加之。《地員篇》又曰：「其山之淺，有蘢與斥，羣木安逐。」安於是也。《爾雅》曰：「逐，彊也。」言群木於是彊盛也。尹注以「安」爲「和易」，非是。又曰「群藥安生」，又曰「群藥安聚」，又曰「群木安逐，鳥獸安施」，「施」，當爲「族」。《白虎通義》曰：「族，湊也，聚也。」言鳥獸於是聚也，上文「群藥安聚」即其證也。「族」字上與「漉」、「穀」、「逐」爲韻，下與「鹿」爲韻，「族」與「施」字相近，因譌而爲「施」。尹注云：「施，謂有以爲生。」謬矣。義竝同也。語詞之「安」，或爲「乃」，或爲「則」，或爲「是」，或爲「於是」，其義竝相近。字或作「案」，又作「焉」。《荀子・勸學篇》：「上不能好其人，下不能隆禮，安特將學雜識志，順詩書而已耳。」楊倞曰：「安，語助，或作『安』，或作『案』，《荀子》多用此字，《禮記・三年問》作『焉』。《戰國策》『謂趙王曰：「秦與韓爲上交，秦禍案移於梁矣。秦與梁爲上交，秦禍案攘於趙矣。」』見《趙策》。《呂氏春秋》『吴起謂商文曰：今日置質爲臣，其主安重。釋璽辭官，其主安輕。』見《執一篇》。蓋當時人通以『安』爲語助。」念孫案：字之作「安」者，《管子》《荀子》《呂氏春秋》《戰國策》而外又見於《國語》；《吴語》曰：「王安挺志，一日惕，一日留，以安步王志。」又曰：「王安厚取名而去之。」《老子》「往而不害安平太」。《墨子》；《非樂篇》曰：「然即當爲之撞巨鍾、擊鳴鼓、彈琴瑟、吹竽笙而揚干戚，民衣食之財將安可得而具乎？即我以爲未必然也。」又曰：「然即當爲之撞巨鍾、擊鳴鼓、彈琴瑟、吹竽笙而揚干戚，天下之亂將安可得而治與？即我以爲未必然也。」其作「案」者，《荀子》《戰國策》而外又見於《逸周書》；《武寤篇》曰：「約期于牧，案用師旅，商不足滅，分禱上下。」其作「焉」者，則《禮記・三年問》而外，見於經史諸子者甚多。見《釋詞》。尹氏不知「安」爲語詞，固宜其説之多謬也。

習勝之

「必得文威武官習勝之」。念孫案：「習勝」者，習勝敵之術也。「勝」下不當有「之」字，此涉下文「勝之」而衍，注內「勝之」同。宋本、朱本皆無「之」字。

綸理

「定綸理勝，定死生勝，定成敗勝，定依奇勝，定實虛勝，定盛衰勝」。念孫案：「綸理」，即「倫理」。「倫」與「綸」古字通，故《漢書·律曆志》「泠倫」作「泠綸」。「依奇」，即「依倚」也。《説卦傳》「參天兩地而倚數」，釋文「倚，蜀才作奇」。《周官·大祝》「奇𢷎」注：「杜子春云：『或云奇，讀曰倚。』」《漢書·外戚傳》「欲倚兩女」，《史記》「倚」作「奇」。「綸理」、「死生」、「成敗」、「依奇」、「實虛」、「盛衰」，皆兩字平列。尹注非。

奇舉發

「奇舉發不意，則士懽用」。念孫案：「舉發不意」，即下文所云「發不意」也。「舉發」上不當有「奇」字，此涉上文「依奇」而衍。自「舉機誠要」至「執務明本」，皆四字爲句。尹注非。

博一純固則獨行而無敵　慎號審章則其攻不待權　與明必勝則慈者勇

「博一純固，則獨行而無敵」。尹注曰：「德博而一，行純而固，誰能敵之。」念孫案：「博」字與「一純固」三字義不相屬，尹云「德博而一」，則曲爲之説也。「博」當爲「摶」，字之誤也。説見前「博出入」下。「摶」，即「專」字也。「專一」與「獨行」，義正相承，唯其專一純固，故能獨行而無敵。《兵法篇》曰：「一氣專定，則傍通而不疑。」是其證也。古書多以「摶」爲「專」。説見前「博出入」下。又案下文云：「慎號審章，則其攻不待權與。明必勝，則慈者勇。」尹讀「則其攻不待」爲句，注云：「慎號令，審旗章，則攻者争先登，豈顧後而相待乎？」又讀「權與明必勝」爲句，注云：「權謀明略，必能勝敵。」念孫案：尹注甚謬。此當讀「則其攻不待權與」爲句。「權與」，謂與國也。言能慎號審章，則攻人之國，不待與國之相助也。即上文「獨行無敵」之意。《七法篇》曰：「攻國救邑，不待權與之國。」《事語篇》曰：「獨出獨入，莫之能禁止，不待權與。」今本「與」字皆作「輿」，此後人不曉文義而妄改之也，唯宋本作「與」。《輕重甲篇》曰：「數欺諸侯者無權與。」是其證也。下文：「明必勝，則慈者勇。器無方，則愚者智。攻不守，則拙者巧。」六句文同一例，則「明必勝」三字不與「權與」連文益明矣。

數也動慎十號

「數也，動慎十號，明審九章，飾習十器，善習五官，謹脩三官」。尹讀「數」爲「煩數」之「數」，而以「數也動慎」連讀，注曰：「兵既數動，必慎。」孫曰：「『數』讀如『計數』之『數』，『數也』爲句，『動慎十號』爲句，與下文『明審九章』云云句法爲一例。」念孫案：孫說是也。「數也」云者，猶言道固然也，乃總結上文之詞。《荀子・仲尼篇》曰：「桓公兼此數節者而盡有之，其霸也，宜哉！非幸也，數也。」《呂氏春秋・壅塞篇》「寡不勝衆，數也」，高注曰：「數，道數也。」本書《權脩篇》曰：「教訓成俗而刑罰省，數也。」《法法篇》曰：「上無固植，下有疑心，國無常經，民力必竭，數也。」皆其證。洪曰：「《兵法篇》云：『三官不謬，五教不亂，九章著明。』此『五官』當作『五教』。」

稱材

「收天下之豪傑，有天下之稱材」。念孫案：「稱材」當爲「精材」，即上文所云「求天下之精材」也。《七法篇》云：「聚天下之精材，論百工之銳器。」《小問篇》云：「選天下之豪傑，有天下之精材。」意竝同也。隸書「稱」字或作「稱」，與「精」相似而誤。尹注非。

經不知

「器成不守，經不知，教習不著，發不意」。念孫案：經，過也，謂兵過敵境而敵不知也。「經不知」、「發不意」相對爲文。「經」之言「徑」也，《兵法篇》云：「徑乎不知，發乎不意。」是其證。尹注非。

死亡不食

「死亡不食，不過四日而軍財在敵」。尹注曰：「死亡者不享食，鬼神必怨怒，故軍財在敵。」引之曰：「死亡不食」，義不可通，尹曲爲之説，非也。「亡」，蓋「士」之譌。「死士」，敢死之士也。見定十四年《左傳》杜注。「食」猶「饗」也。「饗死士」，若田單之盡散飲食饗士、李牧之日擊數牛饗士是也。《秦策》曰：「廢文任武，厚養死士，綴甲厲兵，效勝於戰場。」是死士所以克敵效勝，今吝惜資財，不肯饗之，則死士不爲之用，將無以勝敵而爲敵所勝，故軍財在敵也。後《幼官圖篇》同。

適勝

「察數而知治，審器而識勝，明謀而適勝」。念孫案：「適勝」當爲「勝適」。「適」，即「敵」字也。《兵法篇》云：「察數而知治，審器而識勝，明理而勝敵。」是其證。今作「適勝」者，涉上句「識勝」而誤。

則人君從會請命於天地

「使國君得其治，則人君從，會請命於天地，知氣和，則生物從」。念孫案：「則人君從」絶句，與上下之「民人從」、「大人從」、「生物從」文同一例。「會」字下屬爲句，會，合也，合請命於天地也。尹以「人君從會」爲句，非是。

不執

「著於取與之分，則得地而不執」。念孫案：「執」字義不可通，尹曲爲之説，非也。「執」，當爲「報」。「報」，復也，反也。《周官·宰夫》注：「復之言報也，反也。」言明乎取與之分，則得敵之地，而敵不能復取吾地也。《越語》曰：「戰勝而不報，取地而不反。」是其證。隸書「執」字或作

「𤘍」，見漢《淳于長夏承碑》。形與「報」相似，故「報」譌爲「執」矣。《漢書·王子侯表》「騶丘原侯報德」，《史表》「報」作「執」。

幼官圖

則功得而無害也

「審於動静之務，則功得而無害也」。念孫案：「也」字衍，前篇無「也」字，以上下文例之，亦不當有「也」字。

五輔

上彌殘苟而無解舍下愈覆鷙而不聽從　苟於民

「上彌殘苟而無解舍，下愈覆鷙而不聽從」。尹注曰：「居上位者小人，故殘賊苟且也。覆，察也。鷙，疑也。上既賊苟而不舍，故下伺察而懷疑。」劉曰：「『殘苟』，當作『殘苛』，乃字之誤也。」念孫案：尹注甚謬。劉以「苟」爲「苛」之誤，是也。凡隸書從可從、句之字，往往謞溷，《説文》「抲」字解引《酒誥》「盡執抲」，今本作「盡執拘」。《考工記》「妢胡之笴」注：「故書『笴』爲『筍』。杜子春云：『筍當爲笴。』」漢《巴郡太守張納碑》「犴無拘紲之人」，「拘」字作「抲」。《冀州從事郭君碑》「凋柯霜榮」，「柯」字作「柯」，其右畔極相似，又見下。故「苛」誤作「苟」，下文「薄稅斂，毋苛於民」，「苛」字亦誤作「苟」。尹注：「謂無苟取於民。」非是。《莊子・天下篇》「君子不爲苛察」，《釋文》：「苛，一本作苟。」《楚策》「以苛廉聞於世」，《史記・甘茂傳》作「以苟賤不廉聞於世」。《説文・敘》曰：「廷尉説律，至以字斷法：『苛人受錢，苛之字止句也。』」隸書「苛」字，或作「菩」，上從「艸」，下與「句」相似，而此云「苛之字止句」者，蓋隸書從「止」之字，或作「立」，與從「艸」者相亂故也。皆其證矣。「覆」讀爲「愎」。「愎」、「鷙」，皆很也，言上殘苛而不已，則下很戾而不從也。《廣雅》曰：「愎、鷙，很也。」宣十二年《左傳》「剛愎不仁」，杜預曰：「愎，很也。」《漢書・匈奴傳》「天性忿鷙」，顏師古曰：「鷙，很也。」「愎」字從心复聲，故與「覆」通。字又作「復」，《趙策》云：「知伯之爲人好利而鷙復。」是也。《韓子・十過篇》「復」作「愎」。又作「蝮」，《史記・酷吏傳贊》云：「京兆無忌，馮翊殷周蝮鷙。」是也。

利壇宅

「辟田疇，利壇宅」。尹注曰：「壇，堂基。」念孫案：尹説非也。「利」當爲「制」，字之誤也。

隸書「制」字,或作「刺」,形與「利」相似。「壇」讀爲「廛」,謂制爲廛宅也。《荀子·王制篇》曰:「順州里,定廛宅。」《鹽鐵論·相刺篇》曰:「經井田,制廛里。」皆是也。《魏風·伐檀傳》曰:「一夫之居曰廛。」《周官·載師》注曰:「廛民居之區域也。」《遂人》注曰:「廛,城邑之居。」「廛」與「壇」古同聲而通用。《周官·廛人》:「故書『廛』作『壇』,杜子春讀『壇』爲『廛』。」又《載師》「以廛里任國中之地」,「故書『廛』或作『壇』」,「鄭司農云:『壇,讀爲廛。』」是其證。

振罷露　國家乃路　國家踣

「振罷露」。尹注曰:「疾憊裸露者振救之。」念孫案:上文云:「養長老,慈幼孤,恤鰥寡,問疾病,弔禍喪,此謂匡其急。」此云:「衣凍寒,食飢渴,匡貧窶,振罷露,資乏絶,此謂振其窮。」是上言「問疾病」乃匡急之事,非振窮之事。此言「振罷露」,乃振窮之事,非匡急之事。尹以「罷」爲「疾憊」,非也。至以「露」爲「裸露」,則尤未解「露」字之義。今案,「罷露」,謂室家疲敝也。「罷」與「疲」同。「匡貧窶」、「振罷露」、「資乏絶」,三者義相近。「露」之言羸也,《方言》曰:「露,敗也。」昭元年《左傳》「勿使有所壅閉湫底,以露其體」,杜注曰:「露,羸也。」案《廣雅》:「疲、羸,極也。」「疲羸」猶「罷露」,故云:「露,羸也。」《正義》曰:「羸,義與倮相近。倮,露形也。羸,露骨也。」誤與尹注同。《列子·湯問篇》「氣甚猛,形甚露」,張湛曰:「有膽氣而體羸虛。」《逸周書・皇門篇》曰：「自露厥家。」《莊子・漁父篇》曰：「田荒室露。」《荀子・富國篇》曰：「田疇穢，都邑露。」楊倞注：「露，謂無城郭牆垣。」此亦未解「露」字之義。義竝同也。字或作「路」，又作「潞」。《孟子・滕文公篇》「是率天下而路也」，趙注曰：「是率導天下之人以羸路也。」今本「羸路」作「羸困之路」，此後人不曉「路」字之義而妄改之也。案《音義》曰：「丁、張竝云：『路，與露同。』」又所列注文內無「困之」二字，今據刪。《秦策》「士民潞病於內」，高注曰：「潞，羸也。」《韓子・初見秦篇》「潞病」作「疲病」，是「罷」與「露」同義，故《齊策》曰：「其百姓罷而城郭露。」合言之則曰：「罷，露矣。」《韓子・亡徵篇》曰：「好罷露百姓。」《外儲説左篇》「罷露」作「罷苦」。《秦策》曰：「諸侯見齊之罷露。」《呂氏春秋・不屈篇》曰「士民罷潞」，高注曰：「潞，羸也。」皆其證矣。又《四時篇》「不知五穀之故，國家乃路」，「路」亦與「露」同。露，敗也，尹注云：「『路』謂失其常居。」亦失之。又《七臣七主篇》：「故設用無度，國家路，舉事不時，必受其菑。」「度」、「路」爲韻，「時」、「菑」爲韻，今本「路」作「踣」，乃後人不知古義而妄改之耳。下文「亡國路家」，今本「路」作「踣」，亦是後人所改。

失

「貧富無度則失」。念孫案：「失」讀爲「佚」，謂放佚也。古字多以「失」爲「佚」，見《九經古義》。尹注非。

辯事　功材

「大夫任官辯事，官長任事守職，士脩身功材」。尹注曰：「辯，明也，能明所任之事也。『材』謂藝能，士既脩身，必於藝能有功也。」念孫案：辯，治也。昭元年《左傳》曰「主齊盟者，誰能辯焉」是也。功，成也，謂脩身成材也。《爾雅》曰：「功，成也。」《大戴禮·盛德篇》曰：「能成德法者爲有功。」《周官·稾人》「乃入功于司弓矢及繕人」，鄭注曰：「功，成也。」《莊子·天道篇》曰：「帝王無爲而天下功。」言無爲而天下成也。《荀子·富國篇》曰：「百姓之力，待之而後功。」言待之而後成也。「脩身功材」與「任官辯事」、「任事守職」，皆相對爲文，是「功」爲「成」也。尹説皆失之。

雕琢采

「是故博帶梨，大袂列，文繡染刻鏤削雕琢采」。尹注曰：「采雕琢爲純漫。」引之曰：「采」字義不可通，「采」疑當爲「𠂹」。《説文》曰：「𠂹，古文平。」形與「采」相似，故誤爲「采」也。「雕琢平」者，金曰「雕」，玉曰「琢」，皆篆刻爲文章，今則磨之使平也，與上文「刻鏤削」正同義。尹注非。

不失

「古之良工，不勞其知巧以爲玩好，是故無用之物，守法者不失」。念孫案：「失」當爲「先」，字之誤也。《呂氏春秋·先己篇》注云：「先，猶尚也。」言守法之人不尚此無用之物也。尹注非。

宙合

王施

「王施而無私，則海內來賓矣」。念孫案：「王」，當爲「正」。施之無私，故曰「正施」。

如此

「章道以教，明法以期，民之興善也如此，湯武之功是也」。念孫案：「如此」，當從宋本作「如化」。《呂氏春秋·懷寵篇》曰：「兵不接刃而民服若化。」

不究

「其處大也不究，其入小也不塞」。尹注曰：「究，窮也。」念孫案：「究」當爲「窕」，字之誤也。「窕」，不滿也。「塞」，不容也。以小處大則窕，以大入小則塞，唯因物施宜，則處大而不窕，入小而不塞矣。《廣雅》曰：「窕，寬也。」昭二十一年《左傳》「鍾小者不窕，大者不摦，窕則不咸，摦則不容」，杜注曰：「窕，細不滿也。摦，横大不入也。不咸，不充滿人心也。不容，心不堪容也。」《吕氏春秋・適音篇》「音太鉅則志蕩，以蕩聽鉅，則耳不容，不容則横塞，横塞則振，太小則志嫌，以嫌聽小，則耳不充，不充則不詹，不詹則窕」，高注曰：「窕，不滿密也。」《淮南・本經篇》「小而行大，則滔窕而不親。大而行小，則陿隘而不容」，高注曰：「滔窕，不滿密也。」《大戴禮・王言篇》曰：「布諸天下而不窕，内諸尋常之室而不塞。」《淮南・氾論篇》亦云：「舒之天下而不窕，内之尋常而不塞。」《墨子・尚賢篇》曰：「大用之天下則不窕，小用之則不困。」「窕」本或誤作「究」，《尚同篇》云：「大用之治天下而不窕，小用之治一國一家而不横。」足正「究」字之誤。《荀子・賦篇》曰：「充盈大宇而不窕，入郤穴而不偪。」《淮南・原道篇》曰：「處小而不逼，處大而不窕。」《俶真篇》曰：「處小隘而不塞，横扃天地之間而不窕。」皆其證也。草書「窕」字或作「宨」，「究」字或作「究」，二形相似，故「窕」誤爲「究」，尹氏不察，而訓「究」爲

「窮」，失之矣。

法崖

「地化生無法崖」。引之曰：「法」當爲「泮」。《衛風·氓篇》「隰則有泮」，鄭箋曰：「泮，讀爲畔。」「畔」，涯也，故曰：「地化生無泮崖。」尹注云：「物之生化無有崖畔。」是其證。今本「泮」作「法」者，涉注文「法天地」而誤。

巨獲

「成功之術，必有巨獲」。念孫案：「巨獲」，讀爲「榘矱」。「榘」，今省作「矩」。《説文》：「巨，規巨也。」或作「榘」。「蒦」，度也，或作「矱」。《楚詞》曰：「求榘矱之所同。」今《楚詞》作「榘矱」，王注曰：「榘，法也。矱，度也。」下文曰：「必周於德，審於時，時德之遇，事之會也，若合符然。」正所謂「成功之術，必有榘矱」也。尹注非。

涅儒

「此言聖人之動静開闔，詘信涅儒，取與之必因於時也」。念孫案：「涅」當爲「逞」，「儒」當爲「偄」，皆字之誤也。《幼官篇》「藏温偄」，宋本「偄」誤作「儒」，今本又誤作「濡」。凡隸書從耎之字，多誤從需，若「碝」之爲「礝」、「麌」之爲「麢」、「蝡」之爲「蠕」，皆是也。「逞」與「盈」同，《左氏》春秋昭二十三年「沈子逞」，《穀梁》作「沈子盈」。《左氏傳》「欒盈」，《史記》作「欒逞」。又《左氏傳》昭四年「逞其心以厚其毒」，《新序·善謀篇》「逞」作「盈」。「偄」與「緛」同。「盈緛」，猶「盈縮」也。《廣雅》：「緛，縮也。」曹憲音而兖反。《素問·生氣通天論》「大筋緛短，小筋弛長」，王冰曰：「緛，縮也。」《漢書·天文志》「已出三日而復微入，三日迺復盛出，是爲耎而伏」，晉灼曰：「耎，退也。」《太玄·耎》曰「陽氣能剛能柔，能作能休，見難而縮」，范望曰：「耎而自縮，故謂之耎。」是「緛」與「縮」同義。「緛」、「偄」、「耎」古字通。「盈縮」與「詘伸」，義相因也，《淮南·人間篇》曰得道之士「内有一定之操，而外能詘伸、贏縮、卷舒，與物推移」，「詘伸贏縮」即「詘信盈緛」。

含愁

「是以古之士，有意而未可陽也，故愁其治言，含愁而藏之也」。尹注曰：「有意濟世，時亂方殷，未可明論，故曰：理代之言，陰愁而藏之。」「治世」作「理代」，此避太宗、高宗諱。念孫案：注言「陰愁而藏之」，則正文「含」字當是「侌」字之誤。「侌」，古「陰」字也。「愁」與「揫」同。《鄉飲酒義》「秋之爲言愁也」，鄭注曰：「愁，讀爲『揫』。揫，斂也。」陰與陽正相反，故曰「有意而未可陽也」。「故摯其治言，陰摯而藏之也」，謂陰斂其治世之言而藏之也。下文「沈抑以辟罰，静默以侔免」，正申「陰摯而藏之」之義。

辟之也

「知道之不可行，則沈抑以辟罰，静默以侔免辟之也。猶夏之就清，冬之就温焉」。念孫案：「辟之」之「辟」，讀曰「譬」，下屬爲句。「也」字後人所加。後人讀「辟」爲賢者「辟世」之「辟」，而誤以爲承上之詞，故於「辟」之下加「也」字。

故曰

「故曰欲而無謀」。念孫案：「故曰」二字，涉下文而衍。

循發蒙也

「通於可不與「否」同。利害之理，循發蒙也」。念孫案：「循」字義不可通。「循」當爲「猶」，字之誤也。隸書「猶」字或作「猶」，與「循」相似。上言「若覺卧，若晦明」，此言「猶發蒙」，「猶」亦「若」也，《仲尼燕居》曰「昭然若發矇」是也。尹注非。

義失正

「夫行私、欺上、傷民、失士，此四者用，所以害君義失正也」。念孫案：「義失正」，當爲「失義正」，下文曰：「爲君上者，既失其義正。」是其證。

先帝常

「大人之行，不必以先帝常，義立之謂賢」。念孫案：「帝」即「常」字之誤而衍者，尋尹注亦無「帝」字。「先常」猶言「故常」，「不必以先常」句絶，言大人之行，不必遵守故常，唯義立之爲賢也。

勸則告

「政易民利，利乃勸，勸則告」。劉曰：「『告』，當作『吉』，對下『凶』字。注非。」

言易政利民也

「故曰：讒充末衡，言易政利民也」。念孫案：「言」字涉下文「言中正以蓄慎也」而衍，此復述上文「譭充末衡，易政利民」之語，不當有「言」字。

美色淫聲

「外淫于馳騁田獵，内縱于美色淫聲」。念孫案：「美色淫聲」，當從宋本、朱本作「美好音聲」，此後人以意改之也。「美好音聲」，即美色淫聲，且與「馳騁田獵」對文，後人之改謬矣。

心怨

「國家煩亂，萬民心怨」。引之曰：「心怨」，當爲「懟怨」。上文曰「萬民懟怨」，又曰「煩亂以亡其國家」，此文即承上言之。

可沈可浮

「可淺可深，可沈可浮，可曲可直，可言可默」。引之曰：「可沈可浮」，當從上文作「可浮可沈」，「深」、「沈」爲韻，「直」、「默」爲韻。

名爲之説

「聖人由此知言之不可兼也，故博爲之治，而計其意。知事之不可兼也，故名爲之説而況其功」。念孫案：「名」，當爲「各」。事不可兼，故必各爲之説而後備。上言「博爲之治」，下言「各爲之説」，其義一也。下文曰：「此各事之儀，其詳不可盡也。」是其證。尹注非。

半星辰序各有其司

「日有朝暮，夜有昏晨，半星辰序，各有其司」。念孫案：「半星辰序」二句，即承「夜有昏晨」言之。「半星」者，中星也。《説文》：「半，物分中也。」《玉篇》：「中，半也。」是「半」與「中」同義。中星居天之半，故曰「半星」。「辰序」，十二辰之序也。「司」，主也。十二辰之昏中旦中，各有其序，以主十二月，故曰「半星辰序，各有其司」。尹注非，孫説同。

審别良苦

「可正而視，言察美惡，審别良苦，不可以不審」。念孫案：「察美惡」、「别良苦」相對爲文，「别」上「審」字涉下「審」字而衍。

章書

「深而迹，言明墨章書，道德有常，則後世人人循理而不迷」。今本「循」作「脩」，非，辯見前「循誤爲脩」下。念孫案：「書」，當爲「畫」，字之誤也。此言君子之道德有常，如工之明其繩墨，章其規畫，則後人皆循其理而不迷也。《楚辭·九章》「章畫志墨兮前圖未改」，王注曰：「言工明於所畫，念其繩墨，循前人之法不易其道，以言人遵先王之法度，循其仁義，不易其行。」語意略與此同。此釋上文「深而迹」之意，「而」，汝也，「墨」與「畫」，所謂「迹」也，「明墨章畫」，所謂「深而迹」也。今本「章畫」作「章書」，則義不可通矣。

萬物之橐也

「天地萬物之橐也，宙合有橐天地」。「有」與「又」同。念孫案：「也」字衍。「天地萬物之橐，宙合有橐天地」已見上文，此復舉上文而釋之，不當有「也」字。

下泉於地之下

「宙合之意，上通於天之上，下泉於地之下」。引之曰：「泉」字義不可通。「泉」當爲「臬」。

「臯」，古「暨」字也。《説文》：「臯，衆與詞也，從乑，自聲。《虞書》曰：『臯咎繇。』」暨，及也，至也。《周語注》。《禹貢》「朔南暨」，《漢書·地理志》作「朔南臯」。言宙合之意，上通於天之上，下至於地之下也。「臯」與「泉」字相似，後人多見「泉」，少見「臯」，故「臯」譌爲「泉」矣。

而山

「散之至于無間，不可名而山」。劉曰：「『山』乃『止』字誤，注非。」

樞言

貴在

「帝王者審所先所後，先民與地則得矣，先貴與驕則失矣，是故先王慎貴在所先所後」。念孫案：「貴在」二字涉下文「慎貴在舉賢」而衍。

將戰士

「王主積于民，霸主積于將戰士」。念孫案：「將」字後人所加。霸主欲彊兵必重戰士之賞，故曰「霸主積于戰士」。據尹注云：「卒勇奮。」則無「將」字明矣。朱本删「戰」字，尤非。

與人相胥　胥令而動

「人進亦進，人退亦退，人勞亦勞，人佚亦佚，進退勞佚，與人相胥」。尹注曰：「胥，視也。常視人，與之俱進退勞佚也。」念孫案：諸書無訓「胥」爲「視」者。胥，待也，言與人相待也。《君臣篇》「胥令而動者也」，尹注：「胥，視也。」亦非。

宗至

「誠信者，天下之結也。賢大夫不恃宗至，士不恃外權」。念孫案：「至」當依宋本作「室」，言不恃宗室，不恃外權，而唯恃誠信也。

衍文六句

「衆人之用其心也，愛者，憎之始也；德者，怨之本也。唯賢者不然」。念孫案：此六句皆涉下文而衍。下文云：「衆人之用其心也，愛者憎之始也，德者怨之本也。其事親也，妻子具，則孝衰矣。其事君也，有好業，家室富足，則行衰矣。爵禄滿，則忠衰矣。唯賢者不然。」此則重出而脱其太半矣。又下文尹氏有注而此無注，若果有此六句，則尹氏何以注於後而不注於前，然則尹所見本無此六句明矣。

梁池

「故善游者死于梁池，善射者死于中野」。念孫案：「梁」即橋也，非池之類，且與「善游」意不相屬。「梁」當爲「渠」，字之誤也。《史記·建元以來侯者表》「煇渠，忠侯僕多」，《廣韻》引《風俗通》「煇渠」作「渾梁」。《衛將軍驃騎傳》「膺庇爲煇渠侯」，《正義》曰：「『煇渠』，《表》作『順梁』。」《漢書·地理志》「《禹貢》北條荆山下有彊梁原」，《水經·渭水注》作「荆渠原」。《後漢書·安帝紀》「敗五原郡兵於高渠谷」，注：「《東觀記》曰：『戰九原高梁谷』。」「渠」、「梁」相類，必有誤也。「渠」，溝也，言善游者死于溝池。

未嘗之有

「無善事而有善治者，自古及今，未嘗之有」。引之曰：「未嘗之有」，當作「未之嘗有」。《五輔篇》：「古之聖主，所以取明名廣譽，厚功大業，顯於天下，不忘於後世，非得人者，未之嘗聞。」文義與此同。

衍文一句

「故先王不滿也」。在「唯賢者不然」下。念孫案：此句與上文義不相屬，亦涉下文而衍也。下文云：「釜鼓滿，則人概之，人滿，則天概之，故先王不滿也。」此亦重出而脱其太半。

管子弟三

八觀

猥計

「以人猥計其野，草田多而辟田少者，雖不水旱，飢國之野也」。尹注曰：「猥，衆也。以人衆之多少計其野之廣狹也。」孫曰：「猥，猶總也。謂以人總計其野。」《漢書·董仲舒傳》云：「科別其條，勿猥勿并。」與此「猥」字同意。尹以「人猥」二字連讀，非也。

國城

「夫國城大而田野淺狹者，其野不足以養其民」。念孫案：「國城」當爲「國域」。下文云：「城域大而人民寡，宮營大而室屋寡。」「營」亦「域」也。城在國中，宮在城中，若作「國城大」，則即是下文之「城域大」矣。「域」與「城」字相似，又涉下文「城」字而誤。

遺苞

「大凶，則衆有遺苞矣」。今本「遺」上有「大」字。洪曰：「『大』字涉上文而衍，下文作『衆有遺苞』，無『大』字。」念孫案：尹注亦無「大」字，今删。尹注曰：「時既大凶，無復畜積，但苞裹升斗以相遺也。」洪曰：「『苞』讀爲『塗有餓莩』之『莩』。遺，棄也。謂年大凶，則衆棄餓死之人於道旁。」念孫案：洪説是也。凡從包從孚之字，古聲相近，故字亦相通。《穀梁傳·隱五年》「苞人民毆牛馬曰侵苞」即「俘」字。《漢書·楚元王傳》「浮丘伯者，孫卿門人也」，《鹽鐵論·毁學篇》作「苞丘子」。《左氏春秋·隱八年》「公及莒人盟于浮來」，《公羊》《穀梁》竝作「包來」。《投壺》「若是者浮」，鄭注：「浮，或作匏。」《説文》：「捊，引取也。」或作「抱」，枹擊鼓杖也。《禮運》《明堂位》竝作「桴」。「𦉼」，覆車也，《王風·兔爰篇》作「罦」。

什一之師三句

「什一之師，什三毋事，則稼亡三之一」。劉云：「前言『計師役』，則此『師』乃師役也，謂興師役一分，則相逮者衆而爲三分，是十分中有三分不事農之人，而亡税三之一矣。」念孫案：劉説是也。下文云：「什一之師，三年不解。」則「師」爲「師役」明矣。尹注不足辯。

損瘠　損其正心

「稼亡三之一，而非有故蓋積也，則道有損瘠矣」。念孫案：「損」當爲「捐」，字之誤也。「瘠」，讀爲「掩骼埋胔」之「胔」，露骨曰「骼」，有肉曰「胔」。出蔡氏《月令章句》。作「瘠」者，借字耳。《荀子·榮辱篇》曰：「不免於凍餓，爲溝壑中瘠。」楊倞注：「以瘠爲羸瘦。」誤與尹注同。字亦作「脊」，《度地篇》曰：「春不收枯骨朽脊。」《周官·蜡氏》「掌除骴」，與「胔」同。鄭注曰：「故書『骴』作『脊』。」《漢書·食貨志》「堯禹有九年之水，湯有七年之旱，而國無捐瘠」，蘇林曰：「瘠，音漬。」顔師古以「瘠」爲「瘦病」，誤與尹注同，《日知録》已辯之。「道有捐瘠」，與上文「衆有遺苞」同意。「捐」，棄也，謂棄胔於道也。尹注曰：「道行之人，有毁損羸瘠者。」非是。又《任法篇》「倍其公法，損其正心」，「損」亦當依宋本作「捐」。尹注同。

喪蒸

「鄉毋長游，里毋士舍，時無會同，喪蒸不聚，禁罰不嚴，則齒長輯睦毋自生矣」。尹注曰：「蒸，冬祭名。」念孫案：「喪蒸」二字文不相類，且四時皆有祭，何獨舉「蒸」言之乎？「蒸」，蓋「葬」字之誤。《周官·大司徒》：「四閭爲族，使之相葬，所以教民睦也。」故喪葬不聚，則民不輯睦。」「蒸」字本作「菼」，「葬」俗書作「莢」，二形相似而誤。

本求朝

「入朝廷，觀左右本求朝之臣」。尹注曰：「謂原本尋求朝之得失。」念孫案：尹説非也，「觀左右本朝之臣」作一句讀。「求」，即「本」字之誤。今作「本求朝」者，一本作「本」，一本作「求」，而寫者誤合之也，下文「故曰：入朝廷，觀左右本求朝之臣」。宋本無「求」字，即其證。「本朝」，即朝廷也。《重令篇》曰：「謹於鄉里之行，而不逆於本朝之事。」《大戴禮記·保傅篇》曰：「賢者立於本朝。」《晏子春秋·諫篇》曰：「本朝之臣，慙守其職。」《孟子·萬章篇》曰：「立乎人之本朝，而道不行。」《荀子·仲尼篇》曰：「本朝之臣，莫之敢惡。」《吕氏春秋·應言篇》曰：「諸侯之士，在大王之本朝。」

法禁

財厚博惠以私親於民者正經而自正矣

「昔者聖王之治其民也不然，廢上之法制者，必負以恥。財厚博惠，以私親其民者，此下有脱文。正經而自正矣」。尹注曰：「臣厚財而作福，則正禮經以示之，其人自正矣。」念孫案：「財厚」，當依注作「厚財」。此言「廢上之法制」，及「厚財博惠以私親於民者」，皆聖王之所禁也。「厚財博惠以私親於民者」與「正經而自正矣」文義不相連屬，兩句之間，當有脱文，尹强爲之解而終不可通也。

亡黨　壺士以爲亡資脩田以爲亡本

「故舉國之士以爲亡黨，行公道以爲私惠」。念孫案：「亡黨」二字，義不可通。「亡」當爲「人己」之「己」，字之誤也。上言「己黨」，下言「私惠」，義正相同。下文曰：「進則相推於君，退則相譽於民，各便其身而忘社稷，以廣其居。」即所謂舉國之士以爲己黨也。又案下文「壺士以爲亡資，脩田以爲亡本」，文義皆不可通，兩「亡」字亦當爲「己」。「壺」當爲「壹」，晉灼注《漢書・薛宣傳》曰：「書篆形『壹关』字象『壺矢』。」「脩」當爲「備」，俗書「備」字作「俻」，與「脩」相似而誤。皆字之誤也。《玉藻》「壹食之人一人徹」，鄭注曰：「壹，猶聚也，爲赴事聚食也。」是「壹」可訓爲「聚資用」也，言收聚衆士以爲己用，即所謂「舉國之士以爲己黨」。備置田疇以爲己業也。上文曰：「交人則以爲己賜，舉人則以爲己勞。」是其明證矣。尹注皆謬。

威群

「聚徒威群，上以蔽君，下以索民」。洪曰：「『威群』當爲『成群』，下文云『常反上之法制以成群於國』，《法法篇》云『人臣黨而成群』，尹注非。」

隱行辟倚　遁上而遁民

「卑身雜處，隱行辟倚，側入迎遠，遁上而遁民者，聖王之禁也」。尹注曰：「倚，依也。自隱其行，以避所依也。卑身雜處，所以遁上。隱行避倚，所以遁民。」劉曰：「隱，『索隱行怪』之『隱』。辟、倚，皆『邪』也。」念孫案：尹注甚謬，劉説「辟倚」是也。《版法篇》曰：「植固不動，倚邪乃恐。」「倚邪」即《周官》之「奇衺」。《樞言篇》曰：「名正則治，名倚則亂。」《荀子・榮辱篇》曰：「飾邪説，文姦言，爲倚事。」是「倚」爲「邪」也。「隱行辟倚」，謂隱行其僻邪之事也。劉以「隱」爲「索隱行怪」之「隱」，亦非。「遁上而遁民者」，遁，欺也，言上欺君而下欺民也。《廣雅》曰：「遁，欺也。」賈子《過秦篇》曰：「姦僞竝起而上下相遁。」《史記・酷吏傳序》曰：「姦僞萌起其極也，上下相遁。」皆謂上下相欺也。「遁」，字亦作「遯」。《淮南・脩務篇》「審於形者，不可遯以狀」，高注曰：「遯，欺也。」

和親

「莫敢布惠緩行，脩上下之交，以和親於民」。念孫案：「和親」當爲「私親」，字之誤也，上文曰「厚財博惠以私親於民」，是其證。

漁利蘇功

「莫敢超等踰官，今本「莫」上有「故」字，涉上文「故士莫敢」而衍，兹據上句删。漁利蘇功，以取順其君」。尹注曰：「因少搆多，謂之蘇功。蘇，生息也。」念孫案：尹説甚迂。蘇者，取也，言漁利取功也。《楚辭·離騷》「蘇糞壤以充幃兮」，王注曰：「蘇，取也。」《淮南·脩務篇》「蘇援世事」，高注曰：「蘇，猶索也。」索，亦取也。《説文》：「穌，把取禾若也。」《廣雅》曰：「穌，取也。」「穌」與「蘇」字異而義同。

重令

綦組

「而女以美衣錦繡綦組相稺也」。念孫案：「綦」當爲「纂」，字之誤也。隸書「纂」或作「纂」，與「綦」相似而誤。《爾雅·釋天》注：「用纂組飾旒之邊。」今本「纂」誤作「綦」。《説文》曰：「纂，似組而赤。」《七臣七主篇》曰：「文采纂組者，燔功之窑也。」《楚辭·招魂》曰：「纂組綺縞，結琦璜些。」《淮南·齊俗篇》《漢書·景帝紀》竝曰：「錦繡纂組，害女工者也。」是其證。

其攻

「明主能勝其攻，今本「主」譌作「王」，以意改。故不益於三者，而自有國正天下，亂主不能勝其攻，故亦不損於三者，而自有天下而亡」。念孫案：「其攻」皆當爲「六攻」，字之誤也。其字古作「亓」，與「六」相似，故「六」譌爲「其」。《史記·周本紀》「三百六十夫」，索隱曰：「劉氏音破『六』爲古『其』字。」《淮南·地形篇》「通谷六易林蟲之臨，周流六虛」，今本「六」字竝譌作「其」。「勝六攻」，即承上文「攻而毀之者六」而言，下文「六攻者何也」又承此文「勝六攻」而言，《版法解》亦曰「明君能勝六攻」，「不肖之君不能勝六攻」。

三者字

「雖不聽而可以得存者，雖犯禁而可以得免者，雖毋功而可以得富者」。念孫案：三「者」字皆因下文而衍，下文曰：「凡國有不聽而可以得存者，則號令不足以使下；有犯禁而可以得免者，則斧鉞不足以威衆；有毋功而可以得富者，則禄賞不足以勸民。」上有「有」字，則下當有「者」字。此文上無「有」字，則下不當有「者」字。《版法解》無。

則戰不勝以下三句

「若此，則民毋爲自用。民毋爲自用，則戰不勝。戰不勝而守不固。守不固，則敵國制之矣」。念孫案：「則戰不勝」以下當作「則戰不勝而守不固。戰不勝而守不固，則敵國制之矣」。此文之兩「民毋爲自用」，兩「戰不勝而守不固」，義皆上下相承，今「則」下三句顛倒而失其指矣。《七法篇》曰：「國貧而用不足，則兵弱而士不厲。兵弱而士不厲，則戰不勝而守不固。戰不勝而守不固，則國不安矣。」文義正與此同。

法法

民力必竭

「故曰：『上無固植，下有疑心。國無常經，民力必竭。數也。』」引之曰：「必」字因注而誤，當作「不竭」。此承上文言之，號令、禮義、度量、刑法者，國之經也，今皆變易無常，則民無所勸懲，莫肯竭力以事其上矣。《君臣篇》曰：「羣臣盡智竭力以役其上。」故曰「國無常經，民力不竭」也。上云「民不勸」、「民不畏」，此云「民力不竭」，義相因也。上無固植，則下有疑心，國無常經，則民力不竭，乃理之必然者，故曰「數也」。尹注曰：「數，理也。國無常經，民力必竭，而曰不竭者，此非理之言也。」蓋誤解「民力不竭」爲「民力不窮」。然據其説，則正文之本作「不竭」可知，蓋注「民力必竭」，乃反言以起下之詞，而曰「不竭」者云云，則依正文作解也。其所見本之爲「民力不竭」明甚。若如今本作「民力必竭」，則注但言「必竭」可矣，何必迂回其詞而論「不竭」之「非理」乎？

礦石

「故赦者，犇馬之委轡也。今本脱「也」字，據《羣書治要》及《初學記・政理部》、《藝文類聚・治政部》、《太平御覽・兵部八十九》《刑法部十八》所引補。 毋赦者，痤雎與「疽」同。之礦石也」。《初學記・政理部》《太平御覽・兵部八十九》引此亦作「礦石」，《説文繫傳》引作「磏石」。念孫案：「礦」，字本作「磺」。《説文》：「磺，銅鐵樸也。」「磏，厲石也。」皆非治痤疽者所用。《羣書治要》及《太平御覽・刑法部十八》引此竝作「砭石」，是也。《説文》：「砭，以石刺病也。」《素問・異法方宜論》曰：「東方之民，其病皆爲癰瘍，其治宜砭石。」故曰「痤雎之砭石」。

所以

「是故先王制軒冕，所以著貴賤，不求其美；設爵禄，所以守其服，不求其觀也」。宋本上「所以」作「足以」。念孫案：兩「所以」皆當作「足以」，「足」與「不求」文義正相承。下文曰：「明君制宗廟，足以設賓祀，不求其美；爲宫室臺榭，足以避燥濕寒暑，不求其大；爲雕文刻鏤，足以辨貴賤，不求其觀。」是其明證也。後人改「足以」爲「所以」，則非其指矣。《羣書治要》及《藝文類聚・封爵部》《太平御覽・封建部一》引此竝作「足以著貴賤」「足以守其服」，《文選·羽獵賦》注引作「足以章貴賤」。

胥足上尊時而王　頃時而王

「君子食於道，則上尊而民順；小人食於力，則財厚而養足。上尊而民順，財厚而養足，四者備體，則胥足上尊時而王，不難矣」。念孫案：「胥足上尊時而王」，「足上尊」三字因上文而衍。胥，待也，言待時而王也。尹注：「胥，相也。」失之。又《君臣篇》：「上尊而民順，財厚而備足，四者備體，頃時而王不難矣。」「頃」當爲「須」，「須」亦「胥」也。

信密

「號令必著明，賞罰必信密」。念孫案：「密」，本作「必」，後人罕聞「信必」之語，故以意改之，不知「信必」者信賞必罰也。《八觀篇》曰：「賞慶信必，則有功者勸。」《九守篇》曰：「刑賞信必於耳目之所見。」《版法解》曰：「無遺善，無隱姦，則刑賞信必。」皆其證。

不與大慮始

「故民未嘗可與慮始，而可與樂成功。是故仁者、知者、有道者不與大慮始」。念孫案：

「大」，當爲「人」。民不可與慮始，而可與樂成功，故有道者不與人慮始。「人」，亦民也。尹注：「大，猶衆也。」「大」亦當爲「人」。

雖

「故巧者能生規矩，不能廢規矩而正方圜，雖聖人能生法，不能廢法而治國」。念孫案：「雖」字涉上下文兩「雖有」而衍，《羣書治要》引此無「雖」字。

不智　智静之修

「六者謂生、殺、貧、富、貴、賤。在臣期年，臣不忠，君不能奪。在子期年，子不孝，父不能奪。故《春秋》之記臣有弑其君、子有弑其父者。得此六者，而君父不智也」。尹注曰：「令臣子得此六者，是君父之不智也。」念孫案：尹讀「智」爲「智慧」之「智」，非也。「智」與「知」同。《小問篇》「恃不信之人而求以外知」，《九變篇》作「恃不信之人而求以智」。言權已下移而上不知，故有弑父弑君之禍也。《君臣篇》曰：「四者一作而上不知也，則國之危可坐而待也。」語意正與此同。「智」字古有二音二義，一爲「智慧」之「智」，一爲「知識」之「知」。《説文》：「智，識詞也。」是「智」即「知識」之「知」。《廣雅》曰：「覺、叡、聞、曉、哲，智也。」「叡」、「哲」爲「智慧」

之「智」，「覺」、「聞」、「曉」爲「知識」之「知」，是智有二音二義也。《墨子·節葬篇》曰：「力不足，財不贍，智不智。」上「智」字去聲，下「智」字平聲。《經説篇》曰：「逃臣不智其處，狗犬不智其名。」此篇内「智」字甚多，皆與「知」字同義。《耕柱篇》曰：「豈能智數百歲之後哉？」此篇内「知」字亦多作「智」。《吕氏春秋·忠廉篇》曰：「若此人者，固難得，其患雖得之，有不智。」「有」與「又」同。《韓子·孤憤篇》曰：「智不類越，而不智不類其國，不察其類者也。」《秦策》曰：「楚智横門君之善用兵。」姚本如是，鮑本「智」作「知」。《淮南·詮言篇》曰：「有智若無智，有能若無能。」以上諸「智」字，皆與「知」字同義。後人但知「智慧」之「智」或作「知」，而不知「知識」之「知」又作「智」，故凡古書中「知識」之「知」作「智」字者，皆改爲「知」字。此「智」字若非尹氏誤解，則後人亦必改爲「知」矣。又案《勢篇》「智静之修，居而自利，智作之從，每動有功」，「智」亦「知」字也。尹氏作注時，下「智」字已改爲「知」，而上「智」字尚未改，故解之曰：「既多智而又安静。」蓋不識「智」爲古「知」字，故誤分「智静」爲二也。今本則并上「智」字亦改爲「知」，而古字淪亡矣。

事君　非敢　不敢

「牽瑕蔽壅之事君者，非敢杜其門而守其户也，爲令之有所不行也」。念孫案：「牽瑕蔽壅之事君者」，衍「事」字。「非敢杜其門而守其户也」，衍「敢」字。「爲令之有所不行也」，「爲」猶「謂」也。古者「爲」與「謂」同義，説見《釋詞》。言所謂牽瑕蔽壅之君者，非杜其門而守其户也，謂其令之有所不行也。此三句皆指君言之，非指臣言之，則首句内不當有「事」字，次句内亦不當有「敢」字。皆後人妄加之耳。下文曰：「蔽塞障逆之君者，不敢杜其門而守其户也，爲賢者之不至，令之不行也。」首句無「事」字，是也。次句「敢」字，亦後人所加，《羣書治要》引作「不杜其門而守其户也」，不下無「敢」字，是其證。上文曰：「滅絶侵壅之君者，非杜其門而守其户也，爲政之有所不行也。」首句無「事」字，次句亦無「敢」字，此尤其明證矣。《明法解》曰：「大蔽主者，非塞其門守其户也。然而令不行，禁不止，所欲不得者，失其威勢也。」文義亦與此同。

務物

「務物之人，無大士焉」。念孫案：「務」，當從宋本作「矜」，字之誤也。注内「務」字同。下文兩「矜」字，皆承此「矜」字而言。

古今　此二者　不廢

「兵當廢而不廢，則古今惑也。此二者不廢而欲廢之，則亦惑也」。念孫案：此文本作「兵當廢而不廢，則惑也。不當廢而欲廢之，則亦惑也。」今本「古今」二字涉上文「古今」而衍，「此二者」三字涉下文「此二者」而衍，「不廢而欲廢之」，「不」下又脱「當」字。尹注非。

所謂擅

「故明君知所擅，知所患。國治而民務積，此所謂擅也。動與静，此所患也」。念孫案：「此所謂擅也」，「謂」字後人所加，「所擅」、「所患」皆承上文而言，則「擅」上不當有「謂」字。尹注曰：「擅，專也。君之所專爲，在於國家治而民務積聚也。」則無「謂」字明矣。

則内亂自是起

「蔽美揚惡，則内亂自是起」。念孫案：宋本「起」下有「矣」字，是也。上文曰：「則外難自是至矣。」正與此句相應。

兵法

因其利

「得地而國不敗者，因其民也。因其利，則號制有發也」。念孫案：「因其利」，當從朱本作「因其民」，此復舉上文而申其義也。今作「因其利」者，涉上下文「利」字而誤。

不巧

「器械不巧，則朝無定」。念孫案：「巧」當爲「功」，字之誤也。《七法篇》作「器械不功」，尹彼注曰：「功，謂堅利。」是也。器械堅利，則用之可久，故下文曰：「器械功，則伐而不費。」今本亦誤作「巧」，《七法篇》作「功」。無取於「巧」也。孫説同。

教其身

「一曰教其目以形色之旗，二曰教其身以號令之數」。洪云：「『身』當爲『耳』。號令之數，耳所聽也，因字形相似而誤。尹注非。」

「犨韗章，則載食而駕」。尹注曰：「韗，韜也。」念孫案：「韗」本作「皋」，即「櫜」字也。《詩·彤弓》、《時邁》傳竝曰：「櫜，韜也。」莊十年《左傳》正義曰：「《樂記》云：『倒載干戈，包之以虎皮，名之曰建櫜。』鄭玄以爲兵甲之衣曰『櫜』。櫜，韜也，其字或作『建皋』。」是「櫜」、「皋」古字通，故尹注云：「皋，韜也。」今本作「韗」者，因「韜」字而誤加「韋」耳。《白帖》五十八引此已誤。考《説文》《玉篇》《廣韻》，皆無「韗」字，唯《集韻》云：「櫜，或作韗。」則爲俗本《管子》所惑也。

大匡

惕而有大慮　惕而亟驕　吾君惕

「小白之爲人，無小智，惕而有大慮」。尹注曰：「言雖無小智，能惕懼而有大慮。」念孫案：「惕懼」與「有大慮」義不相屬，尹説非也。「惕」當爲「愓」，字之誤也。《説文》：「愓，放也。」今通作「蕩」，言小白之爲人跌蕩而有大慮也。跌蕩則爲人所不容，故下句即云：「非夷吾莫容小白也。」下文曰「臣聞齊君惕而亟驕」，「惕」亦當爲「愓」。《荀子・榮辱篇》曰：「愓悍憍暴」是也，「憍」與「驕」同。又下文「吾君惕惕」，亦當爲「愓」。

兄

「召忽曰：犯吾君命，而廢吾所立，奪吾糺也，雖得天下，吾不生也。兄與我齊國之政也」。《困學紀聞・諸子類》引張嵲《讀管子》曰：「『兄』，古『況』字，而注乃謂召忽謂管仲爲兄，陋矣。」

脅之

「使公子彭生乘魯侯，脅之，公薨于車」。尹注曰：「拉其脅而殺之。」引之曰：彭生之殺魯侯，固由斷其脅骨，然「脅之」之「脅」，則非謂脅骨也。「脅」即「拹」字之假借。《說文》曰：「拹，摺也。一曰拉也。」「摺，敗也。」「拉，摧也。」「摧，折也。」《玉篇》「拹」音呂闔、虚業二切，虚業切之音正與「脅」同，故借「脅」爲「拹」。莊元年《公羊傳》說此事曰「拹幹而殺之。」何注曰：「拹，折聲也，以手拹折其幹。」釋文：「拹，本又作搚，亦作拉。」然則「脅之」者，以手摧折之也，若以爲「胸脅」之「脅」，則當云「折其脅」，不得云「脅之」矣，今使折人之首而曰

「首之」，折人之足而曰「足之」，其可通乎！

歸死

「禮成而不反，無所歸死，請以彭生除之」。念孫案：「無所歸死」，當依《左傳》作「無所歸咎」，字之誤耳。

徒人費

「誅屨於徒人費」。引之曰：「徒人費」本作「侍人費」，此後人據誤本《左傳》改之也，辯見《經義述聞》。

彼知能弱齊

「夷吾受之，則彼知能弱齊矣。夷吾不受，彼知其將反於齊也，必將殺之」。念孫案：「彼知能弱齊」，本作「彼能弱齊」。「彼」，謂魯也。《小匡篇》作「則魯能弱齊矣」，是其證。「彼」下「知」字，涉下文「彼知」而衍。

及齊君之能用之也

「臣聞齊君惕而亟驕，雖得賢，庸必能用之乎？及齊君之能用之也，管子之事濟也」。尹注曰：「『及』，猶『就』也。就令能用之，管子之事必濟也。」念孫案：尹未曉「及」字之義。「及」，猶「若」也，言若齊君能用之，則管子之事必濟也。《樂記》曰：「樂極則憂，禮粗則偏矣。及夫敦樂而無憂，禮備而不偏者，其唯大聖乎？」「及夫」，若夫也。《中庸》曰：「今夫天，斯昭昭之多，及其無窮也，日月星辰繫焉，萬物覆焉。」「及其」，若其也。言自其一處言之，則惟此昭昭之多，若自其無窮言之，則日月星辰萬物皆在其中。下文「及其廣厚」、「及其廣大」、「及其不測」竝同此意，非謂天地山川之大，由於積累也。《老子》曰：「吾所以有大患者，爲吾有身。及吾無身，吾有何患。」言若吾無身也。又曰：「取天下，常以無事。及其有事，不足以取天下。」言若其有事也。

不能待　不能止待

「夫管仲，天下之大聖也。今若殺之，此鮑叔之友也，鮑叔因此以作難，君必不能待也」。尹注曰：「待，猶擬也。」引之曰：尹訓「待」爲「擬」，於義無取。今案：待者，禦也。言鮑叔作難，君必不能禦之也。《魯語》曰：「帥大讎以憚小國，其誰云待之？」《楚語》曰：「其獨何力以待之。」韋注竝曰：「待，禦也。」昭七年《左傳》曰：「晉師必至，吾無以待之。」《墨子·七患篇》曰：「桀無待湯之備，故放。紂無待武之備，故殺。」《孟子·梁惠王篇》曰：「諸侯多謀伐寡人者，何以待之？」是「待」爲「禦」也。禦敵謂之「待」，故爲宮室以禦風雨亦謂之「待」。「重門擊柝，以待暴客」，「上棟下宇，以待風雨」，其義一也。《墨子·辭過篇》「宮室足以待雪霜雨露」，《節用篇》「待」作「圉」，「圉」與「禦」同。又《制分篇》曰：「故莫知其將至也，至而不可圉。莫知其將去也，去而不可止。敵人雖衆，不能止待。」「止待」即「止禦」也。「止」字承上「不可止」而言，「待」字承上「不可圉」而言。尹以「待」字下屬爲句，大謬，劉已辯之。

踐位

「桓公二年，踐位召管仲」。念孫案：「桓公踐位」已見上文，此自謂桓公二年召管仲耳，「踐位」二字乃涉上文而衍，尹氏不察，而云：「入國二年，方得踐位。」謬矣。

外亂之本

「内奪民用，士勸於勇，外亂之本也」。念孫案：「外亂之本也」本作「亂之本」也，「亂」上「外」字涉下文「外犯諸侯」而衍。内奪民用，士勸於勇，其事皆在内而不在外，下文「外犯諸侯」乃始言外事耳。尹注非。

其智多誨　自及

「吾君惕，「惕」當爲「愓」。愓，放也。説見前「惕而有大慮」下。其智多誨，姑少胥其自及也」。引之曰：「智」與「知」同。説見《法法篇》「不智」下。「誨」與「悔」同。《繫辭傳》「慢藏誨盜，冶容誨淫」，釋文：「誨，虞作悔，謂悔恨。」《論語·述而篇》「吾未嘗無誨焉」，釋文：「誨，魯讀爲『悔』字。」「及」當爲「反」，字之誤也。下同。管仲言吾君之爲人愓，及自知其過，則必多悔，悔則必能自反，故曰「姑少胥其自反也」。而鮑叔則曰：「比其自反也，國無闕亡乎？」尹注皆非。

甲十萬　車三百乘

「同甲十萬，車五千乘」。引之曰：下文桓公築緣陵以封杞，予「車百乘，甲一千」，築夷儀以封邢，予「車百乘，卒千人」。又曰：「大侯車二百乘，卒二千人。小侯車百乘，卒千人。」皆車一乘，甲十人。此文車五千乘，則當云甲五萬，今作「十萬」者，因下文「帶甲十萬」而誤也。下文「天下之國，帶甲十萬者不鮮矣」，其數多於桓公之甲，故曰：「吾欲發小兵以服大兵，國欲無危，得已乎？」又案下文桓公築楚丘以封衛，與「車三百乘，甲五千」，「三」乃「五」之誤。每車一乘，甲十人，甲五千，則車五百乘，不得云「三百」也，《霸形篇》云：「車五百乘，卒五千人，以楚丘封衛。」是其證。

博於糧

「季友之爲人也，恭以精，博於糧，多小信，可游於魯」。尹注曰：「『博於糧』，謂多委積。」劉曰：「案《小匡》作『公子舉博聞而知禮，好學而辭遜，請使游於魯』，疑即一人。『糧』乃『禮』字誤也。」

蒙孫博於教

「蒙孫博於教而文巧於辭」。劉曰：「『蒙孫』，《小匡》作『曹孫宿』。」念孫案：隸書「蒙」字或作「䝉」，其上半與「曹」相似，故「曹」謁作「蒙」。孫謂「曹」、「蒙」聲近而字通，非也。「博於教」，當作「博於敎」。「敎」，與「學」同，見《説文》及漢《外黄令高彪碑》。「敎」、「教」字相似，又涉上文「楚國之教」而誤。

諸侯許諾

「桓公告諸侯曰：『請救伐，諸侯許諾，大侯車二百乘，卒二千人，小侯車百乘，卒千人。』諸侯皆許諾」。引之曰：「諸侯許諾」四字，因下文「諸侯皆許諾」而衍，「請救伐」以下五句，皆桓公告諸侯之詞，此四字不得闌入。

君臣

「桓公使鮑叔識君臣之有善者，晏子識不仕與耕者之有善者，高子識工賈之有善者」。引之曰：「君」當爲「群」，群臣大夫也，下文云「令鮑叔進大夫」是也。晏子識不仕者之善，鮑叔則識已仕者之善。下文曰：「凡仕者近宮，不仕與耕者近門，工賈近市。」「仕者」即群臣矣。又案：《問篇》「君臣有位而未有田者幾何人」，「君」亦當爲「群」，下文「群臣有位事官大夫者幾何人」是也。

出欲通

「凡庶人欲通，鄉吏不通，七日囚。出欲通，吏不通，五日囚。貴人子欲通，吏不通，三日囚」。尹解「出欲通」曰：「出，謂欲適他國。」劉曰：「『出』疑『士』字誤。」引之曰：劉説是也。士在貴人子與庶人之間，猶下文選舉之事，士在貴人子與農工賈之間也。隸書「出」字或省作「士」，若「敖」省作「敖」，「賣」省作「賣」，「款」省作「款」之類。故諸書中「士」、「出」二字多相亂。《荀子·大略篇》「以其教士畢行」，今本「士」譌作「出」。又「習容而後出」，今本「出」譌作「士」。《史記·吕后紀》「齊內史士」，徐廣曰：「一作出。」

爲次　多不發　多而發

「從政治，爲次，野爲原，又多不發，起訟不驕，次之」。念孫案：「爲次」二字，涉下文「得二爲次」而衍。「次之」二字，總承上文「從政治」以下四句而言，則不當更有「爲次」二字，且「從政治，野爲原，又多不發，起訟不驕」正對下文之「從政雖治而不能野原，又多發起訟驕」而言，若有「爲次」二字，則既於本文不協，又與下文不對矣，尹注非。洪云：「『發』，讀爲『廢』，謂開闢荒野爲原田，又教以樹蓺之功，不廢其地利。尹以『發』爲『相告發』，非。」

念孫案：下文「從政不治，不能野原，又多而發」，衍「而」字。

行此三者爲下

「勸國家得之，成而悔，從政雖治，而不能野原，又多發，起訟驕，行此三者爲下」。引之曰：「行此三者」四字，因下文而衍。「勸國家得之」以下，優劣相間，凡五事，不得云「行此三者」也。

耕者農農用力

「耕者農農用力」。念孫案：此文内多一「農」字，後人所加也。「耕者農用力」，此「農」字非謂農夫。《廣雅》曰：「農，勉也。」言耕者勉用力也。下文云「耕者用力不農」，亦謂用力不勉也。《吕刑》曰：「稷降播種，農殖嘉穀。」言勉殖嘉穀也。說見《經義述聞》。襄十三年《左傳》曰：「君子上能而讓其下，小人農力以事其上。」言勉力以事其上也。「農力」，猶「努力」，語之轉耳。後人不知「農」訓爲「勉」，而誤以爲「農夫」之「農」，故又加一「農」字，不知耕者即是農夫，無煩更言「農」也。上文云：「士處靖，敬老與貴，交不失禮，行此三者爲上舉，得二爲次，得一爲下。」下文云：「工賈應於父兄，事長養老，承事敬，行此三者爲上舉，得二爲次，得一爲下。」此云「耕者農用力，應於父兄，事賢多，行此三者爲上舉，得二爲次，得一爲下。」「耕者」二字，上與「士」對，下與「工賈」對，是耕者即農夫，而「農用力」之「農」，自訓爲「勉」，非謂農夫也。

兩者字

「行此三者爲上舉，得二者爲次，得一者爲下」。念孫案：下兩「者」字因上「者」字而衍，「得二爲次，得一爲下」，上文凡三見，皆無「者」字。

處華下交好飲食

「貴人子處華，下交，好飲食」。尹讀「處華下」爲句，「交好」爲句，「飲食」爲句。注云：「處華屋之下，則淫佚。重交好，則挾朋黨。嗜飲食，則道情薄。」劉曰：「『處華』爲句，對上『處不華』。『下交』爲句，謂以貴陵人，使友居下也，對上『友有少長』。『好飲食』爲句。」念孫案：劉說是。

有可無赦

念孫案：當依上文作「有罪無赦」，尹注云：「今所有罪，必無赦之也。」即其證。今本「罪」作「可」者，涉上句「可無斂」而誤。

管子弟四

中匡

刑罰

「死罪以犀甲一戟，刑罰以脅盾一戟」。引之曰：「刑罰」，當爲「刑罪」。「死罪以犀甲一戟」，是承上「死罪不殺」而言。「刑罪以脅盾一戟」，是承上「刑罪不罰」而言。《齊語》作「重罪贖以犀甲一戟，輕罪贖以鞼盾一戟」，「重罪」即死罪，「輕罪」即刑罪也。今作「刑罰」者，涉上文「薄刑罰」而誤。

金軍

「過罰以金軍，句無所計而訟者，成以束矢」。引之曰：「軍」當爲「鈞」。「鈞」、「軍」聲相亂，又涉上文「軍事」而誤。「過罰以金鈞」者，謂過失之罰，令出金一鈞也。《小匡篇》作「小罪入以金鈞」是其證。若無「鈞」字，則所罰之金無定數矣。下文「無所計而訟者」，别是一事，《小匡篇》作「無坐抑而訟獄者」，句法亦相同。尹以「軍」字屬下讀，謂不計於軍事而以私訟者，非也，此是獄訟之事，與軍事無涉。

救敵之國

「公曰：『吾欲誅大國之不道者，可乎？』對曰：『安卿大夫之家，而後可以危救敵之國。』」引之曰：「救敵」，與「仇敵」同。《集韻》：「仇，讎也，一曰匹也，或作扏。」《方言》「扏，仇也」，今本「扏」譌作「朹」，據《集韻》引改。郭璞曰：「謂怨仇也。」《太玄·內》初一「謹于㚴扏」，范望曰：「扏，匹也。」《釋文》曰：「㚴，與妃同。」「扏，音仇，一作救。」「㚴救」即「妃仇」。桓二年《左傳》「嘉耦曰妃，怨耦曰仇」。而「扏」又作「救」，是「仇」、「扏」、「救」古字通也。「救」即「仇敵」之「仇」，非「救助」之「救」。《小問篇》作「先定卿大夫之家，然後可以危鄰之敵國」是其證，尹注未了。

兩必字

「是故先王必有置也，而後必有廢也；必有利也，而後必有害也」。念孫案：兩「而後」下皆不當有「必」字，此涉上文而衍。《小問篇》云：「是故先王必有置也，然後有廢也。必有利也，然後有害也。」是其證。

寬而不凌

「有司寬而不凌」。念孫案：「凌」者，嚴急之意，字或作「陵」。《荀子·致士篇》曰：「凡節奏欲陵，而生民欲寬。」《富國篇》曰：「其於貨財取與計數也，寬饒簡易；其於禮義節奏也，陵謹盡察。」是「凌」與「寬」正相反也。尹注非。

小匡

爲其君動　動於時

「公曰：『管夷吾親射寡人中鈎，殆於死，今乃用之，可乎？』鮑叔曰：『彼爲其君動也。』」莊九年《左傳》正義引此「動」作「勤」，《齊語》作「動」。洪云：「『勤』字是。僖二十八年《左傳》注曰：『盡心盡力無所愛惜曰勤。』」念孫案：《小問篇》「力地而動於時，則國必富矣」，「動」亦當爲「勤」。《治國篇》曰：「田墾則粟多，粟多則國富，故曰：力地而勤於時，則國必富也。」尹注非。

戮群臣

「寡君有不令之臣，在君之國，願請之以戮群臣」。念孫案：「戮群臣」，當從朱本作「戮於群臣」。「戮於群臣」者，下文曰「願生得之以徇於國，爲群臣僇」是也。脱去「於」字，則義不可通，《左傳正義》引此正作「願請之以戮於群臣」，《齊語》作「欲以戮之於群臣，故請之」。

請受而甘心焉

「管仲，讎也，請受而甘心焉」。念孫案：《左傳正義》引作「請受而戮之」，是也，下文施伯曰「非戮之也」，正對此句而言，則本作「請受而戮之」明矣。今作「請受而甘心焉」者，後人依《左傳》改之，而不知與下文不合也，且是書之文，不必皆與《左傳》同也。

所謂

「若不生得，是君與寡君賊比也，非弊邑之君所謂也」。念孫案：「謂」當爲「請」，字之誤也。《左傳正義》引作「非弊邑之所請也」，《齊語》作「若不生得以戮於群臣，猶未得請也」，上文

「請」字凡五見，皆其證。

夫鮑叔之忍不僇賢人

「夫鮑叔之忍，不僇賢人，其智稱賢以自成也」。《左傳正義》引作：「鮑叔之不忍戮賢人，其知，知稱賢以自成也。」洪云：「《正義》所引是。」念孫案：「夫鮑叔之不忍僇賢人」，語意亦未了，當作「夫鮑叔之仁，不忍僇賢人。其智，知稱賢以自成也」。「仁」與「智」正相對，《正義》所引脱「仁」字，尹本則大誤矣。尹注亦非。

將何如是昭德以貳君也

「有得力死之功，猶尚可加也。顯生之功，將何如？是昭德以貳君也」。念孫案：「將何如」爲句，「是昭德以貳君也」爲句，尹以「是」字上屬，非是。

插衽

「管仲詘纓插衽」。念孫案：「插」，當從宋本作「捷」。「捷」，古「插」字也。《小雅·鴛鴦篇》「戢其左翼」，《韓詩》曰：「戢，捷也，捷其噣於左也。」《士冠禮》注：「扱柶於醴中。」《鄉射禮》注：「搢，插也。」《大射儀》注：「搢，扱也。」《内則》注：「搢，猶扱也。」《釋文》「插」、「扱」二字竝作「捷」。《淮南・泰族篇》「捷吻而朝天下」，「捷吻」即「插笏」。今作「插」者，後人所改耳。《太平御覽・服章部三》引此正作「捷」。鈔本如是，刻本「捷」譌作「捷」。孫説同。

應公之賜

「應公之賜，殺之黄泉，死且不朽」。念孫案：應者，受也。《廣雅》：「應，受也。」《周語》「其叔父實應且憎」，韋注曰：「應，猶受也。」《周頌・賚篇》曰：「我應受之。」襄十三年《左傳》曰：「應受多福。」《逸周書・祭公篇》曰：「應受天命。」是「應」與「受」同義。《康誥》曰：「應保殷民。」言受保殷民也。僖十二年《左傳》曰：「余嘉乃勳，應乃懿德。」言受乃懿德也。桓公郊迎管仲而禮之，故仲稱「受公之賜，死且不朽」。尹以「賜」爲「賜死」，大謬。

戎馬

「戎馬待游車之弊」。念孫案：「戎馬」，當依《齊語》作「戎車」。據尹注，亦作「戎車」。

十邑爲率　三鄉爲屬屬有帥五屬一大夫

「制五家爲軌，軌有長。六軌爲邑，邑有司。十邑爲率，率有長。十率爲鄉，鄉有良人。三鄉爲屬，屬有帥。五屬一大夫」。劉曰：「《齊語》作『制鄙三十家爲邑，邑有司。十邑爲卒，卒有卒帥。十卒爲鄉，鄉有鄉帥。三鄉爲縣，縣有縣帥。十縣爲屬，屬有大夫。五屬，故立五大夫，各使治一屬焉。』案後『屬退而脩連，連退而脩鄉』，則此當作『三鄉爲連，連有帥，十連爲屬』。今『三鄉』下缺『爲連連有帥十連』七字，但《齊語》以『連』爲『縣』耳。」念孫案：「十邑爲率」，「率」當依《齊語》作「卒」。下同。隸書「率」字或作「率」，見漢《韓勑造孔廟禮器碑》。形與「卒」相似，故「卒」誤爲「率」。「屬有帥」，當作「屬有大夫」，此涉上文「連有帥」而誤。「五屬一大夫」，「一」當爲「五」，下文云：「正月之朝，五屬大夫復事於公，擇其寡功者而譙之曰：『列地分民者若一，何故獨寡功？』」是每屬有一大夫，故《齊語》云「五大夫各治一屬」，不得言「五屬一大夫」也。下文「鄉退而脩卒」，亦與《齊語》同也。

權節具備其械器用

「審其四時，權節具備其械器用」。劉曰：「下二句當作『權節其用，備其械器』，乃字誤亂耳。《齊語》作『權節其用』，是也。注皆非。」

穀芟

「比耒耜穀芟」。孫云:「『穀芟』,當依《齊語》作『耞芟』。宋明道本如是,韋注:「耞,拂也,所以擊草也。芟,大鎌,所以芟草也。」宋庠本「耞」作「枷」。宋本作『榖芟』,『榖』即『耞』字之壞,今又譌爲『穀』矣。尹注非。」

旦暮

「以旦暮從事於田壄」。引之曰:「旦暮」,本作「旦昔」,此後人據《齊語》改之也,不知《齊語》作「旦莫」,《管子》自作「旦昔」。上文言士,下文言工與商,皆云「旦昔從事於此」,不應此處獨作「旦暮」也。「昔」與「夕」通。

敬畏

「是以聖王敬畏戚農」。念孫案:「敬畏戚農」,當作「敬農戚農」,言農民耕,則多粟,仕則多賢,是以聖王敬之親之也。「農」與「畏」,字形相近而誤。尹注非。

論比計

「權節其用，論比計」。引之曰：「計」當作「汁」，字形相似而譌。「汁」與「協」通。《周禮・大行人》「協辭命」，故書「協」作「汁」。《大戴禮・朝事篇》譌作「計」，《史記・曆書》「祝犂協洽」，單行《索隱》本「協」作「汁」，譌作「計」。「汁」下當有「材」字，《齊語》正作「論比協材」，韋注曰：「協，和也，和其剛柔也。」

犧牲不勞

「無奪民時，則百姓富；犧牲不勞，則牛馬育」。尹注曰：「過用謂之『勞』。」念孫案：尹説非也。「勞」，讀爲「撈」。《方言》曰：「撈，取也。」《廣雅》同。古無「撈」字，借「勞」爲之。《齊語》作「犧牲不略，則牛羊遂」，韋注曰：「略，奪也。」「略」與「勞」一聲之轉，皆謂奪取也。「無奪民時」，不輕用民也，「犧牲不勞」，不妄取於民也，今俗語猶謂略取人物曰「撈」矣。

止民用

「舉財長工以止民用」。念孫案：「止」當爲「足」，尹注非。

則其制令

「鄉有行伍卒長，則其制令」。孫云：「當依《通典》百四十八作『則有制令』。」

師

「五鄉一師，故萬人爲一軍，今本脱「爲」字，據上文四「爲」字及《齊語》《通典》補。五鄉之師率之」。念孫案：「師」，皆當依《齊語》《通典》作「帥」，上文「三鄉一帥」即其證。

政定

「是故卒伍政定於里，軍旅政定於郊」。《通典》作「卒伍定於里，軍政定於郊」，「政」，當爲「旅」。《齊語》作「卒伍整於里，軍旅整於郊」。念孫案：「政」即「正」字也，「正」與「定」古字亦通。《堯典》「以閏月定四時」，《史記·五帝紀》「定」作「正」。《齊語》「正卒伍」，《漢書·刑法志》「正」作「定」。今「政定」竝出者，一本作「政」，一本作「定」，而後人誤合之也。《齊語》作「整」，「整」與「正」、「定」聲亦相近。

聞

「有居處爲義好學，聰明質仁，慈孝於父母，長弟聞於鄉里者」。念孫案：上言「慈孝於父母」，則下當言「長弟於鄉里」，「於」上不當有「聞」字，下文「長弟聞於鄉里」同。此後人據《齊語》加之也。《齊語》作「有居處好學，慈孝於父母，聰惠質仁，發聞於鄉里者」，文與此異，不得據彼以改此。《墨子·非命篇》曰：「入則孝慈於親戚，出則弟長於鄉里。」文義正與此同，下文云「不慈孝於父母，不長弟於鄉里」，尤其明證也。

時使

「維順端慤以待時，使使民恭，敬以勸」。念孫案：上「使」字因下「使」字而衍。尹注曰：「『待時』，待可用之時也。」則無「使」字明矣。今本注文「可用之時」下有「而使之」三字，乃後人所加，宋本無。《齊語》作「惟慎端慤以待時」，韋注曰：「『待時』，動不違時也。」是其證。

可立而時

「省相其質，以參其成功成事，可立而時」。念孫案：「可立而時」，《齊語》作「誠可立而授之」，韋注曰：「言可立以爲大官而授之事也。」此作「可立而時」者，「之」、「時」古字通，古「時」字作「峕」，以「㞢」爲聲，故二字可以通用。《吕氏春秋・胥時篇》「事在當時」作「事在當之」。《漢書・張蒼傳》「草立土德時曆制度」，《史記》作「草土德之曆制度」。又脱去「授」字耳。尹注非。

不肉

「設問國家之患而不肉」。念孫案：尹解「肉」字甚謬，劉依《齊語》以「肉」爲「疚」之誤，是矣，而未盡也。「肉」與「疚」形不相近，若本是「疚」字，無緣誤爲「肉」，蓋其字本作「宊」，隸書或從篆作「宍」，形與「肉」相似，因誤爲「肉」。《説文》：「宊，貧病也，從宀，久聲。《詩》曰：『煢煢在宊。』」今《詩》「宊」作「疚」，未必非後人所改。此「宊」字若不誤爲「肉」，則後人亦必改爲「疚」矣。

兩故字

「是故匹夫有善故可得而舉也，匹夫有不善故可得而誅也」。念孫案：下兩「故」字皆涉上「故」字而衍，《齊語》無。下文「匹夫有善可得而舉，匹夫有不善可得而誅」亦無兩「故」字。

鮑叔牙

「故使鮑叔牙爲大諫」。念孫案：「鮑叔牙」，本作「東郭牙」。下文管仲曰：「犯君顏色，進諫必忠，不辟死亡，不撓富貴，臣不如東郭牙，請立以爲大諫。」是其證，《晏子春秋・問篇》《吕氏春秋・勿躬篇》《韓子・外儲説左篇》《新序・雜事篇》竝同。世人多聞「鮑叔牙」，寡聞「東郭牙」，故以意改之耳。

徐開封

「徐開封處衛」。念孫案：「徐」當爲「衛」，字之誤也。「開封」當爲「開方」，聲之誤也。開方，衛人也，故曰「衛開方」。《大匡篇》曰「游公子開方於衛」，故曰「衛開方處衛」。孫説同。

八千人

「又游士八千人」。引之曰：八千人爲數太多，當從《齊語》作「八十人」。韋昭注《齊語》曰：「州十人，齊居一州。」《爾雅》曰「齊曰營州」是也。又讀爲「有」，古字「又」與「有」通。

《周語》「是三子也，吾又過於四之無不及」，「又」與「有」同。《齊語》作「爲」，「爲」亦「有」也。說見《釋詞》。

河陼　綱山

「使海於有弊，渠彌於河陼，綱山於有牢」。念孫案：「河陼」，當依《齊語》作「有陼」，與上下兩「有」字文同一例，且下文亦作「有陼」，不作「河陼」也。「綱山」，《齊語》作「環山」，韋注曰：「環，繞也。」《後漢書・馬融傳》注引《齊語》「繯山於有牢」，賈注曰：「繯，還也。」是賈本作「繯山」，與韋異也。今《管子》作「綱山」者，蓋俗書「綱」字作「綎」，與「繯」字相似，「繯」譌爲「綎」，又譌爲「綱」耳。尹注皆非。

吉臺

「反其侵地吉臺原姑與柒里」。念孫案：「吉」字疑即「臺」字之誤而衍者也，《齊語》作「臺原姑與漆里」，韋注曰：「衛之四邑。」無「吉」字。

八百乘

「有教士三萬人，革車八百乘」。引之曰：「八」當爲「六」。上文云五十人爲小戎，積而至於三萬人，則六百乘矣。《齊語》作「八百乘」，亦誤，説見韋注。

方地

「濟汝水，踰方地」。劉曰：「『地』乃『城』字誤，後亦作『方城』。謂《霸形篇》。」念孫案：《齊語》及《太平御覽・治道部七》引竝作「方城」。尹注非。

投柎

「方舟投柎」。念孫案：「投柎」，當依朱本及《齊語》作「設柎」。

卑耳之貉

「縣車束馬，踰大行與卑耳之貉」。念孫案：「貉」當爲「谿」，字之誤也，《齊語》作「辟耳之谿」。「辟」、「卑」古字通，鈔本《北堂書鈔・武功部二》引此正作「卑耳之溪」。明陳禹謨本，依今本《管子》改「溪」爲「貉」。《小問篇》亦云：「未至卑耳之谿十里。」尹注非。

以誓要于上下薦神

「與諸侯飾牲爲載書，以誓要于上下薦神」。尹注曰：「謂以上下之神祇爲盟誓，又以其牲薦之於神。」劉曰：「『薦』，當依《齊語》作『庶』。」念孫案：劉説是也，下文「庶神不格」即其證。「誓要」當爲「要誓」，《齊語》作「約誓」，「約」亦「要」也，謂以盟載之詞要誓於上下衆神也。尹不知「薦」爲「庶」之譌，而以「薦神」二字别爲句，謬矣。

壘

「甲不解壘」。念孫案：「壘」，當依宋本、朱本、《齊語》作「纍」。韋注曰：「纍，所以盛甲也。」《補音》：「纍，律追反。」

縷帛布　四分

「諸侯以縷帛布鹿皮四分以爲幣，齊以文錦虎豹皮報」。念孫案：「縷帛布」本作「縵帛」。《説文》：「縵，繒無文也。」《韓子·十過篇》曰：「縵帛爲茵。」「縵帛」與「文錦」正相對。《霸形篇》曰：「以虎豹皮文錦使諸侯，諸侯以縵帛鹿皮報。」文義正與此同，則本作「縵帛」明矣，今本作「縷帛」者，後人以《齊語》改之也。《齊語》作「縷纂以爲奉」，韋注曰：「縷纂，以縷織纂，不用絲。」則非謂「帛」明矣，不得據彼以改此。其「布」字，則因「帛」字而誤衍耳。引之曰：「鹿皮四分」，「分」當爲「介」。「介」，即今「个」字也。古字有「介」無「个」，説見《經義述聞・通説》「个」字下。《齊語》作「鹿皮四个」，韋注曰：「个，枚也。」宋庠本如是，明道本「个」譌作「分」，注内「枚」字又譌作「散」，辯見《經義述聞・通説》。「鹿皮四个」即《聘禮》所謂「乘皮」。「个」字古書作「介」，《廣韻》云：「介，俗作𠚣。」形與「分」相似，因譌作「分」。尹謂「四分其鹿皮」，失之矣。

社丘

「築五鹿中牟鄴蓋與社丘」。引之曰：地無名「社丘」者，當從朱本作「牡丘」。《春秋》僖十五年「公會齊侯、宋公、陳侯、衛侯、鄭伯、許男、曹伯，盟于牡丘」。是其地也，《齊語》正作「牡丘」。

姑姊

「寡人有污行，不幸而好色，而姑姊有不嫁者」。孫云：「《意林》《白帖》九十三引『姊』下有『妹』字。《荀子・仲尼篇》：『齊桓内行，則姑姊妹之不嫁者七人。』」

辭結

「足恭而辭結」。劉曰：「《大匡》作『博於教而文巧於辭』。念孫案：「教」，當作「敩」，「敩」與「學」同，説見《大匡》。則辭結當作辭給，注非。」

大司田　賓胥無　大司理

「墾草入邑，辟土聚粟多衆，盡地之利，臣不如甯戚，請立爲大司田。平原廣牧，車不結轍，士不旋踵，鼓之而三軍之士視死如歸，臣不如王子城父，請立爲大司馬。決獄折中，不殺不辜，不誣無罪，臣不如賓胥無，請立爲大司理」。念孫案：「大司田」本作「司田」，「大司理」本作「大理」，此因「大司馬」之文而誤衍也。《羣書治要》作「請立以爲司田」，無「大」字。《羣書治要》「立」下皆有「以」字，《呂氏春秋》《韓子》《新序》同。又作「請立以爲大理」，無「司」字，《呂氏春秋・勿躬篇》《韓子・外儲説左篇》《新序・雜事篇》皆作「大理」。

孫云：「『賓胥無』，《韓子・外儲説》作『弦商』，《晏子春秋・問上篇》《呂氏春秋・勿躬篇》作『弦章』，《新序・雜事篇》作『弦寧』，上文『弦子旗』即其字也。」念孫案：「賓胥無」，本作「弦章」，後人以上文云「其相曰夷吾，大夫曰甯戚、隰朋、賓胥無、鮑叔牙，用此五子者何功」，遂改「弦章」爲「賓胥無」，不知上文自謂用此五人而成霸功，不謂以賓胥無爲大理也。《大匡篇》曰：「賓胥無堅强以良，可以謂西土。」則不使爲大理明矣。又上文云：「使東郭牙爲大諫。今本作「鮑叔牙」亦後人所改，辯見上。王子城父爲將，弦子旗爲理，甯戚爲田，隰朋爲行。」此文云「隰朋爲大行」「甯戚爲司田」「王子城父爲大司馬」「東郭牙爲大諫」，皆與上文同。而「弦子旗」即「弦章」之字，則爲大理者乃弦章而非賓胥無矣。《吕氏春秋》《韓子》《新序》竝云「以弦章爲大理」，即本於《管子》也。《韓子》作「弦商」，「商」與「章」古字通。《棐誓》「我商賚女」，「商」，徐邈音「章」。《荀子·王制篇》「審詩章作審詩商」。皆是也。《新序》作「弦寗」，即「弦章」之譌。而《困學紀聞》乃謂弦章在景公時，當以《管子》作「賓胥無」者爲正，不知桓公時亦有弦章，不嫌與後人同名。且上文「弦子旗」即弦章之字，則此文當作「弦章」明矣。上文是記事之詞，故稱「弦子旗」。此文是管仲告君之詞，故稱「弦章」。而《羣書治要》所載亦作「賓胥無」，則唐初本已誤。

管子弟五

霸形

當言

「管子對曰：『君有霸王之心，而夷吾非霸王之臣也，是以不敢對。』桓公曰：『仲父胡爲然？盍不當言，寡人其有鄉乎？』」尹注曰：「何不陳當言，令寡人有所歸向。」念孫案：尹未解「當言」二字之義。「當言」，讜言也。「讜言」，直言也。蔡邕注《典引》曰：「讜，直言也。」《皋陶謨》「禹拜昌言」，《孟子·公孫丑篇》注引作「禹拜讜言」。字亦作「黨」，《逸周書·祭公篇》曰：「王拜手稽首黨言。」《爾雅》「昌，當也」，郭注曰：「《書》曰：『禹拜昌言。』」「昌」、「讜」、「黨」、「當」，竝聲近而義同。

書而不賦

「關譏而不征，市書而不賦」。劉曰：「『書』乃『廛』字誤。注非。」

霸言

伐不謂貪

「故貴爲天子，富有天下，而伐不謂貪者」。尹注曰：「得地均分，可以臣彼，地自利彼，於我何貪。」念孫案：如尹注，則「伐」字當爲「我」字之譌。「我不謂貪」，我不爲貪也。古者「謂」與「爲」同義，説見《釋詞》。

夫先王取天下也術術乎大德哉

尹以上「術」字屬上讀，下「術」字屬下讀。洪云：「『術術乎大德哉』作一句讀。『術』古通作『遂』，《爾雅》『烝烝、遂遂，作也』，郭注：『皆物盛興作之貌。』尹注非。」念孫案：上文云「以遂德之行，結諸侯之親」，「遂德」即此所云「術術乎大德」也。

宮門

「重宮門之營，而輕四竟之守」。念孫案：《羣書治要》「宮門」作「宮闕」，於義爲長。

繼

「知蓋天下，繼最一世，材振四海」。引之曰：「繼」字義不可通，當是「計」字之譌。「計最一世」，言計謀爲一世之最也。「知」、「計」、「材」相對爲文，「計」與「繼」同聲，又涉上文「繼絶世」而誤。尹注非。

諸侯皆令

「諸侯皆令，已獨孤，國非其國也」。念孫案：「令」當爲「合」，字之誤也，下文云「諸侯合則彊，孤則弱」是其證。尹注非。

下苴

「夫上狹而下苴，今本「狹」譌作「夾」，據尹注改。國小而都大者弒」。念孫案：「苴」與「粗」同。《莊子·讓王篇》「苴布之衣」。「上狹而下苴」，謂上小而下大也，與下句文同一例。尹注非。

方心

「夫先王之争天下也以方心，其立之也以整齊，其理之也以平易」。念孫案：「方心」，當爲「方正」。隸書「正」、「心」二字相似，又涉上「文王者之心方而不最」而誤。「方正」、「整齊」、「平易」，三者相對爲文。尹注非。

一而伐之　文武具滿

「一而伐之，武也。服而舍之，文也。文武具滿，德也」。念孫案：「一而伐之」，「一」當爲「二」，「二」與「貳」同。僖十五年《左傳》「貳而執之，服而舍之」，文義正與此同。尹注非。引之曰：「文武具滿」，「滿」當爲「備」，字之誤也。俗書「滿」字作「滿」，「備」字作「備」，右邊相似。尹注非。

伐

「驥之材而百馬伐之，驥必罷矣。彊最一伐而天下共之，國必弱矣」。念孫案：「百馬伐之」，「伐」當依宋本作「代」。代，迭也。言以驥之材，而百馬迭與之逐，則驥必罷也。「彊最一伐」，「伐」亦當依宋本作「代」，言彊爲一代之最，而天下共伐之，則國必弱也。「代」、「伐」字相似，又涉上文諸「伐」字而誤。

制節

「小國得之也以制節，其失之也以離彊」。尹注曰：「制度合節，故得。離彊則乖節者也，故失。」引之曰：「制」，讀爲「折」。《廣雅》曰：「制，折也。」「折」之爲言卑詘相下也。《廣雅》曰：「折，下也。」又曰：「折、詘，曲也。」「詘、曲，折也。」「折節」者，卑詘其節，以事彊大之國，下文曰：「折節事彊以避罪，小國之形也。」是也。古字「制」與「折」通。《呂刑》「制以刑」，《墨子·尚同篇》「制」作「折」。《論語·顏淵篇》「片言可以折獄者」，魯讀「折」爲「制」。「離彊」者，謂不肯附於彊大之國也。尹注非。

善攻

「理世不在善攻。」「理」，本作「治」，此避高宗諱改。念孫案：「治世」與「善攻」，兩不相涉，《通典·兵三》引作「治世不在善政」，是也。「治世不在善政」，所謂有治人無治法也，故尹注云：

「在於權宜。」今本「政」作「攻」者，涉上文諸「攻」字而誤。

争刑

「夫争彊之國必先争謀争刑争權」。念孫案：「刑」與「形」同。「形」、「刑」古多通用，不煩枚舉。上文云：「夫國小大有謀，彊弱有形。」又云：「必先定謀慮，便地形，利權稱。」故此文亦云「必先争謀争刑争權」，自此以下，「刑」字凡四見，皆「形」之借字也。尹注非。

問

行此道也

念孫案：此總承上文以起下文也，尹連上文「則衆不亂」作一句讀，大謬。

來從

「外人之來從而未有田宅者幾何家」。引之曰：「外人」，他國之人也。「從」當爲「徙」，字形相似而誤。隸書「徙」字作「𢓊」，「從」字作「𨑍」，二形相似。他國之人，來徙於齊，不可無田宅以安之也。《王制》曰:「自諸侯來徙家,期不從政。」此「來徙」二字之證。

亂普而德

「毋使讒人亂普而德」。念孫案:「普」當爲「諳」。「普」本作「諳」形,與「諳」相似。尹注:「普廢其德。」「普」亦當爲「諳」,「諳」與「替」同,故注言「諳廢」。

視其名

「身外事謹,則聽其名,視其名,視其色,是其事,稽其德,以觀其外」。引之曰:「視其名」三字因上下文而衍。尹解「聽其名」曰:「當聽其名之真僞。」解「視其色」曰:「既知其名又須視其色之是非。」而不爲「視其名」作解,則無此三字明矣。

邊信傷德厚和構四國

「小利害信,小怒傷義,邊信傷德厚,和構四國,以順貌德」。念孫案:「德厚」二字連讀,「厚」字上屬爲句,不與「和構」相連。「德厚」,猶言「仁厚」。《形勢解篇》曰:「無德厚以安之,無度數以治之。」《樂記》曰:「廣其節奏,省其文采,以繩德厚。」《鄉飲酒義》曰:「主人者，接人以仁，以德厚者也。」《荀子·君道篇》曰：「德厚者進，而佞説者止。」《韓子·外儲説右篇》曰：「德厚以與天下齊行。」《齊策》曰：「德厚之道得，貴士之力也。」《史記·秦本紀》曰：「施德厚骨肉而布惠於民。」漢景帝詔曰：「德厚侔天地，利澤施四海。」鼂錯對策曰：「今以陛下神明德厚。」鄒陽《獄中上梁王書》曰：「墮肝膽，施德厚。」司馬相如《子虛賦》曰：「今足下不稱楚王之德厚，而盛推雲夢以爲高。」皆以「德厚」連文，尹以「厚」字下屬爲句，非是。

令守法之官日行度必明

「令守法之官日，行度必明，無失經常。」舊本脱「無」字，今據尹注補。尹讀「令守法之官日行」爲句，注云：「令守法之官，日行邊鄙關塞。」又讀「度必明」爲句，「無失經常」爲句，注云：「其巡行之時，必明其制度，無得失於經常。」念孫案：尹注甚謬。「日」當爲「曰」，字之誤也。「令守法之官曰」爲句，上文「問於邊吏曰」云云，即其證。「行度必明」爲句，「行度」，行法度也。「無失經常」爲句。

戒

猶軸轉斛

「桓公將東游，曰：『我游猶軸轉斛，南至琅邪。』」引之曰：「猶」，讀爲「欲」，古字「猶」與「欲」通。《大雅·文王有聲篇》「匪棘其欲」，《禮器》引作「匪革其猶」。《周官·小行人》「其悖逆暴亂作慝猶犯令者爲一書」，《大戴禮·朝事篇》「猶」作「欲」。「軸」，當爲「由」，「由轉」二字相連，寫者遂誤加「車」旁矣。「轉斛」，當爲「轉鮒」。丁氏升衢曰：「《孟子》『轉附』，《寰宇記》引《齊都賦》《晏子春秋》竝作『轉鮒』。『魚』與『角』，『付』與『斗』，均形近而譌。」案：丁説是也。「鮒」字右畔之「付」，與隸書「斗」字作「升」者相似，故誤爲「斗」。「我游猶由轉鮒，南至琅邪」，言我之游也，欲由轉鮒之山，南至於琅邪，與《孟子》「吾欲觀於轉附、朝儛，遵海而南，放于琅邪」文義正同。尹注不能釐正而曲爲之説，非也。

期而遠者

「任之重者莫如身，塗之畏者莫如口，期而遠者莫如年」。念孫案：「期而遠者」，本作「期之遠者」，與上二句文同一例。《羣書治要》《北齊書·魏收傳》《文選·陸機〈長歌行〉》注引此竝作「期之遠者」。孫説同。

乃能

「以重任行畏塗，至遠期，唯君子乃能矣」。念孫案：「唯君子乃能矣」，本作「唯君子爲能及矣」，今本脱「爲」字，「及」誤爲「乃」，又誤在「能」字上，《羣書治要》《北齊書》竝作「唯君子爲能及矣」。

不相告

「不動而疾，不相告而知，不爲而成，不召而至」。念孫案：「不相告而知」，衍「相」字。

云下

「故天不動，四時云下而萬物化」。引之曰：「下」字因下文「政令陳下」而衍，尹注同。「云」，即「運」字，言四時運而萬物化也。「運」字古讀若「云」，故與「云」通。說見《淮南·兵略篇》「元逐」下。

澤其四經　澤命

「内不考孝弟，外不正忠信，澤其四經而誦學者，是亡其身者也」。尹注曰：「四經，謂《詩》《書》、《禮》、《樂》。既無孝弟忠信，空使四經流澤，徒爲誦學者，即四經可以亡身也。」念孫案：尹以「澤」爲「流澤」，「四經」爲「《詩》《書》《禮》《樂》」，皆非也。「澤」，讀爲「舍其路而弗由」之「舍」。「舍」、「釋」、「澤」三字古同聲而通用。《周頌・載芟篇》「其耕澤澤」，《正義》引《爾雅》作「釋釋」。《夏小正》「農及雪澤」，《管子・乘馬篇》作「農耕及雪釋」。《考工記》「水有時以凝，有時以澤」，是「釋」與「澤」通也。《周官・占夢》「乃舍萌于四方」，鄭注曰：「『舍』，讀爲『釋』，古者『釋菜』、『釋奠』多作『舍』字。」《鄉飲酒禮》「主人釋服」，《大射儀》「獲而未釋獲」，古文「釋」竝作「舍」。《月令》「命樂正習舞釋菜」，《吕氏春秋・仲春篇》「釋」作「舍」，是「釋」與「舍」通也。《管子・形勢篇》「莫知其爲之，莫知其澤之」，《形勢解》「澤」作「舍」，是「舍」與「澤」通也，又見下。「經」，常也。「四經」猶言「五常」。「四經」，即「孝弟忠信」。内不孝弟，外不忠信，故曰「舍其四經」。又《小問篇》：「語曰『澤命不渝』，信也。」即《鄭風・羔裘》之「舍命不渝」。《困學紀聞・諸子類》引張嵲《讀管子》曰：「『澤命不渝』，『澤』，古『釋』字，而注乃以爲恩澤之命，陋矣。」

濟大水之有舟楫

「雖鴻鵠之有翼，濟大水之有舟楫也，其將若君何」。念孫案：「濟大水之有舟楫」七字，後人所加也。後人以《霸形篇》云「寡人之有仲父也，猶飛鴻之有羽翼也，若濟大水有舟楫也」，故增入此句，不知此文「雖鴻鵠之有翼也，其將若君何」，是管仲對桓公語，而上文桓公但云鴻鵠有羽翼，不云濟大水有舟楫，若闌入此句，則所答非所問矣。尹不審文義而爲之作注，失之。《太平御覽·治道部八》所引無此七字。

握路家

「舉齊國之幣，握路家五十室」。尹注曰：「握，持也，持與路旁之家。」引之曰：「握」，當爲「振」。「辰」與「屋」字形相近，又因下文「室」字而誤。《説文》曰：「振，舉救也。」「路」，讀爲「露」。「露家」，窮困之家也。《方言》：「露，敗也。」《莊子·漁父篇》曰：「田荒室露。」字亦作「潞」，《秦策》曰「士民潞病於内」，《吕氏春秋·不屈篇》曰「士民罷潞」，「罷」與「疲」同。高注竝曰：「潞，羸也。」亦作「路」，《孟子·滕文公篇》「是率天下而路也」，趙注曰：「是率導天下之人以羸路也。」俗本改作「羸困之路」，辯見前「振罷露」下。《五輔篇》：「衣凍寒，食飢渴，匡貧窶，振罷露，資乏絶，此謂振其窮。」「振罷露」，即此所謂「振露家」也。尹注非。

其孰能一人之上也

「公又問曰：『不幸而失仲父也，二三大夫者，其猶能以國寧乎？』管仲對曰：『君請矍已乎，鮑叔牙之爲人也好直，賓胥無之爲人也好善，甯戚之爲人也能事，孫在之爲人也善言。』公曰：『此四子者，其孰能？一人之上也，寡人并而臣之，則其不以國寧何也？』」引之曰：「其孰能一人之上也」若作一句讀，則文不成義，當以「其孰能」絶句，言此四子者其孰能以國寧也，「其孰能」下當有管仲謂其不能以國寧之語。「一人之上也」三句則桓公不解其何以不能，又從而問之也，今本有脱文耳，不然則「不以國寧」之問何自而來耶？「一」，皆也。《大戴禮·衛將軍文子篇》「則一諸侯之相也」，盧注曰：「一，皆也。」「一人之上」，言四子之材皆在人之上也。而尹注曰：「言四子皆有超絶之材，無人能過其上。」則所見已是脱誤之本，故連「其孰能」三字解之。然如其説，則是「孰能」在四子之上，豈所謂「一人之上」乎？失之矣。

爲臣死乎

「夫江黄之國近於楚，爲臣死乎，君必歸之楚而寄之」。念孫案：「爲」，猶「如」也，言如臣死，則君必歸江黄於楚也。古或謂「如」曰「爲」。《列子·説符篇》：「孫叔敖戒其子曰：『爲我死，王則封女，女必無受利地。』」言如我死也。《秦策》秦宣大后「出令曰：『爲我葬，必以魏子爲殉。』」言如我葬也。《呂氏春秋·長見篇》「魏公叔痤對惠王曰：『臣之御庶子鞅，願王以國聽之也。爲不能聽，勿使出竟。』」言如不能聽也。《韓子·内儲説》「荆王新得美女，鄭袖教之曰：『王甚喜人之掩口也。爲近王，必掩口。』」言如近王也。《秦策》「公孫衍謂義渠君曰：『中國無事於秦，則秦且燒焫獲君之國。中國爲有事於秦，則秦且輕使重幣而事君之國。』」言中國如有事於秦也。

尹説大謬，劉説近之，然亦未釋「爲」字之義。

旦暮欲齧我猳而不使也

「東郭有狗嘊嘊，當作「啀」，《玉篇》：「啀，魚佳切，狗欲齧。」《廣韻》：「啀，犬鬭。」字皆作「啀」，無作「嘊」者。《集韻》：「啀，或作嘊。」則所見《管子》本已誤。旦暮欲齧我，猳而不使也」。尹注曰：「猳謂以木連狗，取聲爲義，即國家也。言易牙終能亡國滅家，此不當使，必須去之也。」注内「猳」字，宋本、朱本作「枷」。引之曰：作「枷」者是也。注云「以木連狗」，則其爲「枷」字明甚。注爲「枷」字作解，則正文之本作「枷」可知。若如今本作「猳」，則注當訓爲「牡豕」，「猳」即「豭」之俗字。豭，牡豕也。安得云「以木連狗」乎？《白帖》九十八引此作「豭」，蓋後人據誤本《管子》改之也。但注讀「旦暮欲齧我枷」爲句則非，尋繹文義，當以「旦暮欲齧我」爲句，「枷」字則屬下讀。「枷」者，「迦」字之假借。《説文》：「迦，迦互，令不得行也。」《玉篇》作「迦牙令不得進也」。「枷而不使」

者，謂迦互之，不使進而罊人也，今世罊人之狗，繫木於其頸，使任重難進是也。下文同。

是所願也得於君者是將欲過其千乘也

「今夫衛公子開方，去其千乘之太子而臣事君，是所願也。得於君者，是將欲過其千乘也」。洪云：「『願』下衍『也』字，『願得於君』四字連讀。」念孫案：尋尹注亦無「也」字，下「是」字亦涉上「是」字而衍。

地圖

苴草

「苴草林木蒲葦之所茂」。尹注曰：「『苴草』，謂其草深茂，能有所覆藏。」念孫案：「苴」采古反。亦草也，語之轉耳，字或作「蔖」。《廣雅》曰：「蔖，草也。」《呂氏春秋·貴生篇》「其土苴，以治天下」，高注曰：「苴，草薊也。」「草薊」，即草芥，今本「薊」譌作「蒯」，辨見《呂氏春秋》。《逸周書·大聚篇》曰：「陂溝道路，藂苴丘墳。」《靈樞經·癰疽篇》曰：「草蔖不成，五穀不殖。」草謂之「苴」，故枯草亦謂之「苴」。《楚辭·九章》「草苴比而不芳」，王注曰：「生曰草，枯曰苴。」是也。苴草、林木、蒲葦，皆兩字平列。尹注非。

制分

治者所道富也治而未必富也

「治者，所道富也，治而未必富也。富者，所道强也，而富未必强也。强者，所道勝也，而强未必勝也。勝者所道制也，而勝未必制也」。念孫案：「治而未必富也」，當依朱本作「而治未必富也」，方與下文一例。「道」者，由也，見《禮器》、《中庸》注。尹注誤解「道」字。

君臣上

官治者

「官治者，耳目之制也」。引之曰：「治」字因下文「官治」而衍。尹注曰：「官稟君命而後行，若耳目待上制而後用，「上」字誤，當爲「心」。故曰『官者，耳目之制』。」則無「治」字明矣。此但言官，下文乃言官治也。

謂之矯　謂之勝

「是以上及下之事謂之矯，下及上之事謂之勝」。念孫案：《淮南·俶真篇》注曰：「矯，拂也。」上而及下之事，則拂乎爲上之道，故下文云：「爲上而矯，悖也。」勝者，陵也。下而及上之事，是陵其上也，故下文云：「爲下而勝，逆也。」《侈靡篇》曰：「得天者高而不崩，得人者卑而不可勝。」謂卑而不可陵也。《易·漸》六四「終莫之勝」，虞注曰：「勝，陵也。」尹注皆失之。

綧制

「衡石一稱，斗斛一量，丈尺一綧制」。念孫案：「綧」讀若「準」，字或作「淳」、「敦」、「純」，竝同耳。《周官·内宰》「出其度量淳制」，鄭注曰：「故書『淳』爲『敦』，杜子春讀『敦』爲『純』。『純』謂幅廣也，『制』謂匹長，『元』謂純制，《天子巡守禮》所云『制幣丈八尺，純四㧕與』。」《質人》「同其度量，壹其淳制」，杜注與《内宰》同。《聘禮》「釋幣、制玄、纁束」，注曰：「《朝貢禮》云：『純四只，「咫」、「㧕」、「只」竝同。制丈八尺。』」《士喪禮下篇》「贈用制幣玄纁束」，注曰：「丈八尺曰制。」《内宰》疏引鄭答趙商問曰：「《巡守禮》：『制丈八尺，純四咫。』咫八寸，四咫三尺二寸，太廣，『四』當爲『三』，三八二十四，二尺四寸，幅廣也。古三、四積畫，是以『三』誤爲『四』也。」《韓子・外儲説右篇》曰：「終歲布帛取二制焉。」《淮南・天文篇》曰：「四丈而爲匹，一匹而爲制。」《地形篇》曰：「門間四里，里閒九純，純丈五尺。」此所言純制之度，與鄭所引逸《禮》不合，所傳者異也。尹注皆未考。

慶

「是故天子有善，讓德於天。諸侯有善，慶之於天子。大夫有善，納之於君。民有善，本於父，慶之於長老」。念孫案：兩「慶」字皆當作「薦」。「薦」，進也。言下有善，則進之於上也。《祭義》曰：「天子有善，讓德於天。諸侯有善，歸諸天子。卿大夫有善，薦於諸侯。士庶人有善，本諸父母，荐諸長老。」今本「荐」譌作「存」，辯見《經義述聞》。是其證。隸書「薦」字或作「蕿」，見漢《魯相史晨饗孔廟後碑》。形與「慶」相似而誤。《大戴禮・四代篇》「臣聞之弗薦，非事君也」，《晏子春秋・問篇》「薦善而不有其名」，今本「薦」字竝譌作「慶」。《史記・司馬相如傳〈封禪文〉》「將以薦成」，《漢書》「薦」作「慶」。尹注非。

不敢殺

「爲人君者，執要而待之，則下雖有姦僞之心，不敢殺也」。念孫案：「殺」當爲「試」，言不敢試其姦僞也。下文云：「然則躁作姦邪僞詐之人，不敢試也。」語意正與此同，今作「不敢殺」者，「試」譌爲「弑」，又譌爲「殺」耳。尹注非。

非茲是無以理人

「夫道者虛設，其人在則通，其人亡則塞者也。非茲，是無以理人，「人」當作「民」，唐人避諱改之。非茲，是無以生財，民治財育，其福歸於上，是以知明君之重道法而輕其國也」。引之曰：茲，此也，謂道也。「是」字屬下讀，《爾雅》曰：「是，則也。」蓋理民者道也，非道則無以理民。生財者道也，非道則無以生財。上文所謂「治民有常道，生財有常法」也。尹不知「是」之爲「則」，而以「茲是」連讀，失之。

威罰

「有善者不留其賞，故民不私其利。有過者不宿其罰，故民不疾其威。威罰之制，無踰於民，則人歸親於上矣」。劉曰：「『威罰』之『威』，當作『賞』。注非。」

君臣下

是故明君二句

「是故明君審居處之教，而民可使居治戰勝守固者也」。尹以「可使」絶句，注云：「民從教，則可使。」又注下文云：「居處既治，戰則勝，守則固。」劉曰：「『而民可使』以下十二字連讀，謂使民居則治，戰則勝，守則固也。注非。」

裹

「旌之以衣服，富之以國裹」。尹注曰：「裹，謂財貨所包裹而藏也。」引之曰：書傳無謂財貨爲「裹」者，「裹」當爲「稟」，字形相似而誤。「稟」，古「廩」字。「富之以國廩」，謂食以國之廩粟，所謂禄以馭其富也。《周官》「廩人，掌九穀之數，以待國之匪頒、賙賜、稍食」，鄭注曰：「稍食，禄廩。」

異幸

「上無淫侵之論，則下無異幸之心矣」。念孫案：「異幸」當依朱本作「冀幸」。

巧官

「爲人臣者變故易常而巧官以諂上，謂之騰」。引之曰：「官」當爲「言」，字形相似而誤。《幼官篇》「攷之以言」，今本誤作「攻之以官」，說見《幼官篇》。是其證。

騰至則北

「亂至則虐，騰至則北」。念孫案：「北」與「背」同，言不忠之臣必背其君也。《說文》曰：「北，乖也，從二人相背。」韋注《吴語》曰：「『北』，古之『背』字。」《齊策》曰：「食人炊骨，士無反北之心。」「反北」即「反背」。尹注非，孫說同。

四者敗

「四者有一，至敗敵人謀之」。念孫案：「至」字因上文兩「至」字而衍。「敗」當作「則」，字之誤也，言四者若有一於此，則敵人謀之矣。「四者」，謂「亂」也，「騰」也，「虐」也，「北」也。尹注非。

故施舍優猶以濟亂

「故施舍優猶以濟亂」，舊本「故」上有「則」字，涉下句「則」字而衍，今刪。則百姓悦」。尹讀「故施舍優」爲句，「猶以濟亂」爲句，注云：「言施恩厚，舍罪罰，二者優厚，雖非用法，猶能濟亂。」念孫案：尹説非也，「故施舍優猶以濟亂」當作一句讀。「優猶」，即「優游」，《荀子·正論篇》曰「優猶知足」是也。「濟」，止也。《鄘風·載馳篇》「不能旋濟」，毛傳曰：「濟，止也。」《莊子·齊物論篇》曰：「厲風濟，則衆竅爲虚。」施舍以厚之，優游以畜之，則可以止亂矣。

不布其民非其民也

「民有三務不布，其民非其民也」。引之曰：「布」，當爲「務」，蓋「務」字脱左畔之「矛」，其右畔之「务」與隸書「布」字作「㐲」者相似，「㐲」見《校官碑》。因譌爲「布」矣。尹注曰：「農人不務之，則餒餓成變，故民非其民也。」是所據本正作「務」字。「其民非其民也」，上「其」字因下「其」字而衍，下文「民非其民，則不可以守戰」即承此句言之，不當有上「其」字，注曰：「故民非其民也。」則無上「其」字可知。

威黨

「能易賢不肖，而可威黨於下」。劉績曰：「『威』，當作『爲』，謂能易賢不肖，而可以爲朋黨於下。」念孫案：「威」，當作「成」，謂成朋黨於下也。《淮南·氾論篇》曰：「私門成黨，而公道不行。」

陷

「有與「又」同。能以民之財力上陷其主，而可以爲勞於下」。引之曰：「陷」字義不可通。「陷」，疑當作「啗」，字形相似而誤。「上啗其主」，謂啗之以利也。《史記·樂毅傳》「令趙嚪説秦以伐齊之利」，今本脱「説」字，辯見《史記》。「嚪」與「啗」同，《高祖紀》曰：「使酈生、陸賈往説秦將，啗以利。」是也。尹注非。

環其私

「兼上下以環其私，爵制而不可加，則爲人上者危矣」。尹注曰：「上則擅君之柄，下則用人財力，上下之利，皆用遶身，故曰『環其私』也。」念孫案：尹未曉「環」字之義，「環」之言營也，謂兼上下以營其私也。「營」與「環」，古同聲而通用。《韓子·五蠹篇》曰：「古者蒼頡之作書也，自環者謂之私。」「私」本作「厶」，見下。《説文》「厶」字解引作「自營爲厶」。《韓子·人主篇》曰：「當途之臣得勢擅事，以環其私。」謂自營其私也。「環」，字亦作「還」，《管子·山至數篇》曰：「大夫自還而不盡忠。」謂自營也。《秦策》曰：「公孫鞅盡公不還私。」謂不營私也。《荀子·臣道篇》：「朋黨比周，以環主圖私爲務。」「環主」，謂營惑其主也。《成相篇》「比周還主黨與施」，「還」與「環」同。《春秋》文十四年「有星孛入于北斗」，《穀梁傳》曰：「其曰入北斗，斗有環域也。」「環域」即「營域」，「環」與「營」同義，故「環繞」即「營繞」，「環衛」即「營衛」。又《齊風·還篇》「子之還兮」，《漢書·地理志》「還」作「營」，亦以聲同而借用也。

上下不知

「四者一作而上下不知也，則國之危可坐而待也」。念孫案：「上下不知」，當從朱本作「上不知」。「一」者，皆也。《大傳》「五者一得於天下，民無不足，無不贍者」，言五者皆得於天下也。莊十六年《穀梁傳》「外內寮一疑之」，言皆疑之也。《大戴禮·衛將軍文子篇》「若吾子之語審茂，則一諸侯之相也」，盧辯曰：「一，皆也。」《家語·弟子行篇》「一」作「壹」，又《三年問》「壹使足以成文理」，王肅注竝云：「壹，皆也。」言四姦皆作而君不知，則國必危也。此本作「上下不知」，「下」即「不」字之誤而衍者。

是故以人役上三句

「是故以人役上，以力役明，以刑役心」。劉曰：「『以人役上』，自君臣言。『以力役明』，自等類言。『以刑役心』，自一身言。『刑』乃『形』字譌，下同。注皆非。」念孫案：「以力役明」，所謂君子勞心，小人勞力也。「形」、「刑」古字通。

戒心

「道德定於上，則百姓化於下矣。戒心形於內，則容貌動於外矣」。念孫案：「戒」當爲「成」，字之誤也。「成」與「誠」通。《禁藏篇》「賞罰莫若成必」，「成」即「誠」字。《小雅·我行其野篇》「成不以富」，《論語·顏淵篇》「成」作「誠」。誠心形於內，容貌動於外，所謂誠於中，形於外也。此以身之從心，喻民之從君，不當專以戒心言之，尹注非。

民流通則迂之

「故民迂則流之，民流通則迂之」。尹注曰：「人太迂曲不行，則流通之。人太流蕩，則迂屈之。」引之曰：「民流」下「通」字，因注而衍，注於上「流」字訓爲「流通」，下「流」字訓爲「流蕩」，則「民流」下無「通」字明甚。若有「通」字，不得訓爲「流蕩」矣。

威私

「此先王所以明德圉姦，昭公威私也」。劉曰：「『威』乃『戒』字誤。」

無事

「禁淫務，勸農功，以職其無事」。念孫案：「無」當爲「典」。「典」，常也，「常事」即指農功而言。「禁淫務，勸農功」，則民皆職其常事矣。隸書「無」字作「無」，「典」字或作「𠔿」，漢《益州太守高頤碑》「游心典籍」，「典」字作「𠔿」。二形相似，故「典」譌爲「無」。尹注非。

明立寵設六句

「明立寵設，不以逐子傷義。禮私愛驩，勢不竝倫。爵位雖尊，禮無不行」。劉曰：「言庶子雖有才有寵，亦不以逐嫡子而傷義。故禮愛隆而不敢竝嫡子，爵位尊而亦事嫡子也。注皆非。」念孫案：「明」，猶「尊」也。《禮運》「故君者，所明也，非明人者也」，《大傳》「庶子不祭，明其宗也」，鄭注竝曰「明，猶尊也」。《祭義》「明命鬼神」，注曰：「明命，猶尊名也。」本書《牧民篇》曰：「明鬼神，祇山川。」《墨子・明鬼篇》曰：「鬼神不可不尊明也。」言庶子雖尊寵，不以代嫡子也。

管子弟六

小稱

來美名　來足　用金玉事主而來　所以來

「我託可惡，以來美名，又可得乎」。念孫案：「來」，當爲「求」，下文云「以求美名，又可得乎」即其證。又《侈靡篇》「不出百里而來足」，「來」亦當爲「求」，言不出百里而所求者足也。又《任法篇》「富人用金玉事主而來焉」，「來」亦當爲「求」，下文云「近者以偪近親愛有求其主」即其證。又《九守篇》「君因其所以來，因而予之」，「來」亦當爲「求」，《鬼谷子·符言篇》正作「求」。隸書「來」字作「来」，「求」字或作「来」，漢《三公山碑》「乃求道要，本祖其原」，「求」字作「来」。《蕩陰令張遷碑》「紀行求本，蘭生有芬」，「求」字作「朩」。皆與「来」字相似，唯首畫作曲形，自右而左，與「来」字不同。二形相似，故「求」譌爲「來」。「求」、「來」二字，書傳多互譌。《吕刑》「惟貨惟求」，馬注云：「求，有求請賕也。」案《漢律》有「受賕」之條，即經所云「惟貨」也。又有「聽請」之條，即經所云「惟求」也。二者相因，故馬注云云，以兼釋「惟貨惟求」之義。「求」字，傳寫作「𣏾」，故與「来」字相似，而某氏傳遂訓爲「往來」之「來」，失之矣。《孟子·離婁篇》「舍館定，然後來見長者乎」，《史記·李斯傳》「來丕豹公孫支於晉」，今本「來」字又皆譌作「求」。尹注皆非。

歸之於民則民怒反之於身則身驕

「今夫桀紂不然，《羣書治要》「不然」上有「則」字。有善則反之於身，有過則歸之於民。歸之於民，則民怒；反之於身，則身驕」。念孫案：《羣書治要》作「有過而歸之於民，則民怒；有善而反之於身，則身驕」，是也。上文云「有過而反之身，則身懼；有善而歸之民，則民喜」，是其證。今本無「有過而有善而」六字者，後人以意删之耳。

可得料

「匠人有以感斤欘，故繩可得料也」。念孫案：「料」當爲「斷」。斤欘所以斷繩，故曰「繩可得斷」。隸書「料」字作「𣁁」，其右邊與「斷」相似。俗書「斷」字作「断」，其左邊與「料」相似，故「斷」譌作「料」。亦有「料」譌作「斷」者，《史記·淮陰侯傳》「大王自料」，《新序·善謀篇》「料」作「斷」是也。《太平御覽·資産部三》引此正作「斷」。

入察

「大哉恭遜敬愛之道，吉事可以入察，凶事可以居喪」。念孫案：「察」當爲「祭」。祭，吉事也。喪，凶事也。二句相對爲文。

故臣且謁之

「微君之命臣也，故臣且謁之」。引之曰：當作「臣故且謁之」。「故」與「固」同，言臣固將謁之也。《韓子·難一》作「臣故將謁之」是其證。

喜宮

「公喜宮而妬」。引之曰：「喜宮」，當依朱本作「喜内」，故下句云「豎刀自刑，而爲公治内」。《左傳》《史記》皆言「桓公好内」，《韓子》作「君妬而好内」是其證。

脱十字

「公子開方事公十五年，不歸視其親，齊衛之間，不容數日之行」。念孫案：此下脱「於親之不愛焉能有於公」十字，《羣書治要》有。《吕氏春秋・知接篇》作「其父之忍，又將何有於君」，《韓子》作「其母不愛，安能愛君」，皆其證。上文云：「於子之不愛，將何有於公？」「於身之不愛，將何有於公？」文義正與此相對。

務爲

「臣聞之務爲不久，蓋虛不長」。引之曰：「爲」，即「僞」字也。《兵法篇》「僞詐不敢嚮」，《幼官篇》作「爲詐」。成九年《左傳》「爲將改立君者」，「爲」即「僞」字，與僖二十五年《傳》「僞與子儀子邊盟者」文義正同。定十二年《傳》「子僞不知」，《釋文》「僞」作「爲」。《史記・封禪書》「果是僞書」，《漢書・郊祀志》作「果爲書」。《淮南・衡山傳》「使人僞得罪而西」，《漢書》亦作「爲」。「僞」與「虛」正相對。《韓子》及《說苑・說叢篇》竝作「務僞不長」是其證。今本《韓子》「務譌作矜」。尹注非，洪說同。

憎廢之官

「公憎四子者廢之官」。念孫案：《羣書治要》作「公召四子者，廢之」，是也。今本「召」作「憎」，「廢」之下有「官」字，皆後人所增改。桓公非憎四子，特因管仲之言而廢之耳。

苛病起兵

「逐堂巫而苛病起兵，逐易牙而味不至，逐豎刀而宫中亂，逐公子開方而朝不治」。念孫案：「苛病起」下不當有「兵」字，尹曲爲之説，非也。《羣書治要》《吕氏春秋》皆無「兵」字。

素幭

「桓公乃援素幭以裹首而絶」。尹注曰：「幭，所以覆軨也。」念孫案：尹以「幭」爲「鞹鞃淺幭」之「幭」，非也。「幭」，謂帊幞也。《廣韻》：「帊，帊幞，《通俗文》曰『帛三幅曰帊』，普駕切。」今人言手帊是也。《方言》曰「繙裷謂之幭」，郭璞曰：「即帊幞也。」《廣雅》曰：「幭、帊、繙、裷，幞也。」《説文》曰：「幭，蓋幭也。」《吕氏春秋·知化篇》「夫差乃爲幎以冒面而死」，事與此相類。「幎」，即「幭」字也。帊幞可以覆面，故云「援素幭以裹首」，非車上之覆軨也。

十一日

「死十一日，蟲出於户」。洪云：「『十一』當爲『七』，因字形而譌。」《周禮·職方氏》「方三百里則七伯」，鄭注云：「以方三百里之積，以九約之，得十一有奇。云『七伯』者，字之誤也。」《戒篇》「公死七日不斂」，其證也。據《史記·齊世家》「桓公尸在牀上六十七日，尸蟲出于户」，《説苑·權謀篇》「桓公死六十日，蟲出於户」，俱與此不同。

出如莒時

「使公毋忘出如莒時也，使管子毋忘束縛在魯也，使甯戚毋忘飯牛車下也」。念孫案：上二句當依《羣書治要》作「使公毋忘出而在於莒也，使管仲毋忘束縛在於魯也」。「在於莒」與「在於魯」對文，「莒」與「魯」、「下」爲韻，今本「出而在於莒」作「出如莒時」，則失其韻矣。《藝文類聚·人部七》《太平御覽·人部一百》引此竝作「在莒」，《吕氏春秋·直諫篇》作「出奔在於莒」，《新序·雜事篇》作「出而在莒」，皆無「時」字。

四稱

以繬緣繬　曲薔　薔石　天薔

「以繬緣繬，吾何以知其美也」。劉績曰：「繬，所力切。」念孫案：劉音非也。「繬」當爲「緇」。下文云：「以素緣素，吾何以知其善也？」「素」與「緇」正相對，是「繬」爲「緇」之譌也。「緇」從甾聲，「繬」從嗇聲。隸書「嗇」字作「嗇」，「甾」字或作「啚」，《玉篇》：「菑，或作薔。」《集韻》：「淄，俗作濇。」是「啚」爲「甾」之變體也。二形相似，故「甾」譌爲「嗇」矣。又《輕重甲篇》曰：「越人果至，隱曲薔以水齊。」念孫案：「薔」，亦當爲「菑」。「曲菑」，菑水之曲處也。菑水東流過臨菑城南，又折而北，過其東。見《水經注》。故有曲菑之名，若後人之言曲江矣。隱，塞也，上文云「請以令隱三川」，謂塞三川也。《小雅·魚麗》傳「士不隱塞」，正義曰：「爲梁，止可爲防於兩邊，不得當中皆隱塞。」是「隱」與「塞」同義。謂塞曲菑以灌齊都也。《輕重甲篇》又曰：「楚之有黄金，中齊有薔石也。」念孫案：「薔」亦當爲「菑」。中，當也。言楚之有黄金，當齊之有菑石也。《輕重丁篇》曰：「使玉人刻石而爲璧。」〔一〕尹注曰：「刻石，刻其菑石。」「薔石」、「菑石」皆「菑石」之譌也。又《輕重丁篇》曰：「今彗星見於齊之分，請以令朝功臣世家，號令於國中曰：『彗星出，寡人恐服天下之仇，請有五穀叔粟布帛文采者。舊本「叔」譌作「収」，辯見《輕重丁》。皆勿敢左右，國且有大事，請以平賈取之功臣之家。』人民百姓，皆獻其穀菽粟帛布，舊本「帛布」譌作「泉金」，辨見《輕重丁》。歸其財物，以佐君之大事，此謂乘天嗇而求民鄰財之道也。」念孫案：「嗇」亦當爲「甾」。「甾」，即「災」字。《史記·秦始皇紀》「甾害絶息」，今本「甾」作「菑」，後人所改也。宋毛晃《增脩禮部韻

〔一〕輕重丁篇，原作「輕重之篇」，據《管子》篇名改。

略》、婁機《班馬字類》引此竝作「甾」。漢《冀州從事郭君碑》「降此殄甾」，字亦作「甾」。彗星，天災也，因彗星出而斂財物，故曰「此謂乘天災而求民鄰財之道」。

服之

「君若有憂，則臣服之」。引之曰：「憂」，謂國有大患也。「服」，當爲「死」。范雎言「主憂臣辱，主辱臣死」，義與此相近。「死」本作「𣦵」，「服」或作「𦨈」，下半相似而誤。《淮南·主術篇》「馬服於衡下」，今本「服」譌作「死」。尹注非。

亡己

「昔者無道之臣，委質爲臣，賓事左右，執説以進不蘄亡己」。念孫案：「亡」當爲「正」，字之誤也。賈子《過秦篇》「天下莫不引領而觀其正」，今本「正」誤作「亡」。言但賓事左右，執邪説以進於君，而不求正己也。尹注非。

唯趣人詔

「不彌人争，唯趣人詔」。念孫案：「趣」，讀爲「促」。「詔」當爲「訟」，字之誤也。「訟」、「詔」草書相似。「不彌人爭，唯趣人訟」意正相承，且「訟」與「從」爲韻。「訟」字古讀平聲。《召南・行露篇》「何以速我訟」，與「墉」、「從」爲韻。《管子・問篇》「則人不易訟」，與「功」、「宗」爲韻。《堯典》「嚚訟，可乎」，「訟」，馬本作「庸」。《史記・吕后紀》「未敢訟言誅之」，「訟」，一作「公」。若作「詔」，則失其韻矣。尹注非。

乘等

「遷損善士，捕援貨人，入則乘等，出則黨駢」。尹注曰：「其貨賄之人，與之入國，則同乘而等。至其出也，又朋黨而駢竝。」念孫案：尹以「乘」爲「同乘」，則「乘等」二字義不相屬。今案「乘」者，匹耦之名。《廣雅》曰：「雙、耦、匹、乘，二也。」《方言》曰：「飛鳥曰雙，鴈曰乘。」《淮南・泰族篇》曰：「《關雎》興於鳥而君子美之，爲其雌雄之不乘居也。」今本「乘」譌作「乖」，辯見《淮南》。「乘」爲匹耦之名，故二謂之「乘」，四亦謂之「乘」。《周官・校人》「乘馬」，鄭注曰：「二耦爲『乘』，凡經言『乘禽』、『乘矢』、『乘壺』、『乘韋』之屬，義與此同也。」「等」，亦「乘」也。《廣雅》曰：「等，輩也。」「入則乘等，出則黨駢」，「乘等」與「黨駢」，其義一也。

侈靡

一踦腓一踦屨

「其獄一踦腓一踦屨而當死」。引之曰：「腓」讀爲「屝」，乃草屨之名，非謂足腨也。《方言》：「屝、麤，履也。」《釋名》：「齊人謂草屨曰屝。」字亦作「菲」，《喪服傳》曰：「菅屨者，菅菲也。」「繩屨者，繩菲也。」「疏屨者，藨蒯之菲也。」是「屝」爲「屨」之粗者。《荀子·正論篇》：「治古無肉刑，而有象刑：墨黥，慅嬰，共艾畢，劉氏端臨曰：「『共』當爲『宫』。」菲封屨，殺赭衣而不純。」楊倞注曰：「菲，草屨也。」引《尚書大傳》曰：「唐虞之象刑，上刑赭衣不純，中刑雜屨，下刑墨幪。」《白虎通義》曰：「五帝畫象者，其衣服象五刑也。犯宫者履雜屝。」《漢書·刑法志》亦曰「墨黥之屬，菲履赭衣而不純」，是象刑有「屝屨」也。「一踦屝，一踦屨」，謂足著一隻屨。一隻草屨，明罪人之屨異於常人也。「屨」與「屝」對文，蓋以絲作之者，《方言》：「絲作之者謂之履。」「履」即「屨」也。

滿稽

「今周公斷指滿稽，斷首滿稽，斷足滿稽」。引之曰：「稽」者，計罪人名之簿書，言斷指、斷首、斷足之罪人，名滿於計簿也。《周官·小宰》「聽師田以簡稽」，先鄭司農云：「『簡稽』，士卒兵器簿書。簡，猶閱也。稽，猶計也，合也。合計其士之卒伍，閱其兵器，爲之要簿也。」引《吳語》：「黄池之會，吴陳其兵，皆官師擁鐸拱稽。」是其證。尹訓「稽」爲「考」，失之。

兩而字

「賤有實，敬無用，則人可刑也。故賤粟米而如敬珠玉，好禮樂而如賤事業」。引之曰：兩「而」字，後人所加。「如」即「而」也。「賤粟米如敬珠玉，好禮樂如賤事業」，謂賤粟米而敬珠玉，好禮樂而賤事業，正所謂賤有實，敬無用也。尹注不得其解，乃云：「言粟常人賤之，賢者貴之，如常人之敬珠玉、末業，常人貴之，賢人賤之，今則賢者之好禮樂，如常人貴末業。」失其指矣，然所見本猶未有「而」字也，後人惑於尹注，又加「而」字以足之，謬甚。

陰之陰

「珠者，陰之陽也，故勝火。玉者，陰之陰也，故勝水」。念孫案：「陰之陰」，當作「陽之陰」。珠生於水爲陰，而其形圓，故曰「陰之陽」；玉生於山爲陽，而其形方，故曰「陽之陰」。《大戴禮・勸學篇》作「玉者陽之陰」。《淮南・地形篇》：「水圓折者有珠，方折者有玉。」高注曰：「圓折者陽也，珠陰中之陽。方折者陰也，玉陽中之陰。」皆其證。《太平御覽・珍寶部三》引此正作「陽之陰」。尹注非。

牧之　牧貧病　牧漁

「則强者能守之，智者能牧之」。念孫案：「牧」字於義無取，「牧」當爲「收」，謂强者能以力守之，智者能以術收之也。俗書「收」字作「収」，與「牧」相似而誤。又《輕重甲篇》「以振孤寡，牧貧病」，「牧」亦當依朱本作「收」，謂收恤之也。又《明法解篇》「牧漁其民以富其家」，「牧」亦當爲「收」，謂收漁民財以自富也。

夏之静雲　乃及

「藹然若夏之静雲，乃及人之體」。孫云：「『夏之静雲』，當作『夏雲之静』，與上文『秋雲之遠』相對。」念孫案：此當作「藹然若夏雲及人之體」，九字作一句讀，言君子教澤及人，藹然若夏雲之爲雨而及人之體，莫不沾濡也。今本作「若夏之静雲」，「之静」二字涉下文「若調之静」而衍。據尹注但言「夏雲之起，油然含潤」，而不言其静，則本無「之静」二字明矣。其「乃」字，則「及」字之誤而衍者耳。

好任　仕任

「君親自好事，强以立斷，仁以好任」。引之曰：「仁以好任」當作「仁以好仕」，字之誤也。「仕」，與「士」同。《爾雅》：「士，察也。」《小雅·節南山》箋作「仕，察也」。《曲禮》「前有士師」，注曰：「士，或爲仕。」漢《郎中馬江碑》「士喪儀宗」，《成陽靈臺碑》「故有靈臺嗇夫魚師衛士」，「士」皆作「仕」。此承「上士可戚」而言，且「仕」與「事」爲韻，尹注非。又《白心篇》「滿盛之國，不可以仕任」，「任」即「仕」字之誤而衍者。說見《白心》。

遮

「六畜遮育，五穀遮熟」。洪云：「『遮』、『庶』古字通，《易·晉卦》『用錫馬蕃庶』，釋文云：『庶，鄭止奢反，謂蕃遮禽也。』」

君長

「吾君長來獵君長虎豹之皮」。念孫案：此當作「吾君長來獵虎豹之皮」，尹注云：「君好虎豹皮，故來獵。」是其證，其下「君長」二字則因上而衍。

用其臣　父繫而伏之　禮我

「用其臣者，予而奪之，使而輟之，徒以而富之，父繫而伏之，子虛爵以驕之，收其春秋之時而消之，有雜禮我而居之，時舉其强者而譽之」。念孫案：「用其臣者」四字統下八句而言，尹以「用」字上屬爲句，非也。「父繫而伏之」，「父」字義不可通，當是「又」字之譌。篆文「又」、「父」相似。「又」者，承上之詞，尹注非。引之曰：「有雜禮我而居之」，「有」讀爲「又」，亦承上之詞。「禮我」當爲「禮義」，今脱其上半耳，尹注非。

故法

「故法而守常」。念孫案：此當作「法故而守常」。「法故」與「守常」對文，「法故而守常」與下文「尊禮而變俗」、「上信而賤文」，文亦相對，尹注非。

變其美

「變其美者應其時」。念孫案：此當作「變之美者應其時」，與上句「化之美者應其名」相對爲文。尹注云：「事應其時，故變美也。」即其證。今本「之」作「其」者，涉上下諸「其」字而誤。

天下　所當

「擇天下之所宥，擇鬼之所當，擇人之所戴。」舊本「人」下有「天」字，涉上文「天下」而衍，今據尹注删。念孫案：「天下之所宥」，當作「天之所宥」。「天」與「人」、「鬼」對文，不當有「下」字。「宥」，讀爲「自天祐之」之「祐」。《漢書·禮樂志》「郊祀歌神若宥之」，師古曰：「宥，祐也。」尹注非。「鬼之所當」，「當」宜爲「富」，字之誤也。《郊特牲》曰：「富也者，福也。」故尹注云「爲神所福助」。《大雅·

瞻卬篇》「何神不富」，毛傳曰：「富，福也。」《大戴禮·武王踐阼篇》「勞則富」，盧辯注曰：「躬勞終福。」《謙·彖傳》「鬼神害盈而福謙」，京房「福」作「富」。「富」與「宥」、「戴」爲韻。「富」古讀若「背」，「宥」古讀若「異」，竝見《唐韻正》。

大有臣

「大有臣甚大，將反爲害」。念孫案：上「大」字涉下「大」字而衍，尹注非。

仕異國之人

「毋仕異國之人」。引之曰：「仕」當爲「任」，字之誤也。尹注同。上文「疎貴戚者謀將泄」，言不可疎其所親也。此言「毋仕異國之人」，言不可親其所疎也。今本「任」作「仕」，則非其旨矣。

嚻亡

「若是者，必從是嚻亡乎」。洪云：「『嚻』疑『喪』字之譌。『喪』，蘇浪反，俗作『喪』。」念孫案：尋尹注，亦似作「喪」字解。

言人之無患

「利人之有禍，言人之無患」。念孫案：「言」，當爲「害」，字之誤也。隸書「害」字或作「𠳿」，「言」字或作「𠶷」，二形相似。謂所利在人之有禍，所害在人之無患也。昭十五年《左傳》「楚費無極害朝吳之在蔡也」，哀十五年《傳》「莊公害故政，欲盡去之」。「利」與「害」、「有禍」與「無患」，相對爲文。尹注非。

是故之時　可以行今也

「是故之時，陳財之道可以行。今也利散而民察，必放之身然後行」。尹注曰：「管氏云此乃古之陳設致財之道，亦可行求於今，然利散於下人，則察而知之，置之於身，勿令下知，然後可以行。」引之曰：據注則正文「故」字乃「古」字之譌，但注讀「可以行今也」爲句，而解爲「亦可行求於今」則非也。「可以行」爲句，「今也」二字屬下讀，言古之時，陳財之道如是，則可以行矣，今也則利散而民察，必放之身然後行，是今不同於古也。

故不

「中寢諸子告宮中女子曰：『公將有行，故不送公。』」念孫案：「故」當爲「胡」，尹注非。

不令

「若江湖之大也，求珠貝者不令也」。洪云：「『令』當作『舍』，劉逵《蜀都賦注》引此作『舍』。尹注非。」

强能不服

「不欲强能不服，智而不牧」。引之曰：「能」亦「而」也。「能」與「而」古聲相近，故字亦相通。《衛風·芄蘭篇》「雖則佩觿，能不我知」，言童子雖則佩觿，而實不與我相知也。《荀子·解蔽篇》「爲之無益於成也，求之無益於得也，憂戚之無益於幾也。則廣焉能棄之矣」，《趙策》「建信君入言於王：『厚任葺以事能重責之。』」「能」竝與「而」同，詳見《釋詞》。「强能不服」，言强而不服於上也，上文曰「强而可使服事」，正與此相反。「牧」，治也，治人謂之牧，治於人亦謂之牧。「智而不牧」，言智而不受治於上也。《法法篇》曰：「上不行君令，下不合於鄉里，變更自爲，易國之成俗者，命之曰不牧之民。」是也。古書多以「能」、「而」互用，《任法篇》「是貴能威之，富能禄之，賤能事之，近能親之，美能淫之也」，下文五「能」字皆作「而」。《晏子春秋·外篇》「入則求君之嗜欲能順之。君怨良臣，則具其往失而益之」，《墨子·天志篇》「少而示之黑謂黑，多示之黑謂白」，「少能嘗之甘謂甘，多嘗之甘謂苦」，《韓詩外傳》「貴而下賤，則衆弗惡也。富能分貧，則窮士弗惡也。智而教愚，則童蒙者弗惡也」，崔駰《大理箴》「或有忠能被害，或有孝而見殘」，皆以「能」、「而」互用。且「服」與「牧」爲韻，尹以「能」字絶句，「不服」二字屬下讀，則既失其義，而又失其韻矣。

亟

「則人君日退，亟則谿陵山谷之神之祭更，應國之稱號亦更矣」。念孫案：「亟」字下屬爲句。「亟」與「極」同，上文「其亟而反」亦以「亟」爲「極」。言世之亂也。婦人爲政而人君日退，其亂之極，則「谿陵山谷之神之祭更，應國之稱號亦更」也。尹以「亟」字上屬爲句，非是。

心術上

充益

「嗜欲充益，目不見色，耳不聞聲」。念孫案：「充益」當爲「充盈」，字之誤也。上以「道」「理」爲韻，「道」字合韻讀若「峙」，下文「上離其道」與「事」爲韻。《白心篇》「天之道也」，與「殆」、「已」爲韻。《正篇》「臣德咸道」，與「紀」、「理」、「止」、「子」爲韻。《恒・彖傳》「久于其道也」，與「已」、「始」爲韻。《月令》「毋變天之道」，與「起」、「始」、「理」、「紀」爲韻。凡周秦用韻之文，「道」字多如此讀，不可枚舉。此以「盈」、「聲」爲韻，此篇中多用韻之文。

智乎

「人皆欲智，而莫索其所以智乎」。念孫案：「智」下不當有「乎」字，此涉下文兩「智乎」而衍。

正人無求之　虛無

「夫正人無求之也，故能虛無。虛無無形謂之道」。念孫案：上二句本作「夫聖人無求也，故能虛」。今本「聖人」作「正人」，聲之誤也。「無求」下有「之」字，乃涉上文「求之」而衍。尹注非。「故能虛」下有「無」字，則後人所加也。下解云「唯聖人得虛道」，又曰：「虛者無藏也，故去知則奚求矣，今本故下衍「曰」字，奚下衍「率」字，辯見後。無藏則奚設矣。無求無設，則無慮。無慮，則反覆虛矣。」皆是釋此文「夫聖人無求也故能虛」九字，且但言「虛」而不言「虛無」，今據以訂正。「虛無無形」，本作「虛而無形」，洪云：「《文選・遊天台山賦》注、《嘯賦》注、《左太沖〈詠史詩〉》注引此，竝作『虛而無形』。」案：今本《文選・嘯賦》及《詠史詩》注皆作「虛無無形」，蓋後人以誤本《管子》改之。唯《遊天台山賦》注未改。念孫案：下解云「天之道，虛其無形」，則此文本作「虚而無形謂之道」明矣。今本「虚而」作「虚無」，亦後人所改。

直人

「直人之言，不義不顧」。念孫案：「直人」，當爲「真人」，説見下解。

不言　不與萬物異理

「故必知不言無爲之事，然後知道之紀，殊形異埶，不與萬物異理，故可以爲天下始」。念孫案：「不言」下脱「之言」二字。「不與萬物異理」，「不」字涉上文「不言」而衍，竝見下解中。尹注非。

不怵乎好

「是以君子不怵乎好，不迫乎惡」。念孫案：尹所見本本作「不休乎好」，故云：「休，止也，不止人好利之情。」且云：「下解中作『怵』。」則此不作「怵」明矣。今作「怵」者，後人據下解改之也，但改注文「休止也」爲「怵止也」，則於義不可通。又案下解作「怵」，是也。「怵」與「訹」通。《説文》曰：「訹，誘也。」《漢書·賈誼傳〈服賦〉》「怵迫之徒，或趣西東」，孟康曰：

「怵，爲利所誘怵也。迫，迫貧賤也。」此云「怵乎好」、「迫乎惡」，即承上「好利惡死」而言，故下解云：「人迫於惡，則失其所好。怵於好，則忘其所惡。」尹注非。

人皆欲知而莫索之其所以知彼也

「人皆欲知，而莫索之其所以知，彼也。其所以知，此也」。念孫案：此當作「人皆欲知，而莫索其所以知。其所知，彼也。其所以知，此也。」「人皆欲知」云云，覆舉上文也。「其所知」云云，乃釋上文之詞。今本「莫索」下衍「之」字，「彼也」上又脱「其所知」三字，遂致文不成義。

故曰　奚率求

「故曰：心術者，無爲而制竅者也。故曰：君，無代馬走，無代鳥飛」。念孫案：凡言「故曰」者，皆覆舉上文之詞。此文「心術者」二句，是釋「無代馬走，無代鳥飛」之意，不當有「故曰」二字，蓋涉上下文而衍。又下文：「故曰：去知，則奚率求矣？」「故」下亦衍「曰」字，「奚」下不當有「率」字，此即「奚」字之誤而衍者。「去知則奚求」、「無臧則奚設」相對爲文，則無「率」字明矣。尹注非。

位趆

「無形，則無所位趆」。尹注曰：「趆，逆也。」而不解「位」字。引之曰：「位趆」二字義不相屬。「位」，當爲「低」。下同。「低趆」，即「抵牾」也。《說文》：「牾，逆也。」《漢書·司馬遷傳》「或有抵梧」，如淳曰：「『梧』讀曰『迕』，相觸迕也。」「牾」、「梧」、「迕」、「趆」竝字異而義同。凡物之有所抵牾者，以其有形也，道無形，則無所抵牾。故下文曰：「無所低趆，故偏流萬物而不變也。」《史記·天官書》「其前抵者戰勝」，《漢書·天文志》「抵」作「低」。《漢書·食貨志》「封君皆氐首仰給焉」，晉灼曰：「『氐』音『抵距』之『抵』。」《史記·平準書》作「低」。是「抵」、「低」古字通，隸書「低」字作「𢀓」，《干祿字書》曰：「𢀓、氐，上通下正。」諸從氐者竝準此。形與「位」相似，因譌而爲「位」矣。

間之理者

「以無爲之謂道，舍之之謂德，故道之與德無間，故言之者不別也間之理者，謂其所以舍也」。尹注曰：「道德之理可間者，則有所舍所以舍之異也。」引之曰：「『之理』二字因注而衍，『間者』上又脱『無』字。『無間』者，謂其所以舍也。言道之與德所以謂之『無間』者，謂德即道之所舍。上文曰「德者，道之舍」。故無間也。尹所見本已脱「無」字，故以爲可間，豈有上言「無間」而下又言「可間」者乎，失之矣。

禮出乎義義出乎理理因乎宜

「義者，謂各處其宜也。禮者，因人之情，緣義之理，而爲之節文者也。故禮者，謂有理也。理也者，明分以諭義之意也。故禮出乎義，義出乎理，理因乎宜者也」。引之曰：「禮出乎義」，當作「禮出乎理」，禮者，謂有理也，故曰「禮出乎理」。「義出乎理」，當作「理出乎義」，「理也」者，明分以諭義之意也，故曰「理出乎義」。「理因乎宜」，當作「義因乎宜」，「義」者，各處其宜也，故曰「義因乎宜」。寫者錯亂耳，不然則「義」者「宜」也，上言「禮出乎義」，而下又别言「理因乎宜」，是分「義」與「宜」爲二也，殆不可通。

莫人言至也不宜言應也

「莫人，言至也。不宜，言應也。應也者，非吾所設，故能無宜也」。念孫案：此釋上文「真人之言，不義不顧」也。上文「真人」譌作「直人」。「莫人」當爲「真人」。隸書「真」字作「眞」，「莫」字作「莫」，二形相似。《史記·高祖功臣侯者表》「甘泉戴侯莫摇」，《漢表》「莫摇」作「真粘」。《朝鮮傳》「嘗略屬真番」，徐廣曰：「真，一作莫。」《新序・雜事篇》「黄帝學乎大真」，《路史・疏仡紀》曰：「大真，或作大莫，非。」上文作「直人」，此文作「莫人」，故知其皆「真人」之譌也。「言至也」三字，語意未明，疑有脱誤。「宜」與「義」古字通，「不宜」即上文之「不義」也。「義」者，度也。説見《經義述聞・左傳》「婦義事也」及《國語》「比義」下。言事至而後應之，不先爲量度也。故曰「不宜，言應也。應也者，非吾所設，故能無宜也」。尹不知「莫」爲「真」之譌，又不知「不宜」即上文之「不義」，遂讀「莫人言」爲句，「不宜言」爲句，而强爲之説矣。

務其應所以成之

「應也者，以其爲之人者也。執其名，務其應，所以成之，應之道也」。引之曰：「務其」下「應」字，「所以成」下「之」字，皆衍文也。尹注曰：「物既有名，守其名，而命合之，「合」，蓋「令」之譌。則所務自成。」則正文作「務其所以成」明矣，此以「名」與「成」爲韻，下文曰：「以其形，因爲之名，此因之術也。」亦以「形」與「名」爲韻。

不得過實

「此言不得過實，實不得延名」。念孫案：「不得過實」上當有「名」字。

心術下

而天下治實不傷不亂於天下

「凡物載名而來，聖人因而財之，而天下治。實不傷不亂於天下，而天下治」。念孫案：此以兩「治」字絶句，「實不傷不亂於天下」八字連讀，「實」與「名」正相對也，尹以「天下治實不傷」連讀，大謬。

可知於顔色　和於形容

「全心在中舊本「全」譌作「金」，劉曰：「當依《内業篇》作『全』。」今據改。尹曲爲之説，非。不可匿，外見於形容，可知於顔色」。念孫案：「可知於顔色」，本作「知於顔色」。「知」，亦「見」也，謂外見於顔色也。《吕氏春秋·報更篇》「齊王知顔色」，「知」下當有「於」字。高注曰：「知，猶發也。」《自知篇》「文侯不説，知於顔色」，注曰：「知，猶見也。」《淮南·脩務篇》曰：「奉爵酒不知於色，挈石之尊，則白汗交流。」《趙策》曰：「趙王不説，形於顔色。」或言「形」，或言「知」，皆發見之謂也。「見於形容」、「知於顔色」，互文耳。今本「知」上有「可」字者，後人不曉「知」字之義而加之也。又《内業篇》：「全心在中，不可蔽匿，和於形容，見於顔色。」劉曰：「『和』乃『知』字誤。」案，劉説得之。「知」與「見」亦互文耳，今本作「和」者，亦後人不曉「知」字之義而改之也。《齊策》「齊王知於顔色」，今本作「和其顔色」，亦後人所改。

以爲原　表裏遂通　被服四固　一言解之

「是故内聚以爲原，泉之不竭，表裏遂通。泉之不涸，四支堅固。能令用之，被服四固。是故聖人一言解之，上察於天，下察於地」。念孫案：「以爲原」，當依《内業篇》作「以爲泉原」，下文「泉之不竭」即承此句言之。劉以爲缺「泉」字，是也。「表裏遂通」，「通」當爲「達」，「達」與「竭」爲韻。《内業篇》亦誤作「通」。「被服四固」，當爲「被及四圄」，據尹注但言「被及」而不言「被服」，則正文本作「被及」明矣。「服」字右半與「及」相似，故「及」誤爲「服」。僖二十四年《左傳》「子臧之及，不稱也夫」，今本「及」誤作「服」。「圄」與「固」亦相似，又涉上文「堅固」而誤耳。「圄」，即「圉」字也。《説文》：「囹圉，所以拘罪人。」今經傳皆作「囹圄」。《左氏春秋》定四年「衛孔圉」，《公羊》作「孔圄」。《淮南·人間篇》「使馬圉往説之」，《論衡·逢遇篇》「圉」作「圄」。孫炎注《爾雅》曰：「圉，國之四垂也。」此言「被及四圄，察於天地」，《内業篇》言「窮天地，被四海」，其義一也。不言

「四海」而言「四固」者，變文協韻耳。「一言解之」，當依《内業篇》作「一言之解」，「解」與「地」爲韻。尹注皆非。

管子弟七

白心

建當立有以靖爲宗　非吾當　當故

「建當立有，以靖爲宗，以時爲寶，以政爲儀，和則能久。非吾儀，雖利不爲；非吾當，雖利不行；非吾道，雖利不取」。尹讀「建當立」爲句，「有以靖爲宗」爲句，注云：「凡所建，必建其當立者也。」念孫案：尹説甚謬。「當」當爲「常」，「有」當爲「首」，皆字之誤也。「建常立首」爲句，「以靖爲宗」爲句。「首」，即「道」字也。「道」字古讀若「首」，故與「寶」、「久」爲韻。凡九經中用韻之文，「道」字皆讀若「首」，《楚辭》及《老》《莊》諸子竝同。《説文》：「道，從辵，首聲。」今本無「聲」字者，二徐不曉古音而削之也。「道」字古讀若「首」，故與「首」通。《秦會稽刻石文》「追道高明」，《史記・秦始皇紀》「道」作「首」，是其證也。「寶」字古讀若「缶」，故《説文》「寶」從缶聲。《大雅・崧高篇》「以作爾寶」，與「舅」、「保」爲韻。「保」，亦讀若「缶」。《管子・侈靡篇》「百姓無寶」，與「首」爲韻。《呂氏春秋・侈樂篇》「不知其所以知之謂棄寶」，與

「道」、「咎」爲韻。《韓子·主道篇》「静退以爲寶」，與「道」、「巧」、「咎」爲韻。「巧」讀若「糗」。「建常立道」者，「建」亦「立」也，立之而可行謂之道，立之而可久謂之常，其實一也。静以守之，時以成之，正以準之，則常可建而道可立矣，故曰「建常立道，以靖爲宗，「靖」與「静」同。以時爲寶，以政爲儀」也。「政」，與「正」同。儀，法也，言以正爲法也。尹以「政」爲「政事」之「政」，亦非。下文「非吾當」，「當」字亦當爲「常」。「非吾儀」、「非吾常」、「非吾道」即承此文「建常立道」、「以政爲儀」而言，下文又云：「置常立儀，能守貞乎？常事通道，能官人乎？」亦承此文而言。又《正篇》「當故不改曰法」，「當」亦當爲「常」。尹注同。法一成而不改，故曰「常故不改曰法」。

不隨

「故其人也不廢，其事也不隨」。念孫案：「隨」，當爲「隳」，字本作「陊」。《方言》曰：「陊，壞也。」《吕氏春秋·必己篇》注曰：「隳，廢也。」「不廢」、「不隳」，義正相承。今作「不隨」者，涉上文「不始不隨」而誤。尹注非。

物至而名自治之

「是以聖人之治也，静身以待之，物至而名自治之」。引之曰：「名自」二字，因下文「正名自治」而衍。「物至而治之」，謂事來而後理之也。尹注以「循名責實」解之，則所見本已衍「名自」二字。

正名自治之奇身名廢

「正名自治之，奇身名廢」。念孫案：此皆以四字爲句。「治」下「之」字涉上文「物至而治之」而衍。「奇身名廢」，當作「奇名自廢」。「自」與「身」相似，又因下文兩「身」字而誤爲「身」，又誤倒於「名」字之上耳。尹注曰：「奇，謂邪不正也。」「正名自治」、「奇名自廢」相對爲文，謂名正則物自治，名不正則物自廢也。《樞言篇》曰：「名正則治，名倚則亂。」是其證矣。「倚」與「奇」通。

其人入　從於適

「兵之出，出於人。其人入，入於身。兵之勝，從於適。德之來，從於身」。念孫案：「其人」之「人」，涉上句「人」字而衍，尋尹注亦無「人」字。洪云：「『適』，古『敵』字。」「敵」與「身」對言之，上二句亦以「人」與「身」對。尹注非。

去善之言

「去善之言，爲善之事，事成而顧反無名」。劉曰：「『去』乃『云』字誤。云善言，爲善事，反無名，即下文『能者無名』也，注非。」念孫案：郭璞注《穆天子傳》云：「顧，還也。」下文曰：「孰能弃功與名而還反無成。」

有中有中

「有中有中，孰能得夫中之衷乎」。尹注上句云：「舉事雖得其中而不爲中，乃是有中也。」注下句云：「得於中之損折中者，其唯忘中乎？」劉曰：「此即前心之中又有心意。」念孫案：尹説殊不可解，劉説近之。今案「有中有中」，當作「中有有中」，上「有」字讀爲「又」。經傳通以「有」爲「又」。「中又有中」者，中之中又有中也。下句云「孰能得夫中之衷乎」是其明證矣。《内業篇》云：「心以藏心，心之中又有心焉。」義與此同。「中」、「有」二字誤倒，故尹不得其解而强爲之詞。

有貴其成

「無成，有貴其成也有成，貴其無成也」。念孫案：「有貴其成」，當作「貴其有成」，與下文「貴其無成」相對。無成貴其有成者，功未成，則貴其有成也。有成貴其無成者，功成而不有其功，即上文所云「弃功與名而還反無成」也。尹注皆非。

己無己

「孰能己無己乎，效夫天地之紀」。念孫案：「己無己」當作「亾己」。「亾」與「忘」同，《韓子・難二》「晉文公慕於齊而亾歸」，《趙策》「秦之欲伐韓、梁東闚於周室甚，唯寐亾之」，竝與「忘」同。《荀子・勸學篇》「怠慢忘身，禍災乃作」，《大戴禮》「忘」作「亾」。《吕氏春秋・權勳篇》「是忘荆國之社稷而不恤吾衆也」，《韓子・十過篇》「忘」作「亾」。《史記・主父傳》「天下忘干戈之事」，《漢書》「忘」作「亾」。言唯忘己之人，能效天地之紀也。尹注云：「天地，忘形者也。能效天地者，其唯忘己乎。」是其證。《莊子・天地篇》云：「有治在人，忘乎物，忘乎天，其名爲忘己。忘己之人，是之謂入於天。」意與此同也。今本作「己無己」者，俗書「亾」字作「亡」，與「己」相似，下文又有「己」字，故「亾」譌爲「己」。兩「己」之間，又衍「無」字，「無」字涉上文「無成」而衍。遂致文不成義。

摿

「夫不能自搖者，夫或摿之」。念孫案：「摿」當爲「𢹲」。「𢹲」，古「搖」字也。見《七法篇》「擔竿」下。隸書「𢹲」字或作「摿」，《漢書·司馬相如傳》「消摿乎襄羊」。因譌而爲「摿」。《淮南·兵略篇》「推其摿摿，擠其揭揭」，「摿」，亦「𢹲」字之譌。本書《七法篇》「𢹲竿而欲定其末」，「𢹲」字又譌作「擔」。蓋世人多見「搖」，少見「𢹲」，故傳寫多差也。朱本徑改「摿」爲「搖」，則非其本字矣。

夫或者何若然者也

劉曰：「『或者』，指『上或摇之』之『或』，上言天地尚有所以維載之者，豈人而無治之者乎！故此問治之者之狀，下遂詳其無聲無臭之妙，而口耳目手足等莫不本之。注皆指爲風，殊不可解。」

集於顔色知於肌膚

「灑乎天下滿，不見其塞，集於顔色，知於肌膚」。引之曰：下二句當作「集於肌膚，知於顔色」，此以「塞」與「色」隔句爲韻也。「知」，見也。道見於面，故曰「知於顔色」也。《心術篇》「外見於形容，知於顔色」。今本「知」上衍「可」字，辯見前。《吕氏春秋·自知篇》「文侯不説，知於顔色」，高注曰：「知，猶見也。」皆謂見於面也。今本倒「肌膚」於下，則既失其義，而又失其韻矣，尹注已誤。

上聖之人　物至而命之耳

「上聖之人，口無虚習也。手無虚指也。物至而命之耳」。念孫案：「上聖之人」四字，意屬下，不屬上，尹注非。劉曰：「耳，語辭。注以爲『耳目』之『耳』，屬下爲句，非。」

祥其神矣

「故曰：『濟於舟者和於水矣，義於人者祥其神矣。』」尹注曰：「與人理相宜，則神與之福祥也。」引之曰：「其」，當爲「於」。正文及注「神」字皆當爲「鬼」。上文曰「祥於鬼者義於人」是也。「鬼」與「水」爲韻，後人改「於」爲「其」，改「鬼」爲「神」，則既失其義而又失其韻矣。「鬼」、「神」對文則異，散文則通，故「神」亦謂之「鬼」。定元年《左傳》「宋仲幾曰：『縱子忘之，山川鬼神其忘諸乎！』」士伯怒，謂韓簡子曰：『薛徵於人，宋徵於鬼，宋罪大矣，且已無辭而抑我，以神誣我也。』」或曰「鬼神」，或曰「鬼」，或曰「神」，其義一也。《論語·先進篇》：「季路問事鬼神，子曰：『未能事人，焉能事鬼？』」上言「鬼神」，下但言「鬼」，言「鬼」即可以該「神」也。「鬼」亦訓「神」，無須改爲「神」字。

事有適四句

「事有適而無適若有適觽解不可解而后解」。引之曰：此當作「事有適句無適而后適句觽有解句不可解而后解句言事之有適也」，必無適而后適，觽之有解也，必不可解而后解，下文云「善舉事者，國人莫知其解」，正所謂「不可解而后解」也。事之無適而后適，亦猶是也。今本「無適而」，誤作「而無適」，「后」誤作「若」，「觽有解」之「有」又誤入上句内，遂致文不成義。尹注及句讀皆非。

提提

「爲善乎，毋提提。爲不善乎，將陷於刑」。念孫案：「提提」，顯著之貌，謂有爲善之名也。「提」與「禔」同。《説文》曰：「禔，音提。顯也。」爲善而有名，則必爲人所嫉。爲不善，則陷於刑。《莊子·養生篇》曰：「爲善無近名，爲惡無近刑。」語意正與此同。又《山木篇》曰：

「子其意者飾知以驚愚，脩身以明汙，昭昭乎如揭日月而行，故不免也。」《淮南·説林篇》曰：「旳旳者獲，提提者射，高注誤釋「提提」二字，辯見《淮南》。故大白若辱，大德若不足。」皆是爲善「毋提提」之意。尹注非。

仕任 與交

「滿盛之國，不可以仕任。滿盛之家，不可以嫁子。驕倨傲暴之人，不可與交」。念孫案：「任」即「仕」字之誤，今作「仕任」者，一本作「仕」，一本作「任」，而後人誤合之也。尹注云：「不可任其仕。」則所見本已衍「任」字矣。「交」當爲「友」，亦字之誤也。隸書「交」字或作「𠅊」，與「友」相似。「仕」、「子」、「友」爲韻。「友」，古讀若「以」，説見《唐韻正》。

水地

根菀

「地者萬物之本原，諸生之根菀也」。引之曰：「菀」與「根」義不相屬，尹曲爲之説，非也。「根菀」，當爲「根荄」。下文曰：「水者何也？萬物之本原，諸生之宗室也。」「本原」、「根荄」、「宗室」，皆謂根本也。隸書「亥」字或作「𠀅」，「宛」字或作「𡧯」，二形相似，故「荄」譌爲「苑」。

鄰以理

「夫玉，鄰以理者知也」。引之曰：「鄰」，堅貌也。《聘義》曰：「縝密以栗，知也。」鄭注：「栗，堅貌。」《荀子·法行篇》曰：「縝栗而理，知也。」「栗」與「鄰」，一聲之轉耳。本書《五行篇》「五穀鄰熟」，尹彼注曰：「鄰，緊貌。」《爾雅》釋竹類曰：「粼，堅中。」郭注曰：「其中實。」義與此竝相近也。尹此注訓「鄰」爲「近」，非是。洪説同。

精也

「瑕適皆見，精也」。念孫案：「精」，與「情」同。《逸周書·官人篇》「復徵其言以觀其精」，「精」即「情」字。《荀子·脩身篇》「術順墨而精雜污」，楊倞曰：「精，當爲情。」「情之言誠也，不匿其瑕，故曰「情」。《春秋繁露·仁義法篇》云：「自稱其惡謂之情。」義與此「情」字同。《荀子·法行篇》作「瑕適竝見，情也」，《聘義》曰：「瑕不揜瑜，瑜不揜瑕，忠也。」「忠」，亦「情」也。尹注非，孫説同。

茂華

「茂華光澤，竝通而不相陵，容也」。引之曰：「茂」字蓋因上文「羽毛豐茂」而誤。《太平御覽·珍寶部三》引此已誤。「茂華」當作「英華」。《説文》曰：「瑶，玉英華相帶如瑟弦。」「瑮，玉英華羅列秩秩。」

五肉

「五肉已具，而後發爲九竅」。念孫案：此承上文「心生肉」而言，則「肉上」不當有「五」字，蓋涉上文「五藏已具」而衍，《太平御覽·人事部一》引此無「五」字。

肺發爲竅

「脾發爲鼻，肝發爲目，腎發爲耳，肺發爲竅」。念孫案：「肺發爲竅」，隋蕭吉《五行大義》三引作「肺發爲口，心發爲下竅」，是也。《太平御覽》亦作「肺爲口，心爲下竅」，今本「肺發爲」下脱「口心發爲下」五字，則義不可通。孫説同。

麤麤

「心之所慮，非特知於麤麤也，察於微眇」。念孫案：「麤麤」當依朱本作「麤粗」。「麤粗」與「微眇」對文，凡書傳中「麤粗」二字連文者，皆上倉胡反，下才户反。「麤」，字亦作「麄」。「粗」，字亦作「觕」，俗作「牰」。又作「苴」。《説文》：「觕，角長皃，從角爿聲。」讀若麤觕。《晏子春秋·問篇》曰：「緡密不能麤苴學者詘。」《淮南·氾論篇》曰：「風氣者，陰陽麤觕者也。」《春秋繁露·俞序篇》曰：「始於麤粗，終於精微。」《漢書·藝文志》曰：「庶得麤觕。」《論衡·量知篇》曰：「夫竹木，麤苴之物也。」隱元年《公羊傳》注曰：「用心尚麤觕。」竝上倉胡反，下才户反。二字義同而音異，學者不能分別，故傳寫多誤。

此乃其精也精麤濁蹇能存而不能亡者也

「是以水集於玉而九德出焉，凝蹇而爲人而九竅五慮出焉，此乃其精也。精麤濁蹇，能存而不能亡者也」。引之曰：上「也」字及下「精」字，皆後人所加。「此乃其精麤濁蹇能存而不能亡者也」十五字當作一句讀，謂生人與玉，乃水之精麤濁蹇能存而不能亡者也，下文曰「是以水之精麤濁蹇能存而不能亡者，生人與玉」是也。尹誤讀「此乃其精」爲句，注云：「九竅五慮，是身之精。」又誤讀「麤濁蹇能存而不能亡者也」爲句，注云：「謂人之稟氣麤濁而蹇，但能存而不能亡也。」遂使一句之中，文義上下隔絕。後人不知其誤，又增「也」字於「此乃其精」之下，增「精」字於「麤濁蹇」之上，而文義愈隔絶矣。朱本無上「也」字及下「精」字，仍是《管子》原文，可合而讀之，以正尹注之誤。

蓍龜

「伏闇能存而能亡者，蓍龜與龍是也」。念孫案：「蓍龜」，本作「神龜」，下文「神龜與龍」即其證。此言龜與龍能存而能亡，無取於蓍也。今作「蓍龜」者，後人不曉文義而妄改之耳，據尹注亦無「蓍」字。

涸川　其形　可以

「涸川之精者生蟡。舊本「蟡」上衍「於」字，今據上文刪。蟡者，一頭而兩身，其形若蛇，其長八尺，以其名呼之，可以取魚鼈」。念孫案：「涸川之精」，《法苑珠林·六道篇》《太平御覽·妖異部二》引此，「川」下竝有「水」字。據下文云：「此涸川水之精也。」則有「水」字者是。上文尹注亦云：「涸川水有時而絶。」「其形若蛇」，《北山經》注、《法苑珠林》《太平御覽》引此，「形」竝作

「狀」，據上文云「慶忌者，其狀如人」，則作「狀」者是。「可以取魚鼈」，《北山經》注、《法苑珠林》引此，「可以」竝作「可使」，據上文云「可使千里外一日反報」，則作「可使」者是。《太平御覽》作「可以」，則所見本已誤。

能存而亡　蓍龜　或不見

「伏闇能存而亡者，蓍龜與龍。或世見或不見者，蟜與慶忌」。念孫案：「能存而亡」，當依朱本及上文作「能存而能亡」。「或不見」，亦當依上文作「或世不見」。「蓍龜」當爲「神龜」，辨見上。

道躁

「夫齊之水道躁而復」。念孫案：「道」當爲「遒」，字之誤也。隸書「酉」字或作「首」，形與「首」相似，故「遒」字譌而爲「道」。《荀子·議兵篇》「鰌之以刑罰」，《漢書·刑法志》「鰌」作「道」，即「遒」字之譌。「遒」，急也。字本作「迺」，《說文》曰：「迺，迫也。」《廣雅》曰：「迺，急也。」《楚辭·招魂》曰：「分曹竝進，遒相迫些。」是「遒」爲急也。「遒躁」二字連讀，猶言急躁耳。下文之「淖弱而清」、「濁重而泊」、「泔冣而稽」、「淤滯而雜」、「枯旱而運」、「萃下而弱」、「輕勁而清」竝與此相對爲文，尹不知「道」爲「遒」之譌，而以「水道」二字連讀，失之矣。

齊晉

「齊晉之水」。念孫案：自「齊之水」以下七條，皆專指一國而言，無兼兩國者。此「齊」字涉上文而衍，尹曲爲之説，非也。《意林》無「齊」字。

一

「一則欲不污，民心易，則心無邪」。念孫案：「一則欲不污」，本作「民心正則欲不污」，與下句對文。「民心正」、「民心易」皆承上文言之，今本「正」誤作「一」，涉上文「水一」而誤。又脱「民心」二字。尹注非。

四時

信明　信聖　信明聖　天禍

「故天曰信明，地曰信聖，四時曰正，其主信明聖，「主」與「臣」相對爲文，各本作「王」，非。其臣乃正。何以知其主之信明信聖也？曰：慎使能，而善聽信之。使能之謂明，聽信之謂聖。信明聖者，皆受天賞。使不能爲惛，惛而忘也者，皆受天禍」。引之曰：「天曰信明，地曰信聖」，當作「天曰明，地曰聖」。「其主信明聖」，當作「其主明聖」。「何以知其主之信明信聖也」，當作「何以知其主之明聖也」。「信明聖者」，當作「明聖者」。「信」字皆衍文也。蓋因兩言「聽信」而衍。尹注「故天曰明」二句云：「言能信順天地之道，則而行之者，曰明曰聖也。」則「曰」下無「信」字明甚。注「其主明聖」二句云：「君明聖則能用賢材，故正也。」則「其主」下無「信」字明甚。「信明聖者，皆受天賞」，注云「信明者，天福也」，當作「明聖者，天福也」。蓋正文既衍「信」字，後人又據之以改注文耳。「皆受天禍」，當作「皆受天殃」。「殃」與「賞」爲韻也。襄二十八年《左傳》「善人富謂之賞，淫人富謂之殃」，亦以「賞」、「殃」爲韻。尹注云：「惛忘則動皆違理，故受天殃也。」則正文本作「天殃」明甚，後人改「殃」爲「禍」，遂失其韻矣。

其德喜贏而發出節時其事號令

念孫案：「時」字絶句。「發出節時」，謂以時節發出萬物也。「其事號令」别爲句，乃總領下文之詞，春、夏、秋、冬皆有之。尹以「節」字絶句，「時」字下屬爲句，大謬。

弊梗

「脩除神位，謹禱弊梗」。引之曰：「弊」，與「幣」同。「幣」，古通作「弊」，説見《史記・貨殖傳》。「梗」，禱祭也。「幣梗」者，梗用幣也。《周官・女祝》「掌以時招、梗、禬、禳之事，以除疾殃」，鄭注曰：「梗，禦未至也。」《淮南・時則篇》曰：「脩除祠位，幣禱鬼神。」文義正與此同。尹以「弊梗」爲「弊敗梗塞」，非是，洪説同。

絶芋　拊竿

「毋蹇華絶芋」。尹注曰：「蹇，拔也。芋之屬，其根經冬不死，不絶之也」。洪云：「《藝文類聚》二、《太平御覽》十、《事類賦注》三引俱作『無絶華萼』，俗作蕚。『蹇』是衍字，『華絶』二字誤乙，『芋』即『萼』字之譌，尹注非。」念孫案：「蹇華絶萼」，類書引作「絶華萼」，所見本異耳。《説文》：「搴，拔取也。」引《離騷》「朝搴阰之木蘭」。今本作「搴」。《爾雅》：「芼，搴也。」樊光曰：「搴，猶拔也。」《釋文》：「搴，九輦反。」《漢書・季布傳贊》：「身履軍搴旗者數矣。」李奇注與樊光同。《莊子・至樂篇》「攓蓬而指之」，司馬彪曰：「攓，拔也。」「攓」、「搴」、「蹇」，皆「搴」之或字，尹訓「蹇」爲「拔」，是也。但未知「芋」爲「萼」之譌耳。又《禁藏篇》

「毋夭英，毋拊竿」，尹注曰：「竿，笋之初生也。」案：「拊」當爲「折」。俗書「折」字或作「扸」，因譌而爲「拊」。「竿」亦當爲「莩」。隸書從艸、從竹之字多相亂，故「莩」又譌爲「竿」。《小雅·常棣》箋曰：「承華者曰莩。」「夭英」即「蹇華」。「蹇」與「搴」同，《廣雅》：「搴，拔也。」「折莩」即「絕莩」也。尹注非。

苟時

「五政苟時，春雨乃來」。孫云：「《太平御覽》十、《事類賦》三引作『五政徇時』，是也。《左傳·文十一年》注云：『徇，順也。』謂順其時序。《白帖》二引作『順時』。」

動陽氣

「賞賜賦爵，受禄順鄉，謹脩神祀，量功賞賢，以動陽氣」。念孫案：「動」當爲「助」，字之誤也。據尹注云：「陽氣主仁，故行恩賞以助之也。」則本作「助」明矣。

九暑

「九暑乃至，時雨乃降」。引之曰：「九」當爲「大」，字之誤也。「大暑乃至」，與下「大寒乃至」對文。「大暑乃至，時雨乃降」，猶《月令》言「土潤溽暑，大雨時行」耳，尹注非。

順旅

「順旅聚收」。洪云：「『順』，讀爲『慎』。旅，謂旅處在野之農。下文曰：『慎旅農，趣聚收。』其證也。尹注非。」

温怒

「其德淳越温怒周密」。引之曰：「温」讀爲「愠」，「愠」亦怒也。尹注非。

作教而寄武

「是故聖王務時而寄政焉，作教而寄武，作祀而寄德焉」。念孫案：次句亦當有「焉」字。

德生正正生事

「道生德，德生正，正生事」。念孫案：「正」與「政」同。尹注非。

五行

水上

「脩槩水上」。念孫案：「上」當爲「土」。「槩」，平也，謂脩平水土也。尹注非。

奢龍

「得奢龍而辯於東方」。念孫案：「奢」當爲「蒼」。《北堂書鈔·帝王部十一》《太平御覽·皇王部四》引此，竝作「蒼龍」。

天地治

「黄帝得六相而天地治」。念孫案：「天地治」，《初學記·帝王部》《北堂書鈔·帝王部十一》《太平御覽·皇王部四》竝引作「天下治」，是也。

作五聲

「昔黄帝以其緩急，作五聲以政五鍾」。「政」與「正」同。孫云：「《北堂書鈔》一百八引作『作立五聲，以正五鍾』。念孫案：鈔本如是，陳禹謨本删「立」字。以下文『作立五行，以正天時』句證之，《書鈔》所引本是。」念孫案：今本無「立」字者，後人不曉文義而删之也。「作立」者，始立也。《魯頌・駉篇》傳曰：「作，始也。」《廣雅》同。《皋陶謨》「烝民乃粒，萬邦作乂」，「作」與「乃」相對爲文，謂萬邦始乂也。《禹貢》「萊夷作牧」，謂萊夷水退，始放牧也。「沱、潛既道，雲土夢作乂」，「作」與「既」相對爲文，謂雲土夢始乂也。《史記・夏本紀》以「爲」字代「作」字，失之，辯見《經義述聞》。此言「作立五聲」，亦謂始立五聲也。後人不知「作」之訓爲「始」，而誤以爲「造作」之「作」，則「作立」二字義不可通，故删去「立」字耳。據尹注云：「調政治之緩急，作五聲也。」但言「作」而不言「立」，則所見本已删去「立」字。獨賴有《北堂書鈔》所引及下文「作立五行」之語，可以考見原文，而《太平御覽・樂部十三》所引并删去下文「立」字，總由不知「作」之訓爲「始」，故紛紛妄删耳。

士師

「天子出令，命左右士師内御」。念孫案：「士師」，當爲「士師」，見上文。

賦祕賜

「賦祕賜賞於四境之内」。尹讀「賦祕賜」爲句，注曰：「祕藏之物，出而賦賜之也。」引之曰：此當以「賦祕」爲句，「賜賞於四境之内」爲句。「賦」，布也，《大雅·烝民篇》毛傳。布散其所祕藏之物也。下文曰「發臧古藏字。任君賜賞」，「賦祕」，猶言「發臧」也。「賜賞於四境之内」，猶言「任君賜賞」也。尹注非。

水解　區萌

「然則水解而凍釋，草木區萌」。念孫案：「水」當爲「冰」。「區萌」，即句芒，《樂記》曰「草木茂，區萌達」是也，尹注非。

七十二日

「七十二日而畢」。尹注曰：「春當九十日，而今七十二日而畢者，則季月十八日屬土位故也。」劉曰：「上文『甲子木行御』，下文『丙子火行御』，自甲子起，周一甲子六十日，又十二日得丙子，故曰『七十二日而畢』，下皆放此。蓋五七三百五十日，又五二爲十日，通三百六十日，一年之數也。注非。」

農事爲敬　敬行急政

「不誅不貞，農事爲敬」。尹注曰：「夏時農事尤盛，順而敬之也。」念孫案：「敬」當作「亟」，讀如「亟其乘屋」之「亟」。「亟」，急也。言夏時不行誅罰，唯農事爲急也。又下文云「天子敬行急政旱札」，「敬」亦當作「亟」，讀如「亟稱於水」之「亟」。亟，數也，言天子數行急政，則有旱札之災也。《集韻》：「亟，或作䔲。」因譌而爲「敬」。《大戴禮·文王官人篇》「亟再其説」，「再」與「稱」同。今本「亟再」譌爲「敬再」，是其證也。

御

「天子出令，命左右使人内御御其氣足，則發而止」。念孫案：下「御」字衍。據尹注云：「其閉藏之氣足，則發令休止也。」則「其氣」上無「御」字。

管子弟八

勢

必其將亡之道

「人既迷芒，必其將亡之道」。尹注曰：「凡此二事，皆滅亡之道也。」引之曰：「之道」二字，因注而衍。「人既迷芒，必其將亡」，言其將亡可必也。皆以四字爲句，且「芒」與「亡」爲韵也，若增「之道」二字，則亂其文義而又失其韵矣。

不貳

「正静不争，動作不貳」。念孫案：「貳」當爲「貣」。「貣」音他得反。「不貣」，不差也。《説文》：「忒，失常也。」字或作「忒」，《曹風・鳲鳩篇》「其儀不忒」是也。又作「貸」，《月令》「宿離不貸」是也。又作「貣」，《豫・彖傳》「四時不忒」，京房「忒」作「貣」。《洪範》「衍忒」，《史記・宋世家》作「貣」,《管子・正篇》「如四時之不貣」是也。「貣」與下文「極」、「極」、「德」、「極」、「力」、「代」爲韻。「代」,讀如「特」。「貳」則非韻矣。「貣」從弋聲,於古音屬之部。「貳」從弍聲,於古音屬脂部。又《輕重乙篇》「調則澄,「澄」,當爲「燈」,説見《輕重乙》。澄則常,常則高,下不貳」,「貳」,亦當爲「貣」。「貣」,差也。言衡數有常,則高下不差也。「貣」與「貳」字相近,故「貣」誤作「貳」。《大射儀》注引《周語》「平民無忒」,今本「忒」作「貳」。《月令》注引此亦作「貳」。案《正義》引《周語》注云「平民使不貸」,「貸」,即「貣」字,則鄭注本作「貣」明矣,且此注與《大射儀》注所引不當有異也。韋注云:「成民之志,使無疑貳。」則所見本已作「貳」矣。《月令》正義引舊注「平民使不貸」,蓋賈注也。《緇衣》引《詩》「其儀不忒」,釋文:「忒,他得反,本或作貳,音二。」「貳」,即「貣」字之譌。《釋文》音二,非也。《家語・五帝德篇》「其言不忒」,《大戴禮》「忒」作「貳」。《大戴禮・禮三本篇》「貸之則喪」,《荀子・禮論篇》「貸」作「貳」,皆是「貣」字之譌。「貣」雖譌作「貳」,而「貣」、「貸」等字不可讀爲「貳」,乃《月令》之「宿離不貸」、「毋或差貸」、「毋有差貸」,三「貸」字,《呂氏春秋》竝作「忒」。《釋文》皆音二,則并「貸」字亦讀爲「貳」,其失甚矣。

順守其從

「既成其功,順守其從」。尹注曰:「從,順也。功,成矣。則以順理守之,所謂逆取順守者也。」引之曰：「順」字因注「逆取順守」而誤。「順」，當爲「則」。「既成其功，則守其從」與上文「已得天極，則致其力」文義正同。注内「則以順理守之」正釋「則守其從」四字也。「從」即是「順」，若如今本作「順守其從」，則是順守其順，不復成文義矣。

天地之形

「天地之形，聖人成之」。念孫案：「天地之形」，當依上文作「天地形之」，「形」與「成」爲韻。尹注非。

正

終其欲　明之毋徑

「令之以終其欲，明之毋徑」。劉曰：「『明之毋徑』，當作『毋使民徑』。」念孫案：劉説是也。「毋使民徑」與下「毋使民幸」文同一例，今本「毋」上衍「明之」二字，涉上文「道以明之」而衍。「毋」下又脱「使民」二字。尹注非。又案：「終」當爲「絶」，字之誤也。尹注同。《廣雅》曰：「徑，邪也。」民有欲，則入於邪，故曰「絶其欲，毋使民徑」，下文亦云「遏之以絶其志意」。

缺二句

「致政其民，服信以聽」。劉曰：「此下缺『致法其民』二句。」

九變

州縣鄉黨

「不然則州縣鄉黨與宗族，足懷樂也」。孫云：「《通典》一百四十八、《太平御覽》二百七十引此俱無『縣鄉』二字，是後人所加。」

不然則

「不然則罰嚴而可畏也，不然則賞明而足勸也」。洪云：「『賞明』上衍『不然則』三字。《通典》《太平御覽》俱無此三字。必無此三字，方合九變之數。《墨子·備城門篇》『不然，則賞明可信，而罰嚴足畏也』，文義與此同。」

任法

閒識

「無閒識博學辯説之士」。念孫案：「閒識」當爲「聞識」，下文「聞識博學之人」即其證。尹注非。

失度量

「故聖君失度量，置儀法」。洪云：「《藝文類聚》五十二、《太平御覽》六百二十四引此俱作『設度量』，『失』即『設』字之壞。尹注非。」念孫案：「設」與「失」，聲之誤也。「置儀設法」上文凡兩見。

後反之

「法立而還廢之，令出而後反之」。念孫案：「後」當依朱本作「復」，字之誤也。「復反」與「還廢」相對爲文。

明法

以執勝　百官識

「夫尊君卑臣，非計親也，以執勝也。百官識，非惠也，刑罰必也」。劉曰：「『執』，當作『埶』，後《解》作『勢』，同。『百官識』，當依《解》作『百官論職』，乃字有缺誤。注皆非。」

令求不出　下情求不上通

「令求不出謂之滅，出而道留謂之擁。下情求不上通謂之塞，下情上而道止謂之侵」。念孫案：「令求不出」，「求」當爲「本」。「下情求不上通」，衍「求」字，竝見後《解》。尹注非。

能匿

「故能匿而不可蔽，敗而不可飾也」。念孫案：「能」下本無「匿」字，後《解》作「能不可蔽，敗不可飾」，《韓子·有度篇》作「能者不可蔽，敗者不可飾」，則無「匿」字明矣，據尹注亦無「匿」字。

正世

失非在上

「夫萬民不和，國家不安，失非在上，則過在下」。念孫案：「失非在上」，當作「非失在上」。「非」與「則」對文，「失在上」與「過在下」對文。

得齊

「治莫貴於得齊」。引之曰：《爾雅》：「齊，中也。」言莫貴於得中也。尹注非。

治國

河汝

「常山之東，河汝之間，早生而晚殺，五穀之所蓄孰也」。念孫案：「河汝」當爲「河海」，字之誤也。篆文「海」、「汝」相似。常山在海西河北，故曰「常山之東，河海之間」。若汝水，則去常山遠矣。《初學記·地部上》《太平御覽·地部四》引此竝云：「其山北臨代，南俯趙，東接河海之間，早生而晚殺，五穀之所蕃孰。」文多於今本，而皆作「河海之間」。

民不惡

「國富則安鄉重家。安鄉重家，則雖變俗易習，毆衆移民，至於殺之而民不惡也」。念孫案：「至於殺之而民不惡也」，當依《羣書治要》作「至於殺之而不怨也」。今作「不惡」，則非其指矣。上文「安鄉重家」，即指民而言，無庸更加「民」字。

王之本事

「粟者，王之本事也」。念孫案：《羣書治要》「王下」有「者」字，當據補。

内業

可迎以音　彼道之情惡音與聲脩心静音道乃可得　音以先言音然後形

「是故此氣也，不可止以力，而可安以德，不可呼以聲，而可迎以音，敬守勿失，是謂成德，德成而智出，萬物果得」。尹解「可迎以音」句云：「調其宮商，使之克諧，氣自來也。」念孫案：尹説甚謬。「音」即「意」字也。言不可呼之以聲，而但可迎之以意也。「音」與「力」、「德」、「德」、「得」爲韻，明是「意」之借字。「意」，古讀若「億」，故與「力」、「德」、「德」、「得」爲韻。《明夷・象傳》「獲心意也」，與「食」、「則」、「得」、「息」、「國」、「則」爲韻。《管子・戒篇》「身在草茅之中，而無懾意」，與「惑」、「色」爲韻，《楚詞・天問》「何所意焉」，與「極」爲韻。《吕氏春秋・重言篇》「將以定志意也」，與「翼」、「則」爲韻。秦之罘刻石文「承順聖意」，與「德」、「服」、「極」、「則」、「式」爲韻。《論語・先進篇》「億則屢中」，《漢書・貨殖傳》「億」作「意」。皆其證也。若讀爲「聲音」之「音」，則失其韻矣。又下文云：「彼道之情，惡音與聲，脩心静音，道乃可得。」尹注曰：「音聲者，所以亂道，故惡之也。」念孫案：「惡音與聲」，本作「惡心與音」。「音」，即「意」字也。道體自然，而人心多妄，不脩其心静其意，則不可以得道，故曰「彼道之情，惡心與意，脩心静意，道乃可得也」。「意」之爲「音」，借字耳。「脩心静音」，「音」與「得」爲韻，明是「志意」之「意」，非「聲音」之「音」也，後人誤以「音」爲「聲音」之「音」，遂改「惡心與音」爲「惡音與聲」。尹氏不察而曲爲之説，其失甚矣。又下文云：「音以先言，音然後形，形然後言。」兩「音」字亦讀爲「意」，謂意在言之先，意然後形，形然後言也。尹注：「言從音生，故音先言。」亦是曲爲之説。前《心術篇》云：「意以先言，意然後形，形然後思，思然後知。」是其明證也。《説文》：「意，從心音聲。」徐鍇本如此，徐鉉本作「从心从音」，此鉉不曉古音而妄改之也。「音」、「意」聲相近，故「意」字或通作「音」。《史記·淮陰侯傳》「項王喑啞叱咤」，《漢書》作「意烏猝嗟」，「喑」之通作「意」，猶「意」之通作「音」矣。

果得

「德成而智出，萬物果得」。念孫案：「果」，當爲「畢」，字之誤也。尹注：「物皆得宜。」「皆」字正釋「畢」字。《心術篇》亦云：「正形飾德，萬物畢得。」

謀乎

「謀乎莫聞其音」。念孫案：「謀」字義不可通，尹曲爲之説，非也。「謀」當爲「誄」。《説文》：「宋，今作「寂」。無人聲也。或作誄。」故曰「誄乎莫聞其音」。俗書「謀」字作「諜」，與「誄」相似，後人多見「謀」，少見「誄」，故「誄」誤爲「謀」矣。

地之枝

「春秋冬夏，天之時也。山陵川谷，地之枝也。喜怒取予，人之謀也」。念孫案：「枝」當爲「材」，字之誤也。《樞言篇》曰：「天以時使，地以材使。」《大戴禮·五帝德篇》曰：「養材以任地，履時以象天。」《周語》曰：「高山廣川大藪，能生之良材。」故曰「山陵川谷，地之材也」。「材」與「時」、「謀」爲韻。「謀」，古讀若「媒」，説見《唐韻正》。若作「枝」，則既失其義，而又失其韻矣。「時」、「材」、「謀」於古音屬之部，「枝」於古音屬支部，兩部絶不相通，説見段氏《六書音均表》。尹注非。

公之謂也

「一言得而天下服，一言定而天下聽，公之謂也」。念孫案：「公之謂」，本作「此之謂」。「此」字指上文「治心在於中」以下四句而言，故尹注云「治心之謂」。今本作「公之謂」者，後人不審文義而妄改之。

照乎知萬物　中義守不忒

「神明之極，照乎知萬物，中義守不忒」。洪云：「『照』與『昭』通。『乎』字衍。『昭知萬物』爲句。《心術下篇》云：『神莫知其極，昭知天下，通於四極。』其證也。」劉説略同。念孫案：「中義守不忒」，「義」字涉上文「天仁地義」而衍，據尹注云「若常守中，則無差忒」，則無「義」字明矣。

至定

「嚴容畏敬，精將至定」。念孫案：「至」，當爲「自」，上文「精將自來」即其證。尹注非。

吉凶

「能摶乎？」「摶」，即「專」字，尹讀「摶結」之「摶」，非是，劉已辯之。能一乎？能無卜筮而知吉凶乎」。念孫案：「吉凶」，當依《心術篇》作「凶吉」，「吉」與「一」爲韻。

遇亂

「愛慾靜之，遇亂正之」。念孫案：「遇」當爲「過」，字之誤也。「過亂」與「愛慾」對文，言當靜其愛慾，正其過亂也。尹注非。

理丞而屯泄

「得道之人，理丞而屯泄，匈中無敗」。尹注曰：「謂腠理丞達屯聚泄散，故匈中無敗。」引之曰：尹以「屯」爲「屯聚」，非也。「丞」讀爲「烝」。「烝」與「丞」古字通。《列子·天瑞篇》「舜問乎丞」，《釋文》曰：「丞，一本作烝。」《漢書・翟方進傳》「太保後丞丞陽侯甄邯」，師古曰：「丞陽侯，音烝。」《地理志》作「承陽」，《續漢書・郡國志》作「烝陽」。「烝」，升也。「泄」，發也。「屯」當爲「毛」，字之誤也。「屯」，隸省作「乇」。「毛」，隸省作「乇」，二形相似，故傳寫多譌。《史記・魯世家》「子屯立，是爲康公」，《漢書・律曆志》「屯」作「毛」。《漢書・溝洫志》「河北決於館陶，分爲屯氏河」，師古曰：「屯音大門反。而隋室分析州縣，誤以爲毛氏河，乃置毛州，失之甚矣。」又《儒林傳》「魯伯授太山毛莫如少路」，宋祁《筆記》引蕭該《音義》曰：「案《風俗通・姓氏篇》混屯氏，太昊之良佐。漢有屯莫如，爲常山太守。又有毛姓，云毛伯文王子也。漢有毛樗之，爲壽張令。案，此莫如姓非『毛』，乃應作『屯』字，音徒本反，但『毛』、『屯』相類，容是傳寫誤耳。」言得道之人，和氣四達，烝泄於毛理之間，故匈中無敗也。《淮南・泰族篇》曰：「今夫道者，静莫恬淡，訟繆胸中，邪氣無所留滯，四枝節族，毛蒸理泄。「蒸」與「烝」同。《小雅・小弁篇》「不屬于毛，不離于裏」，「裏」與「理」同。則機樞調利，百脈九竅，莫不順比。」是其證也。《淮南》言「毛烝理泄」，此言「理烝毛泄」，互文耳。「泄」亦「烝」也。前《幼官篇》云「冬行春政，烝泄」，言冬行春政，則陽氣不收而烝泄也。《月令》曰：「孟冬行春令，則地氣上泄。」亦謂陽氣上烝也。「泄」音私列、以制二反。《曲禮》「葱渫處末」，鄭注云：「渫，烝葱也。」釋文：「渫，以制反。」「烝」謂之「泄」，「烝葱」謂之「渫」，其義一也。

封禪

尹云：「元篇亡，今以司馬遷《封禪書》所載《管子》言以補之。」洪云：「《封禪篇》唐初尚未亡，《史記·封禪書》索隱云：『今《管子·封禪篇》是也。』《尚書序》正義、《王制》正義、《文選·羽獵賦》注引此篇「古者封泰山、禪梁父」以下，皆作《管子》，是孔、李、司馬皆及見之。」

小問

公曰吾聞之也

「管子對曰：『誅暴禁非，存亡繼絶而赦無罪，則仁廣而義大矣。』公曰：『吾聞之也，夫誅暴禁非而赦無罪者，必有戰勝之器，攻取之數，而後能誅暴禁非而赦無罪。』公曰：『請問戰勝之器。』」念孫案：「公曰吾聞之也」，當作「夷吾聞之也」。此皆管仲對桓公語，下文「請問戰勝之器」方是桓公問語。

取之

「然則取之若何」。念孫案：「取之」，當爲「取士」。下文「則天下之士至矣」，正對此句而言。又下文「致天下之精材若何」、「來工若何」，是承上文「致天下之精材，來天下之良工」

而言，此文「取士若何」是承上文「選天下之豪傑」而言。今本「取士」作「取之」者，涉上文「攻取之數」而誤。尹注非。

鷔距

「止之以力，則往者不反，來者鷔距」。尹注曰：「鷔，疑也。距，止也。」念孫案：「鷔」當爲「騺」，字之誤也。「騺」、「距」，皆止也。言來者止而不前也。《説文》曰：「樊，騺不前也。」今本「騺」譌作「鷔」。「騺，馬重皃也。」《史記·秦本紀》曰：「晉君還而馬騺。」《晉世家》曰：「惠公馬騺不行。」今本亦譌作「鷔」，唯《秦本紀》不誤。《太玄·玄錯》曰：「進欲行，止欲騺。」今本亦譌作「鷔」。字或作「駤」。《廣雅》曰：「駤，止也。」「距，本作歫。」《説文》曰：「歫，止也。」是「騺」、「距」皆「止」也。世人多見「鷔」，少見「騺」，故「騺」譌爲「鷔」，尹氏不能釐正，而馴「鷔」爲「疑」，既不合語意，又於古訓無徵，斯爲謬矣。

仁也

「非其所欲，勿施於人，仁也」。尹注曰：「仁者忠於人也。」引之曰：「仁」字後人所改，此承上文「信」、「忠」、「嚴」、「禮」而分釋之，論「忠」非論「仁」也。《中庸》曰：「忠恕違道不遠，施諸已而不願，亦勿施於人。」故曰：「非其所欲，勿施於人，忠也。」，不得改爲「仁」字。尹所見本已誤。

有時先恕

「有時先事，有時先政，有時先德，有時先恕」。念孫案：原文内本無「有時先恕」四字，後人以下文言「先之以恕」，故增此四字也。今案，下文但言此謂「先之以事」、「此謂先之以政」、「此謂先之以德」，而不言「此謂先之以恕」，則本無「有時先恕」句明矣。又下文云「發倉廩山林藪澤以共其財，舊本「倉」譌作「食」，依朱本改。後之以事，先之以恕，以振其罷」，此謂「先之以德」，則「先之以恕」即是「先之以德」。既言「有時先德」，則無庸更言「有時先恕」矣，後人據下文增入此句，而不知正與下文不合也。

百川道

「百川道」。尹注曰：「百川之流，皆從故道。」念孫案：道，猶順也。《楚語》曰：「違而道，從而逆。」是其證。「百川道」、「年穀熟」、「糴貸賤」三句相對爲文。尹注非。

其臣教

「古之王者，其君豐，其臣教」。引之曰：「教」當爲「殺」，色介反。「殺」與「豐」正相對。尋尹注亦是「殺」字也。「殺」字或書作「敎」，與「教」相似而誤。

公遵遁繆然遠二三子遂徐行而進

念孫案：「公遵遁繆然遠」爲句，「二三子遂徐行而進」爲句。「遵遁」與「逡巡」同，《戒篇》云：「桓公蹵然逡遁。」尹注大謬。

若

「除君苛疾，與若之多虛而少實」。引之曰：「若」當爲「君」，下文云「又與君之若賢」是其證也。尹注非。

瞑目

「桓公不説，瞑目而視祝鳧已疪」。念孫案：「瞑目」當爲「瞋目」。隸書「真」字或作「𡗝」，

「冥」字或作「寘」,二形相似而誤。《莊子・秋水篇》「瞋目而不見丘山」,「瞋」,本或作「瞑」。《韓子・守道篇》「瞋目切齒傾耳」,《淮南・道應篇》「佽非教然瞋目攘臂拔劍」,今本「瞋」字竝譌作「瞑」。

放春

「桓公放春三月,觀於野」。洪云:「『放』,古字通作『方』。《堯典》『方命圮族』,《漢書・傅喜傳》《朱博傳》俱作『放命』。《荀子・子道篇》『不放舟』,注讀爲『方』。尹注非。」

茲免

「至其成也,由由乎茲免,何其君子也」。程氏易疇《九穀考》曰:「『茲免』云者,『免』,俛也,『茲』,益也,謂其穗益俯而向根也。」「《淮南・繆稱篇》注云:『禾穗垂而向根,故君子不忘本也。』今諸穀惟禾穗向根,可驗也。」念孫案:程說是也。禾成而穗益俯,若君子之德高而心益下,故曰「由由乎茲免,何其君子也」。《趙策》曰:「馮忌接手免首,欲言而不敢。」姚本如是,鮑本改「免」爲「俛」。《韓策》曰:「免於一人之下,而信於萬人之上。」《漢書・陳勝傳》贊曰:「免起阡陌之中。」是「俛」字古通作「免」。尹注非。

見是

「桓公闟然止，瞠然視，援弓將射，引而未敢發也。謂左右曰：『見是前人乎？』」念孫案：「見是前人乎」，本作「見前人乎」，其「是」字即「見」字之誤而衍者。《藝文類聚·武部》、《太平御覽·地部三十二》《兵部六十》引此皆無「是」字。《太平御覽·神鬼部二》引此有「是」字，此卷内所引多與今本同，蓋所見本已誤也。其《地部》《兵部》所引皆不誤，則承用舊類書也。

冠

「今者，寡人見人長尺，而人物具焉，冠右祛衣」。念孫案：「冠右祛衣」，《藝文類聚·武部》《太平御覽·兵部》《開元占經·人及神鬼占》竝引作「冠冠，右祛衣」，是也。「冠冠」者，首戴冠也。《吕氏春秋·知士篇》「冠其冠，帶其劍」。今本脱一「冠」字，則文義不明。

若右涉其大濟

念孫案：劉逵《吴都賦注》、《水經·濡水注》《藝文類聚·武部》《太平御覽·兵部》竝引作「已涉大濟」，當據改。《太平御覽·神鬼部》引作「已涉其大濟」，「其」字誤與今本同，唯「已涉」二字不誤。《説苑・辯物篇》作「已渡，事果濟」。

脱七字

「甯子其欲室乎」。念孫案：《藝文類聚・人部十九》《太平御覽・人事部一百四十一》引此句下竝有「仲以其言告桓公」七字，與上文「桓公使管仲求甯戚」句相應，當據補。

視上

「夫日之役者，有執席食以視上者」。念孫案：「視上」，當爲「上視」。故尹注云：「私目上視。」《北堂書鈔・武功部二》引此正作「上視」。《吕氏春秋・重言篇》《説苑・權謀篇》亦作「上視」。

而上

「桓公令儐者延而上，與之分級而上」。念孫案：「分級而上」，「上」當爲「立」，此涉上句而誤也。《吕氏春秋》《説苑》及《論衡・知實篇》竝作「分級而立」。

善意

「君子善謀，而小人善意」。尹注曰：「善以意度之也。」念孫案：「意」讀爲「億」，即「度」也。尹注非。

唯莒於是

「日者臣視二君之在臺上也，口開而不闔，是言莒也。舉手而指，勢當莒也。且臣觀小國諸侯之不服者，唯莒於是，臣故曰伐莒」。尹解「唯莒於是」句云：「唯莒不服，於是知之。」念孫案：尹未曉「於是」二字之義。「於是」二字，與「焉」字同訓，言臣觀小國諸侯之不服者唯莒焉，臣故曰伐莒也。莊八年《公羊傳》「吾將以甲午之日，然後祠兵於是」，「於是」，即「焉」也。僖十五年《左傳》「晉於是乎作爰田」、「晉於是乎作州兵」，《晉語》作「焉作轅田」、「焉作州兵」。《西周策》「君何患焉」，《史記·周本紀》作「君何患於是」，此其明證矣。《呂氏春秋·季春篇》注曰：「焉，猶於此也。」「於此」，即「於是」。《聘禮記》曰：「及享，發氣，焉盈容。」言「於是盈容」也。《三年問》曰：「故先王焉爲之立中制節。」言先王於是爲之立中制節也。

管子弟九

七臣七主

申主

「申主任勢守數以爲常」。尹注曰：「申，謂陳用法令。」劉曰：「『申』乃『中』字之誤，蓋謂得中道之主。」引之曰：「申」讀曰「信」。《漢書·高惠高后文功臣表》注曰：「古『信』、『申』同義。」「信」之通作「申」，猶「申」之通作「信」也。出政而信於民，故曰「信主」。據下文云：「皆要審，則法令固。賞罰必，則下服度。」則「申主」之即「信主」明矣，尹、劉二説皆失之。

振怒

「臣下振怒，不知所錯」。引之曰：「怒」當爲「恐」，此涉上文「喜怒」而誤也。「振恐」即「震恐」。

植

「盡自治其事，則事多，多則昏，昏則緩急俱植」。洪云：「『植』，古『置』字。謂緩急皆置而不行也。尹注非。」

虞而安

「故主虞而安，吏肅而嚴，民樸而親」。念孫案：「虞」與「娛」同，樂也。言國有道，則主樂而安也。尹訓「虞」爲「度」，非是。又案「故主虞而安」以下七句，與上文不相承接，其上當有脱文。

女不緇

「夫男不田，女不緇」。引之曰：「緇」字義不可通，尹訓爲「黑繒」，非也。「緇」，當爲「績」。「男不田，女不績」，猶《揆度篇》之「農不耕」、「女不織」也。隸書「甾」字或作「甾」，形與「責」相似，故「績」譌爲「緇」。

桀

「何以効其然也？曰：昔者桀紂是也」。念孫案：「桀」字後人所加。下文「遇周武王」云云，專指紂而言，則無「桀」字明矣。

義不足

「歲有敗凶，故民有義不足」。念孫案：「義」當爲「羡」，字之誤也，後《國蓄篇》《輕重乙篇》多言「羡不足」。尹注非。

倮大衍

「無割大陵，倮大衍，伐大木」。尹注曰：「『倮』，謂焚燒令蕩然俱盡。」洪云：「『倮』，當爲『僇』，《輕重己篇》作『毋戮大衍』，古通作『勠』，謂盡其力也。」念孫案：洪謂「倮」當爲「僇」，是也。俗書「僇」字或作「𠐊」，「倮」字或作「𠋫」，二形相似而誤。「僇」，即「瞜」字也。《説文》：「瞜，燒穜也。」《漢律》曰：「瞜田茠艸。」《玉篇》：「力周切，田不耕火種也。」《淮南·地形篇》注曰：「下而污者爲衍。」「瞜」、「僇」古字通。「僇大衍」者，謂火焚其草木也。《輕重己篇》「僇」作「戮」。古者「戮」、「勠」二字竝與「瞜」同音。《湯誥》釋文曰：「勠，《説文》力周反。」成十三年《左傳》「勠力同心」，釋文：「『勠』，稽康力幽反，吕静《韻集》與『飂』同。」《漢書·高祖紀》「臣與將軍戮力攻秦」，師古曰：「『戮』音力竹反，又力周反。」《古今人表》「廖叔安」，師古曰：「《左氏傳》作『戮』，同音力周反，又力授反。」是「戮」、「勠」二字音與「瞜」同也。故「瞜」通作「戮」，又通作「僇」也。《吕氏春秋·上農篇》曰：「山不敢伐材下木。」即此所謂無「伐大木」也，又曰：「澤人不敢灰僇。」即此所謂無「僇大衍」也。

收穀賦

「收穀賦」。念孫案：《續漢書·五行志》注引作「收穀賦錢」，是也。《説文》：「賦，斂也。」「賦錢」與「收穀」對文。

五穀

「冬無傷伐五穀」。念孫案：「五穀」，當依朱本作「五藏」，《禁藏篇》云「冬收五藏」是也。今作「五穀」者，涉注文而誤。注云「五穀之藏」是釋「五藏」，非釋「五穀」。《續漢書·五行志》注引此正作「五藏」。

火暴

「大水漂州流邑，大風漂屋折樹，火暴焚地燋草」。念孫案：「火暴」當爲「暴火」，與「大水」、「大風」對文。「焚地燋草」，亦與上二句對文。「燋」與「焦」同。尹注非。

蟲蠹

「山多蟲蠹」。念孫案：「蟲蠹」即「蟲螟」，《月令》曰「蟲螟爲害」是也。注内「蠹即蚕」三字，蓋後人妄加，非尹注也。

人主道

「能去此取彼，則人主道備矣」。念孫案：「人主道備」，《續漢書·五行志》注引作「王道備」，於義爲長。

不克其罪

「數出重法而不克其罪，則姦不爲止」。尹注曰：「克，謂勝伏。」引之曰：「克」讀爲「核」。

「不克其罪」，謂不核其罪之虛實也。《吕刑》曰：「其罪惟均，其審克之。」《漢書·刑法志》引作「其審核之」，是其證矣。尹注非。

有百姓

「故法不煩而吏不勞，民無犯禁，故有百姓無怨於上」。劉曰：「『有』字疑衍。」念孫案：「有」即「百」字之誤而衍者。

臣法

「上亦法，臣法」。念孫案：「臣」下當有「亦」字。「上亦法，臣亦法」，謂君臣皆守法也。下文「君法」「臣法」即承此文言之。尹注非。

佼反

「好佼反而行私請」。劉曰：「『佼』與『交』同。反，當作友。注非。」念孫案：《明法篇》曰：「民務交而不求用。」又曰：「十至私人之門，不一至於庭。」《明法解》「交」作「佼」。

愚忠

「故記稱之曰：愚忠讒賊」。念孫案：「愚忠」，本作「愚臣」，即承上文「愚臣」而言，故尹注亦作「愚臣」。此作「愚忠」者，唐武后改「臣」爲「恧」，因脱其上畫而爲「忠」矣。

禁藏

先易者

「夫先易者後難，先難而後易，萬物盡然」。念孫案：「先易者後難」，「者」當依下句作「而」，尹注云：「無刑至有刑，故曰『先易而後難』。」即其證。孫説同。

樂其殺

「故必誅而不赦，必賞而不遷者，非喜予而樂其殺也」。念孫案：「其」字涉上文「知其然」而衍，尹注無。

不法法

「夫不法法則治」。念孫案：「不」字涉上文而衍。「法法」者，守法也。《周官·小宰》「五曰廉灋」，鄭注：「灋，守灋不失也。」言能守灋，則國必治也。故下文曰：「不失其法，然後治。」若反是，則謂之不法法，故《法法篇》曰：「不法法，則事毋常也。」尹注非。

刑賞

「刑賞不當，斷斬雖多，其暴不禁」。念孫案：「賞」字與下二句義不相屬，此涉下文「賞雖多」而衍。

深源

「故利之所在，雖千仞之山，無所不上，深源之下，無所不入焉」。念孫案：「深源」當爲「深淵」。《意林》「淵」作「泉」，避唐高祖諱也，則本作「淵」明矣。

萩室熯造　樵室　墐竈

「當春三月，萩室熯造，鑽燧易火，杼井易水，所以去茲毒也」。尹解「萩室熯造」云：「『熯』，謂以火乾也。三月之時，陽氣盛發，易生溫疫，楸木鬱臭，以辟毒氣，故燒之於新造之室以禳祓也。」念孫案：尹説甚謬。《輕重己篇》曰：「教民樵室鑽鐩，墐竈泄井，所以壽民也。」「鑽鐩」、「泄井」，即此所謂「鑽燧易火，杼井易水」也。「樵」與「萩」古字通，「萩室」，即「樵室」也。《公羊春秋·桓七年》「焚咸丘」，《傳》曰：「焚之者何？樵之也。樵之者何？以火攻也。」「樵室」與「熯竈」同意。「熯」，古「然」字也。《霸形篇》：「楚人燒焫熯焚鄭地。」《論衡·感虛篇》：「熯一炬火，爨一鑊水。」「熯」，竝與「然」同。《淮南·天文篇》：「陽燧見日，則然而爲火。」《華嚴經》十三音義引「然」作「熯」。《説林篇》：「一膞炭熯。」《文子·上德篇》「熯」作「然」。《説文》曰：「然，燒也。」「墐」與「熯」字相似，故「熯」譌作「墐」。「造」，即「竈」字也。《周官·膳夫》曰：「王日一舉，以樂侑食。卒食，以樂徹于造。」《淮南·主術篇》曰：「伐鼛而食，奏雍而徹，已飯而祭竈。」《淮南》之「祭竈」，即《周官》之「徹于造」，蓋徹饌而設之於竈，若祭然也。《周官·大祝》「二曰造」，故書「造」作「竈」。《史記·秦本紀》「客卿竈」，《秦策》「竈」作「造」。《吳越春秋·夫差内傳》「勒馬銜枚出火於造」，即吳語所謂「係馬舌，出火竈」也。

約地之宜　不求而約

「順天之時，約地之宜」。念孫案：「約」字於義無取。「約」，當爲「得」。「得」、「約」草書相似，故「得」譌爲「約」也。又下文「故奔亡者無所匿，遷徙者無所容，不求而約，不召而來」，「約」亦草書「得」字之誤，「得」與「來」爲韻也。古「來」字亦讀入聲，《小雅·出車篇》「謂我來矣」，與「牧」、「載」、「棘」爲韻，《大東篇》「職勞不來」，與「服」爲韻，《大雅·靈臺篇》「庶民子來」，與「亟」、「囿」、「伏」爲韻，《常武篇》「徐方既來」，與「塞」爲韻。《通典·食貨三》引此正作「不求而得」。

必成

「故德莫若博厚，使民死之。賞罰莫若必成，使民信之」。念孫案：「必成」，本作「成必」。「成」即「誠」字也。說見《君臣下篇》「戒心」下。《九守篇》云：「用賞者貴誠，用刑者貴必。」故曰「賞罰莫若誠必，使民信之」。「誠必」與「博厚」相對爲文，作「成」者，假借字耳。後人不解「成」、「必」二字之義，遂改爲「必成」，而不知其謬以千里也。《荀子·致士篇》曰：「人主之患不在乎不言用賢，而在乎不誠必用賢。」《呂氏春秋·論威篇》曰：「又況乎萬乘之國而有所誠必乎，則何敵之有。」《賈子·道術篇》曰：「伏義誠必謂之節。」枚乘《七發》曰：「誠必不悔，決絶以諸。」《淮南·兵略篇》曰：「將不誠必，則卒不勇敢。」皆以「誠必」連文。《九守篇》又曰：「刑賞信必於耳目之所見。」「信必」亦「誠必」也。

備追

「故民無流亡之意，吏無備追之憂」。引之曰：「備追」當爲「追捕」。民不流亡，則吏不追捕。《漢書·韓延壽傳》亦云：「吏無追捕之苦，民無箠楚之憂。」今本「追捕」二字誤倒，而「捕」字又誤爲「備」，則義不可通。尹注内「備」字亦當爲「捕」。案注云「人不流亡，何所捕而追之」，則所見本「追捕」已誤爲「捕追」。今則注文「捕」字又因正文而誤爲「備」矣。《通典》引作「備追」，則所見本已誤。

素食

「果蓏素食當十石」。引之曰：「素」讀爲「疏」，字或作「蔬」。《月令》「取蔬食」，鄭注曰：「草木之實爲蔬食。」《淮南·主術篇》曰「夏取果蓏，秋畜疏食」，即此所謂「果蓏素食」也。《墨子·辭過篇》：「古之民未知爲飲食時，素食而分處。」亦以「素」爲「疏」。尹注非。

視其陰所憎

「視其陰所憎，厚其貨賂，得情可深」。念孫案：「陰」字涉下文「陰内辯士」而衍，「視其所憎」與上文「視其所愛」相對。據尹注云：「視敵所憎者，多與之賂。」則「所憎」上無「陰」字明矣。

可以成敗

「遺以竽瑟美人，以塞其内。遺以諂臣文馬，以蔽其外。外内蔽塞，可以成敗」。尹注曰：「内外蔽塞，則理擁而見惑，故莫不敗。」引之曰：此欲其敗，非欲其成也，「成」字義不可通。「成」當爲「或」，字形相似而誤。「或」與「惑」通。《四稱篇》「迷或其君」，即「迷惑」字。《論語·顏淵篇》「子張問崇德辨惑」，《釋文》：「惑，本亦作或。」《大戴禮·曾子制言篇》「貧賤吾恐其或失也」，盧注曰：「或，猶惑也。」《孟子·告子篇》「無或乎王之不智也」，《魏策》曰「臣甚或之」，皆以「或」爲「惑」。「可以惑敗」，謂可令其以熒惑致禍敗也。注内「理擁而見惑」正解「或」字。

典之同生

「必深親之，如典之同生」。孫云：「典，當爲與。」尹注非。

離氣

「離氣不能令，必内自賊」。念孫案：「離氣」，本作「離意」，即承上「使有離意」而言，故尹注云：「君臣意離别，不可使令。」

入國

四旬五行

「入國四旬，五行九惠之教」。洪云：「四旬，四十日也。五行，行五次也。《史記·管仲傳》正義引《管子》云『相齊以九惠之教』，是約其義也。尹注非。」

六曰問疾　疾甚者以告

「一曰老老，二曰慈幼，三曰恤孤，四曰養疾，五曰合獨，六曰問疾，七曰通窮，八曰振困，九曰接絶」。引之曰：「問疾」，當爲「問病」。下文曰：「凡國都皆有掌病，士人有病者，「人」當作「民」。掌病以上令問之。」又曰：「掌病行於國中，以問病爲事。」此之謂「問病」，與此前後相應，則作「問病」明矣。若作「問疾」，則與「四曰養疾」之「疾」無所區別，蓋傳寫之譌也，《北堂書鈔·政術部十三》引此已誤。又案下文「所謂問疾者」「疾甚者以告」，二「疾」字皆當作「病」。「所謂問病者」與「此之謂問病」正相應也。「士人有病者，掌病以上令問之」，「病甚者以告，上身問之」，「有病」與「病甚」，亦相應也。今本作「疾」者，蓋「六曰問病」已誤作「疾」，後人又據已誤之上文改不誤之下文耳，幸其改之不盡，尚可據以更正。

膌胜

「必知其食飲飢寒，身之膌胜，而哀憐之」。尹注曰：「膌，瘦也。胜，肥也。」念孫案：訓「胜」爲「肥」，於古無據，且與下文「哀憐」二字義不相屬。今案：「胜」讀如「減省」之「省」。「胜」亦「瘦」也，字或作「眚」，又作「瘖」，又作「省」。《周官·大司馬》「馮弱犯寡則眚之」，鄭注曰：「眚，猶人眚瘦也。」《釋名·釋天篇》曰：「眚，㾪也，如病者㾪瘦也。」又《釋言語篇》曰：「省，㾪也，臞㾪約少之言也。」《吕氏春秋·審時篇》「失時之稼約」，高注曰：「約，眚病也。」晉灼注《漢書·外戚傳》曰：「三輔謂憂愁面省瘦曰嫶冥。」《後漢書·袁閎傳》注引謝承《書》曰「面皃省瘦」，竝字異而義同。

皆有掌養疾　皆有通窮

「所謂養疾者，凡國都皆有掌養疾」。引之曰：「皆有掌養疾」，「養」字因上文而衍，上文説「老老」云「凡國都皆有掌老」，説「慈幼」云「凡國都皆有掌幼」，説「恤孤」云「凡國都皆有掌孤」，説「問病」云「凡國都皆有掌病」，則此亦當言「掌疾」明甚。又案下文曰：「所謂通窮者，凡國都皆有通窮。」亦當言皆有「掌窮」，今作皆有「通窮」者，因上文而誤。

殊身

「上收而養之，官而衣食之，殊身而後止」。念孫案：《説文》：「殊，死也。」猶言殁身而後止也。尹注非。

歲凶庸

「歲凶庸句人訾厲多死喪」。引之曰：「庸」字義不可通，「庸」疑當作「康」，字形相似而誤。「凶康」，即「凶荒」也。古聲「康」與「荒」通，故襄二十四年《穀梁傳》「四穀不升謂之康」，《韓詩外傳》「康」作「荒」，《逸周書・謚法篇》「凶年無穀曰穅」，《史記正義》「穅」作「荒」，《淮南・天文篇》「三歲而一饑，六歲而一衰，十二歲而一康」，《太平御覽・時序部二》引作「十二歲而一荒」。

九守

四曰上下左右前後熒惑其處安在

「一曰天之，二曰地之，三曰人之，四曰上下左右前後，熒惑其處安在」。尹注曰：「又須知法星所在也。」念孫案：尹以「熒惑」爲法星，非也。「熒惑」，猶眩惑也。《逸周書・史記篇》曰「熒惑不治」，《趙策》曰「蘇秦熒惑諸侯」。或作「營惑」，又作「營或」，《史記・吴王濞傳》「御史大夫鼂錯熒惑天子」，《漢書》作「營或」。《淮南・厲王傳》「熒惑百姓」，《漢書》作「營惑」。《鬼谷子・符言篇》「四曰」作「四方」，「其處」作「之處」，於義爲長。「四方」作「四曰」，因上文「一曰」、「二曰」、「三曰」而誤。「四方上下」，承天地而言；「左右前後」，承人而言。「熒惑」，謂不明於天地人之道也。問心所眩惑之處，在四方上下乎？抑在左右前後乎？故曰：「四方上下，左右前後，熒惑之處安在？」非謂法星安在也。尹注《鬼谷子》曰：「熒惑，天之法星，所居災眚吉凶尤著，故曰：『雖有明天子，必察熒惑之所在。』故亦須知也。」念孫案：「雖有明天子」二句，出《史記・天官書》，非此所謂「熒惑」也。蓋緣彼文云「必視熒惑所在」，此亦云「熒惑之處安在」，因而誤會矣。

關閈

「關閈不開，善否無原」。引之曰：「關閈」當爲「關閉」。尹注同。《説文》曰：「關，㠯木横持門户。」又曰：「閉，闔門也，從門。才，所以歫門。」蓋「關」與「閉」皆歫門之木，因謂闔門爲「關閉」也。《八觀篇》曰：「宮垣關閉不可以不備。」今本「備」誤作「脩」，辨見《版法》。是關閉皆歫門之木，故曰「關閉不開」也。若「閈」爲里門，而與「關」竝舉之，則爲不類。《八觀篇》既云「關閉不可以不備」，又云「閭閈不可以毋闔」，是「閭」、「閈」爲一類，「關」、「閉」爲一類也。「閉」字本作「閇」，與「閈」相似而誤。《鬼谷子》正作「關閉不開」。今本《鬼谷子》「關」誤作「開」，「不」下又脱「開」字，而「閉」字獨不誤。

度地

經水若澤

「故聖人之處國者，必於不傾之地而擇地形之肥饒者鄉山左右，經水若澤」。尹注曰：「其國都或在山左，或向山右，及緣水澤，然後建。」引之曰：「經」字義不可通。地在水旁，非經過之謂也。蓋因下文「命曰經水」而誤。「經」當作「緣」。「緣」者，因也，因水及澤而建都也。注内「緣水澤」三字，即覆舉正文也。

州者

「州者謂之術，不滿術者謂之里」。引之曰：「州者」上亦當有「不滿」二字。下文「里十爲術，術十爲州」，故曰「不滿州者謂之術，不滿術者謂之里」。尹注非。

出於他水

「水之出於他水，溝流於大水及海者，命曰川水」。念孫案：「出於他水」，本作「出於地」。

下文「出地而不流者，命曰淵水」，正對此「出地而流者」言之。今作「出於他水」者，「地」、「他」字相似，又涉上文「別於他水」而誤。《水經·河水注》引此正作「出於地」。上文云：「水別於他水，入於大水及海者，命曰枝水。」若此文亦云「水出於他水，溝流於大水及海」，則與上文之枝水無異。

往之

「此五水者，因其利而往之，可也。因而扼之，可也」。念孫案：「往」當爲「注」，字之誤也。隸書「往」字或作「注」，與「注」相似。「注之」與「扼之」意正相反，據尹注云：「謂因地之勢，疏引以溉灌。」則當作「注」明矣。

雨蕐

「雨蕐什二」。尹注曰：「車蕐所以禦雨，故曰『雨蕐』」。念孫案：《説文》：「蕐，大車駕馬也。」蕐非所以禦雨。「蕐」，當爲「䡵」，扶遠、步本二反。字之誤也。「䡵」，謂車蓋弓也。《方言》「車枸簍，西隴謂之㠾」，郭注曰：「即車弓也。」「㠾」與「䡵」同。《釋名》曰：「䡵，藩也。藩，蔽雨水也。」故注云：「車䡵所以禦雨，故曰『雨䡵』。」

獨水

「獨水蒙壤，自塞而行者，江河之謂也」。念孫案：「獨水」當爲「濁水」，見下文。

地員

櫄㰘桑

「黄唐，其木宜櫄㰘桑」。尹注曰：「㰘，柔，又曰柔桑也。」引之曰：尹以「㰘桑」爲「柔桑」，非也。《豳風·七月篇》「爰求柔桑」，自謂求桑之稺者，以養初生之蠶耳，非謂「柔桑」爲桑名也。「櫄」、「㰘」、「桑」，三者皆木名。「㰘」讀爲《唐風》「隰有杻」之「杻」。《爾雅》：「杻，檍。」郭璞曰：「似棣，細葉。葉新生可飼牛，材中車輞。關西呼杻子，一名土橿。」《西山經》曰：「英山其上多杻橿。」是也。「㰘」字古讀若「狃」，故與「杻」通。《左傳》「公山不狃」，《論語》作「弗㰘」，是其證也。

黄而糗流徙

「其泉黄而糗，流徙」。念孫案：「黄而糗」，《後漢書·馮衍傳》注引作「黄而有臭」，是也。上文云「其水白而甘」，下文云「其泉鹹」，又云「其水黑而苦」，則此文當作其「泉黄而有臭」，無取於「糗」也。尹注非。「流徙」上當有「水」字，下文云「斥埴，其泉鹹，水流徙」是其證。

主一

「先主一而三之」。引之曰：「主」當爲「立」，字之誤也。《史記·律書》云：「置一而九三之以爲法。」「置一」，即「立一」。

品榆

「其木乃品榆」。引之曰：「品榆」當爲「區榆」。「區」與「榆」同類，故竝言之，字本作「蓲」，或作「樞」，又作「櫙」，竝讀如「謳歌」之「謳」。《爾雅·釋木》「櫙，荎」，郭注曰：「今之刺榆。」《唐風》「山有樞」，傳曰：「樞，荎也。」《釋文》竝「烏侯反」，云「本或作蓲」。《爾雅疏》引陸機《詩疏》曰：「其針刺如柘，其葉如榆。瀹爲茹，美滑於白榆。」是也。「區」字本有「謳」音，故「藲」通作「區」，今則脱其「匸」胡禮反。字而爲品矣。

莧

「虆下於莧，莧下於蒲，蒲下於葦，葦下於萑」。念孫案：「莧」當爲「莞」。《爾雅·釋草》「莞，苻蘺」，某氏曰：「《本草》云：『白蒲，一名苻蘺，楚謂之莞蒲。』」《小雅·斯干篇》「下莞上簟」，鄭箋曰：「莞，小蒲之席也。」釋文曰：「莞，草叢生水中，莖圓，江南以爲席，形似小蒲而實非也。」莞似蒲而小，故曰「莞下於蒲」，若「莧」則非其類矣。《逸周書·文傳篇》曰：「潤濕不穀，樹之竹葦莞蒲。」《穆天子傳》曰：「爰有萑葦莞蒲。」此文云「莧下於蒲，蒲下於葦，葦下於萑」，則「莧」字明是「莞」字之譌。隸書「完」字或作「完」，形與「見」相似，故諸書中「莞」字多譌爲「莧」。《夬》九五「莧陸夬夬」，虞注曰：「莧，讀『夫子莧爾而笑』之『莧』。」「莧」即「莞」字之譌，故釋文云：「莧，一本作莞。」《論語·陽貨篇》「夫子莞爾而笑」，《釋文》「莞」作「莧」。《楚辭·漁父》「漁父莞爾而笑」，「莞」一作「莧」。《列子·天瑞篇》「老韭爲莞」，釋文：「莞，一作莧。」《文選·辨亡論》「莞然坐乘其敝」，李善本作「莧」。

每州

「九州之土，爲九十物，每州有常，而物有次」。念孫案：「每州有常」，《困學紀聞·周禮類》引作「每土有常」，是也。下文「上土」、「中土」、「下土」，各有三十物，故曰「每土有常，而物有次」，不當言「每州」也，此涉上文「九州」而誤。

蟲易

「五沃之狀，剽忞橐土，蟲易全處」。尹注曰：「橐土，謂其土多竅穴若橐，多竅，故蟲處之易全。」引之曰：「蟲易全處」，殊爲不詞。「易」當爲「豸」。「豸」與「易」篆文相似，故「豸」譌作「易」。《爾雅》曰：「有足謂之蟲，無足謂之豸。」《漢書·五行志》曰：「蟲豸之類謂之孽。」

不類

「大者不類，小者則治」。劉曰：「『類』當作『纇』，疵節也。言大麻疏美無疵節，小麻條理易治也。注非。」念孫案：「纇」、「類」古字通。昭十六年《左傳》「刑之頗類」，服虔讀「類」爲「纇」。二十八年「忿纇無期」，服本作「類」。《老子》「夷道若纇」，河上公本作「類」。

青杰以落及

「五位之狀，不塥不灰，青杰以落及」。尹注曰：「謂色青而細密，和落以相及也。」引之曰：尹説甚謬。「落」與「灰」爲韻，「及」字蓋衍文耳。下文云「五隱之狀，黑土黑落，青怵以肥，芬然若灰」，亦以「落」、「灰」爲韻。

箭

「其山之末，有箭與苑」。念孫案：「箭」，當爲「萴」。《爾雅・釋草》曰：「萴，王蔧。」郭注：「王帚也，似藜，其樹可以爲埽蔧，江東呼之曰落帚。」《説文》作「葥」，義同。《爾雅》又曰「葥，山莓」，郭注：「今之木莓也，實似藨莓而大，亦可食。」《説文》作「葥」，義同。草之名「萴」者有二，則未知此所謂「萴」者，爲王蔧與？爲山莓與？唯與「苑」竝言之，則亦是草名，而非「竹箭」之「箭」，故知「箭」爲「萴」之譌也。「苑」與「菀」通，《急就篇》曰「牡蒙甘草菀藜蘆」，顔師古注：「菀，謂紫菀女菀之屬。」

若苑

「其葉若苑」。念孫案：「苑」即上文「有萴與苑」之「苑」。尹注非。

大萯細萯

「剽土之次曰五沙，其種大萯細萯，白莖青秀以蔓」。尹注曰：「萯，草名。」引之曰：尹説非也，此篇凡言其種某某者，皆指五穀而言。上文云「群土之長，是唯五粟」，「其種大重細重，白莖白秀」；「粟土之次曰五沃」，「其種大苗細苗，赨莖黑秀箭長」；「沃土之次曰五位」，「其種大葦無，細葦無，赨莖白秀」；「位土之次曰五隱」，「其種櫑葛，赨莖黃秀，恚目其葉若苑」；「隱土之次曰五壤」，「其種大水腸，細水腸，赨莖黃秀」；「壤土之次曰五浮」，「其種忍蘟，忍葉如雚葉，以長狐茸，黃莖黑莖黑秀，其粟大」；「中土曰五忎」，「其種大稷細稷，赨莖黃秀，細粟如麻」；「忎土之次曰五纑」，「其種大邯鄲細邯鄲，莖葉如扶櫄，其粟大」；「纑土之次曰五壏」，「其種大荔細荔，青莖黃秀」；「壏土之次曰五剽」，「其種大秬細秬，黑莖青秀」。下文云「沙土之次曰五塥」，「其種大穋秜，細穋秜，黑莖黑秀」；「下土曰五猶」，「其種大華細華，白莖黑秀」；「猶土之次曰五弘」，」「其種青粱，黑莖黑秀」；「弘土之次曰五殖」，「其種鴈膳，黑實朱跗黃實」；「殖土之次曰五觳」，「其種大菽細菽，多白實」；「觳土之次曰五鳧」，「其種陵稻，黑鵝，馬夫」；「鳧土之次曰五桀」，「其種白稻長狹」。以上凡言其種某某者，皆指五穀之大名與其別類而言，尹注以「大邯鄲」、「細邯鄲」、「大華」、「細華」、「忍蘟」、「鴈膳」、「黑鵝」、「馬夫」爲草名，皆非也。若草木，則於五穀之外別言之，不得稱種也。「萯」，讀爲《大雅》「維秬維秠」之「秠」。《爾雅》曰：「秬，黑黍。」「秠，一稃二米。」郭注曰：「秠亦黑黍，但中米異耳。」上文云「其種大秬小秬」，此云「其種大萯小萯」，是「萯」即「秠」也。「萯」字從草負聲。「負」，古讀若「倍」，說見《唐韻正》。聲與「秠」相近。「秠」之通作「萯」，猶「丕」之通作「負」也。《金縢》「是有丕子之責于天」，《史記·魯世家》「丕」作「負」。《月令》「王瓜生」，鄭注曰：「今《月令》云『王萯生』。」《呂氏春秋·孟夏篇》作「王菩生」。《穆天子傳》「爰有萑葦莞蒲茅萯」，郭注曰：「萯，今菩字，音倍。」《中山經》「萯山」，郭注曰：「萯音倍。」《漢書·宣帝紀》「行幸萯陽宮」，李斐曰：「萯音倍。」《東方朔傳》「萯陽」作「倍陽」。是「萯」字古讀若「倍」，聲與「秠」相近，故字亦相通也。

僕累

「五塥之狀，累然如僕累」。尹注曰：「僕，附也，言其地附著而重累也。」洪云：「《山海經·中山經》『墠渚多僕累』，郭璞注云：『僕累，蝸牛也。』此上下文『若糠以肥』、『如屑塵厲』、『如糞』、『如鼠肝』，皆舉物以喻其土。尹注非。」念孫案：洪說是也。「僕累」，即《爾雅》之「蚹蠃」，聲相近。

大穋杞細穋杞

「其種大穋杞，細穋杞黑莖黑秀」。念孫案：「穋」當爲「穋」。「杞」當爲「杞」。「穋」即「黍稷重穋」之「穋」，「杞」即「維穈維芑」之「芑」。上文云「大重細重，大秬細秬，大蕡細蕡」，「重」即「重穋」之「重」，「蕡」即「維秬維秠」之「秠」。《大荒南經》「維宜芑苣，穋楊是食」，郭注曰：「《管子》說地所宜云：『其種穋、杞、黑秀，皆禾類也。』」是其證。尹注「木名」亦「禾名」之譌。《集韻》：「杞，禾名。」引《管子》「其種穋杞」，義本尹注也。

五殖

「五殖之次曰五觳」。念孫案：「五殖」，當爲「殖土」，例見上下文。

管子弟十

形勢解

臣之高行

「忠者臣之高行也」。念孫案：「臣之高行」，當依朱本作「臣下之高行」，下文「臣下」字凡七見，《初學記·人部上》《太平御覽·人事部五十九》竝引作「臣下之高行」。

隨

「臣下隨而不忠，則卑辱困窮」。念孫案：「隨」當依宋本作「墮」。「墮」與「惰」同，言怠惰而不盡其力也。上文云臣下「能盡力事上，則當於主」正與此文相對。洪説同。

美行

「民之所歌樂者，美行德義也，而明主鴻鵠有之」。念孫案：「美行」當爲「美貌」。「美貌」謂鴻鵠，「德義」謂明主，竝見上文。今作「美行」者，涉上文「行之美者」而誤。

弓弦

「射者，弓弦發矢也」。引之曰：「弓」當爲「引」。此因上文兩「弓」字而誤。

善馭馬

「造父，善馭馬者也」。念孫案：「羿，善射者也」，「造父，善馭者也」，文同一例。「馭」下「馬」字涉下文而衍，《太平御覽·工藝部三》引此無「馬」字。

車器

「奚仲之爲車器也」。念孫案：「器」字涉下文兩「器」字而衍，《藝文類聚·舟車部》《太平御覽·車部二》引此皆無「器」字。

備利

「枉道而取容，適主意而偷說，備利而偷得」。念孫案：「備」當爲「循」。隸書「循」字作「𢓜」，「備」字作「偹」，二形相似而誤。《荀子·勸學篇》「聖心備焉」，「備」誤作「循」。

事其主

「人主能安其民，則事其主如事其父母」。念孫案：「事其主」上脱「民」字，當依《羣書治要》補。下文云「則民不爲用」正與此文相對。

萬事之任　異起

「故曰：『萬事之任也，異起而同歸。』」念孫案：《形勢篇》作「萬事之生也，異趣而同歸」，是也。「生」、「任」，「趣」、「起」，皆字形相近而誤。

動者

「弱子，慈母之所愛也。不以其理動者下瓦，則慈母笞之」。念孫案：宋本無「動者」二字，是也。《太平御覽·刑法部十五》引此亦無，此涉下文兩「動」者而衍。孫説同。

而身死國亡

「桀紂貴爲天子，富有海内，地方甚大，戰卒甚衆，而身死國亡，爲天下僇者，不知爲之之術也」。念孫案：《羣書治要》「而身死」上有「然」字，當據補。「然而」者，如此而也。古書中若是者多矣。《孟子》曰：「七十者衣帛食肉，黎民不飢不寒，然而不王者，未之有也。」又曰：「夫環而攻之，必有得天時者矣。然而不勝者，是天時不如地利也。」又曰：「犧牲既成，粢盛既絜，祭祀以時，然而旱乾水溢，則變置社稷。」《孟子》而外不可枚舉。

衆人

「亂主獨用其智，而不任衆人之智」。念孫案：「衆人」當依朱本作「聖人」，此涉下文「不任衆人之力」而誤也。上文云「明主不用其智，而任聖人之智」正與此文相對。《羣書治要》亦作「聖人之智」。

多黨

「左右多黨比周以壅其主」。引之曰：「多」當爲「朋」，字之誤也。古文「多」字作「夛」，形與「朋」相似，故「朋」誤爲「多」。說見《秦策》「公仲侈」下。《立政九敗解》曰：「人主聽群徒比周，則群臣朋黨，蔽美揚惡。」《荀子·臣道篇》曰：「朋黨比周，以環主圖私爲務。」《韓子·孤憤篇》曰：「朋黨比周以弊主。」《飾邪篇》曰：「群臣朋黨比周以隱正道，行私曲。」《齊策》曰：「夫從人朋黨比周，莫不以從爲可。」皆其證也。

使人有禮遇人有理

念孫案：《羣書治要》上作「理」，下作「禮」，是也。「使人有理」，謂使之必以道也。「遇人有禮」，謂待之必以禮也。《賈子·階級篇》曰：「遇之有禮，故群臣自喜。」是也。今本「理」、「禮」二字互易，則非其指矣。

立政九敗解

朋黨

「如是，則朋黨者處前，寡黨者處後」。念孫案：「朋」當爲「多」，下「朋黨」同。「多」與「寡」正相對。「多」、「朋」字形相似，又涉上文「朋黨」而誤。

任譽

「人君唯毋聽請謁任譽，念孫案：「唯毋聽請謁任舉」者，唯聽請謁任舉也。毋，語詞，説見《墨子·尚賢篇》。則群臣皆相爲請」。孫云：「『譽』，當爲『舉』。《立政篇》本作『舉』，《任法篇》亦兩言『請謁任舉』。」念孫案：朱本正作「舉」。

求用

「群臣務佼而求用」。念孫案：「求用」上當有「不」字。《明法篇》曰：「以黨舉官，則民務佼而不求用。」《解》曰：「群臣相推以美名，相假以功伐，務多其佼而不爲主用。」是其證。

諜臣

「如是則諜臣死而諂臣尊矣」。念孫案：「諜」，當爲「諫」。《八觀篇》云「諫臣死而諛臣尊」是其證。「諫臣」與「諂臣」正相對，無取於「諜臣」也，此因字形相似而誤。《白虎通義》引《禮·保傅》曰「大夫進諫」，今《賈子·保傅篇》及《漢書·賈誼傳》「諫」竝作「諜」。《淮南·主術篇》「耳能聽而執正進諫」，高注：「諫，或爲諜。」

版法解

版法者

「版法者，法天地之位，象四時之行」。念孫案：「版」字涉上「版法解」而衍。「法天地之位」云云，乃釋「法」字，非釋「版法」二字，諸解皆不釋篇名，故知「版」爲衍文也。鈔本《北堂書鈔·刑法部上》陳禹謨本删去。《藝文類聚·刑法部》《太平御覽·刑法部四》引此皆無「版」字。

下饒

「疏遠微賤者無所告遡，則下饒」。洪云：「『饒』，當作『撓』。撓，屈也。」

畢

「冬既閉藏，百事盡止，往事畢登，來事未起」。念孫案：宋本「畢」作「必」，古字假借也。《立政篇》「小大必舉」，《列子・楊朱篇》「無不必致之」，《韓子・大體篇》「物不必載」，《秦策》「四國必從」，「必」竝與「畢」同。《漢書・王褒傳〈聖主得賢臣頌〉》「萬祥畢臻」，《文選》「畢」作「必」。今作「畢」者，後人不識古字而改之。

從事之勝任

「欲衆之親上鄉意也，欲其從事之勝任也」。念孫案：「從事之勝任」，「之」字涉上句而衍。「從事勝任」，與「親上鄉意」對文，下文云「如此，則衆親上鄉意，從事勝任矣」，是其證。

事無機

「凡國無法，則衆不知所爲，無度，則事無機」。洪云：「《藝文類聚》五十四、《太平御覽》六百三十八引『機』俱作『儀』，《任法篇》云：『聖君置儀設法而固守之。』又云：『置儀設法，以度量斷者，上主也。』《禁藏篇》云：『法者，天下之儀也。』《形勢解》云：『法度者，萬民之儀表也。』此作『機』字誤。」

則國治

「明君能勝六攻，而立三器，則國治」。念孫案：「則國治」當依《羣書治要》作「故國治」，與下「故國不治」對文。

脱一字

「六攻者何也？親也，貴也，貨也，色也，巧佞也，玩好也」。念孫案：「何也」下脱「曰」字，當依《羣書治要》補。上下文「何也」下皆有「曰」字。

明法解

所職

「孤寡老弱不失其所職」。念孫案:《羣書治要》無「所」字,是也。「不失其職」者,《爾雅》曰:「職,常也。」言孤寡老弱,皆有所養而不失其常也。《漢書·武帝紀》賜「年九十以上及鰥寡孤獨帛,人二匹,絮三斤;八十以上米人三石,有冤失職,使者以聞。」師古曰:「職,常也。失職者,失其常業及常理也。」《宣帝紀》:「其加賜鰥寡孤獨高年帛,毋令失職。」竝與此「失職」同義。加一「所」字,則義不可通。

明主

「明主者上之所以一民使下也。私術者,下之所以侵上亂主也」。念孫案:「明主」,當爲「明法」。「明法」與「私術」相對爲文,下文「法廢而私行」即承此法字而言。今作「明主」者,涉上下文「明主」而誤。

愛爵禄

「百官之奉法無姦者，非以愛主也，欲以愛爵禄而避刑罰也。」今本脱「刑」字，據上下文補。念孫案：「愛爵禄」之「愛」，當依朱本作「受」。「受」、「愛」字相似，又涉上「愛主」而誤。

案其當宜

「明主之治國也，案其當宜，行其正理」。念孫案：《羣書治要》作「案賞罰，行其正理」，是也，下文「當賞」、「當罰」即承此句而言。今本「賞」字作「其當」二字，涉下文「其當賞者」而誤，又脱一「罰」字，衍一「宜」字。

私意

「夫舍公法，用私意，明主不爲也」。念孫案：「私意」，當依朱本作「私惠」，義見上下文。《羣書治要》亦作「私惠」。此作「私意」者，涉上文兩「私意」而誤。

服德

「故威勢獨在於上，則群臣畏敬，法政獨出於主，則天下服德」。念孫案：「服德」，當依朱本作「服聽」，字之誤也。「服聽」，猶言「服從」。《燕策》及《史記·淮陰侯傳》竝云「天下服聽」是也。下文「法政出於臣，則民不聽」正與此文相反，且「聽」與「敬」爲韻。

邪之所務事者

「是故邪之所務事者」。念孫案：朱本及《羣書治要》「邪」上皆有「姦」字，當據補。上下文皆作「姦邪」。

不能勿惡也

「是方正之與姦邪，不兩進之勢也。姦邪在主之側者，不能勿惡也」。念孫案：「惡也」，當依《羣書治要》作「惡之」。下文曰：「惟惡之，則必候主閒而日夜危之。」三「之」字文義相承。

務其黨重臣

「故羣臣皆務其黨重臣而忘其主」。念孫案：上「其」字涉下「其」字而衍，「務黨重臣」四字連讀。

不官

「任人而不官，故不肖者不困」。念孫案：「不官」，當依《羣書治要》作「不課」。任人而不課其功，則賢否無由而見，故不肖者不困也，下文曰「以官任其身而課其功」，是其證。上文曰：「聽言而不試，故妄言者得用。」「試」，亦課也。《説文》：「課，試也。」今本「課」作「官」者，涉上下文諸「官」字而誤。

臣乘馬

暑耘

「使農夫寒耕暑耘」。念孫案：《藝文類聚·歲時部下》《太平御覽·時序部十九》《白帖》

四引此「暑」竝作「熱」。「熱」與「暑」義得兩通，然諸書所引俱作「熱」，且俱在「熱類」下，則「暑」字乃後人所改也。

女勤於纖微而織歸於府

「使農夫寒耕暑耘，力歸於上，女勤於纖微，而織歸於府」。念孫案：「女勤於纖微，而織歸於府」，當依《事語篇》作「女勤於緝績徽織，功歸於府」。《説文》曰：「緝，績也。」「績，緝也。」連言之則曰「緝績」。《陳風·東門之池》箋曰：「於池中柔麻，使可緝績作衣服。」是也。「徽織」，即徽識。「徽」，《説文》作「微」。「識」，今作「幟」。《周官·司常》注曰：「徽識，旌旗之細也。」「識」或作「織」。《小雅·六月篇》「織文鳥章」，箋曰：「織，徽織。」是也。「功歸於府」，與「力歸於上」對文，今本脱「緝績功」三字，「徽」誤作「微」，又衍「纖」而二字。「纖」即「織」字之誤而衍者。

二十七日

「百畝之夫，予之策率二十七日爲子之春事」。引之曰：「七」，當爲「五」，上文曰「一農之重，壤百畝也，春事二十五日之內」是也。古「五」字作「〤」，與「七」相似，故「五」譌爲

「七」。

春秋

「春秋子穀大登」。念孫案：「春秋」，當爲「泰秋」，此涉上文「春事」而誤。「泰秋」，即秋也，見《山國軌》《山至數》二篇。其《輕重乙》《輕重丁》二篇，竝作「大秋」。「大」與「泰」同。

乘馬數

五年之餘

「人君之守高下，歲藏三分，十年則必有五年之餘」。引之曰：「五」，當爲「三」。歲藏十分之三，至十年則餘三十分。每十分而當一年，故三十分而爲三年之餘也。

賤策乘馬

「賤策乘馬之數奈何」。念孫案：「賤」字涉上文「獨貴獨賤」而衍，下文云「此之謂策乘馬之數也」，無「賤」字。

下樂上

「故相壤定籍而民不移，振貧補不足下樂上」。念孫案：「下樂上」上亦當有「而」字。

海王

臺雉

「吾欲藉於臺雉何如」。引之曰：「臺」爲宮室之名，「雉」乃築牆之度。定十二年《公羊傳》曰：「五板而堵，五堵而雉。」《坊記》鄭注曰：「雉，度名也。高一丈長三丈爲雉。」「臺雉」二字，意義不倫，偏考諸書，無以「臺雉」竝稱者。《國蓄篇》曰：「夫以室廡藉謂之毁成。」《輕重甲篇》曰：「寡人欲藉於室屋。」以此例之，「臺」下之字，亦當爲宮室之名。「雉」蓋「䠶」之譌也，「䠶」與「射」同，見《説文》。即「榭」字之假借。《楚語》「榭不過講軍實」，劉逵《吴都賦注》引作「射」。《郘敦銘》「王格于宣射」，即宣十六年《春秋》之「成周宣榭」也。古字偏旁，或左右互易，如「猶」或作「猷」，「獨」或作「獸」，「鶉」或作「𪃦」，「虺」或作「虮」，「鄰」或作「隣」之類是也。則「䠶」字亦可作「𥏫」，形與「雉」相似，因譌爲「雉」矣。《乘馬數》《事語》《地數》《輕重甲》諸篇言「臺榭」者屢矣，則此亦當然。《爾雅》曰：「闍謂之臺，有木者謂之榭。」

問口

「萬乘之國人數，問口千萬也」。孫云：「『問』當依宋本作『開』，《揆度篇》亦作『開』，《通典十》引同。」

九百萬也

「萬乘之國正，九百萬也。月人三十錢之籍，爲錢三千萬。今吾非籍之諸君吾子，而有二國之籍者六千萬」。引之曰：「正」，與「征」同。「萬乘之國正」絶句。「萬乘之國正」，常征也。欲言征鹽策之善，故以常征相比校也。「九百萬也」者，「九」當爲「人」，篆文「人」字作「儿」，與「九」相似而誤。《揆度篇》曰：「萬乘之國，爲户百萬户，爲開口千萬人，爲當分者百萬人。」是萬乘之國，雖有開口千萬人，其當分之人但有百萬，萬乘之國征，但征其當分之人百萬，故曰「萬乘之國征，人百萬也」。「月人三十錢之籍，爲錢三千萬」者，當分之人，每月籍其錢，人各三十，《輕重丁篇》曰「請以令籍人三十泉」是也。一人三十錢，百萬人則當爲錢三千萬，故曰「月人三十錢之籍，爲錢三千萬」也。「今吾非籍之諸君吾子，而有二國之籍者六千萬」者，言一國之常征，每月但有三千萬錢而已，今吾之征鹽策也，不待明發號令籍之諸君吾子，而每月自有六千萬錢，上文曰：「一月六千萬。」倍於一國三千萬之籍，是有二國之籍也。故曰「今吾非籍之諸君吾子，而有二國之籍者六千萬」也。尹不知「九百萬也」爲「人百萬也」之譌，又不知「爲錢三千萬」乃百萬人一月之籍，故其説皆不確。

今夫給之鹽策　今鍼之重加一也

「今夫給之鹽策」。孫云：「今，當作令。」念孫案：《通典》正作「令」。又案下文「今鍼之重加一也」，「今」亦「令」之譌。上文云「令鹽之重升加分彊」，文義正與此同。

輂

「行服連軺輂者」。念孫案：「輂」當依朱本作「蓳」，《通典》引此亦作「蓳」，故尹注云「大車駕馬」。

耜鐵之重加七

「耜鐵之重加七，三耜鐵，一人之籍也」。引之曰：「七」當爲「十」。上文曰「月人三十錢之籍」，謂每一人月有三十錢之籍也。今每一耜鐵，籍之加十錢，三耜鐵則三十錢，而當每月一人之籍矣。故曰「耜鐵之重加十，三耜鐵一人之籍也」。上文「今鍼之重加一也」，「今」當爲「令」，說見上。三十鍼，一人之籍，刀之重加六，五六三十。五刀，一人之籍也，皆以三十錢當一人之籍，是其例也。尹說非。

釜十五

「有海之國，讎鹽於吾國，釜十五吾受，而官出之以百」。引之曰：「十五」，當爲「五十」。「釜五十」者，升加分也。「出之以百」者，升加一也。上文曰：「鹽百升而釜，令鹽之重升加分彊，釜五十也。升加一彊，釜百也。」「分」者，半也。有海之國，讎鹽於吾國，每升加錢之半，十升而加五錢，百升而加五十錢，故釜五十也。吾國受而使鹽官出之，則倍其數而升加一錢，十升而加十錢，百升而加百錢，故以百也。若作「釜十五」，則與出之以百多寡不相因矣。尹說非。

國蓄

累於上

「故人君挾其食，守其用，據有餘而制不足，故民無不累於上也」。念孫案：《通典·食貨十二》引此，「累」作「繫」。又引尹注云：「食者，民之司命。」言人君唯能以食制其事，所以民無不繫於號令。今本「繫」譌作「累」，又全脱尹注。

租籍者所以彊求也

劉云：「後《輕重乙》作『租籍君之所宜得也，正籍者君之所强求也』，此有缺誤。」洪云：「正，讀爲征。」

人君

「人君鑄錢立幣，民庶之通施也」。念孫案：「人君」當爲「今君」。此與上文「君引錣量用」云云，皆指桓公而言，非泛言人君也。今作「人君」者，涉上下文「人君」而誤。尹注非。

《通典·食貨八》所引亦誤。《輕重甲篇》正作「今君鑄錢立幣」。

若干

「人有若干百十之數矣。」舊本「十」譌作「干」，據《輕重甲篇》及《通典》引改。念孫案：「若干」二字，涉上文「人有若干步畝之數」而衍。上文步畝之數無定，故言「若干」，此既云人有百十之數，則不得更言「若干」矣。《通典》所引已誤。《輕重甲篇》無「若干」二字。

并藏

「然而人事不及，用不足者，何也？利有所并藏也」。念孫案：「利有所并藏也」，「藏」字涉上文「穀有所藏」而衍。「并」，與「屏」同。《弟子職篇》曰「既徹并器」，《輕重丁篇》曰「大夫多并其財而不出」，《史記·吴王濞傳》曰「願并左右」，「并」皆與「屏」同。「屏」，即藏也。上言「穀有所藏」，此言「利有所并」，互文耳。《漢書·食貨志》引此正作「利有所并」也。《輕重甲篇》云：「有餓餒於衢閭者，何也？穀有所藏也。」又云：「民有賣子者，何也？財有所并也。」《鹽鐵論·錯幣篇》亦云：「交幣通施，民事不及，物有所并也。計本量委，民有飢者，穀有所藏也。」則「并」下本無「藏」字明矣。據尹注云：「豪富并藏財貨。」則所見本已衍「藏」字。《通典》引尹注「并藏財貨」，則所見即是尹本，而又於正文内删去「并」字，尤非。

秩相勝

「故人君御穀物之秩相勝」。念孫案：「秩」讀爲「迭」。迭，更也。穀貴則物賤，穀賤則物貴，是穀與物更相勝也。《集韻》「秩」、「迭」竝徒結切，聲相同，故字相通。尹注非。

夫國

「夫以百乘衢處危懾，圍阻千乘萬乘之間，夫國之君不相中，舉兵而相攻，必以爲扞挌蔽圉之用」。念孫案：「夫國」當爲「大國」，此涉上「夫」字而誤。「大國」，即千乘萬乘之國。「不相中」，不相得也。《史記·封禪書》「康后與王不相中」，索隱引《三倉》云：「中，得也。」

脱文十九

「先王以守財物，以御民事，而平天下也」。念孫案：《通典·食貨八》引此「平天下也」，下有「是以命之曰衡。衡者，使物一高一下，不得有調也」十九字。又引尹注云：「若五穀與萬物平，則人無其利，故設上中下之幣，而行輕重之術，使一高一下，乃可權制利門，悉歸於上。」今本正文、注文皆脱去。

管子弟十一

山國軌

過移

「民有過移長力」。念孫案：「過」當爲「通」。《地數篇》《輕重甲篇》作「通移」，《國蓄篇》作「通施」。「施」，與「移」同。

有道予

「桓公問於管子曰：『不籍而贍國，爲之有道予。』」念孫案：「予」當依宋本作「于」，聲之誤也。「于」，即「乎」字也。《吕氏春秋·審應篇》魏昭王謂田詘曰：「然則先生聖于？」高注曰：「于，乎也。」《莊子·人間世篇》「不爲社者且幾有翦乎」，釋文曰：「乎，崔本作于。」《列子·黄帝篇》「今女之鄙至此乎」，釋文曰：「乎，本又作于。」《周穆王篇》「王乃歎曰『於乎』」，《釋文》「乎」作「于」。《論語・爲政篇》引《書》「孝乎惟孝」，《釋文》「乎」作「于」，皇侃本及《漢石經》竝同。《管子・九守篇》「寂乎其無端也」，《鬼谷子・符言篇》「乎」作「于」。是「乎」字古通作「于」也。《通典・食貨十二》徑改爲「乎」，義則是而文則非矣。

捍寵　勝

「捍寵纍箕，勝籯屑糗。」洪云：「寵，當作籠。」念孫案：「勝」當爲「賸」，字之誤也。「勝」字本作「賸」，與「賸」極相似。《説文》「賸，音「騰」。囊也。」《商子・賞刑篇》曰：「贊茅岐周之粟，以賞天下之人，不得人一賸。今本亦譌作勝。」《趙策》曰：「贏賸負書擔橐。」《秦策》「賸」作「縢」，義同。屑，碎米也。《廣雅》作「糈」。劉曰：「糗，糗字之誤。糗，乾飯也。引之曰：「捍」，蓋「梩」字之誤。《説文》：「梠，音「似」。臿也。或作梩。」《方言》曰：「臿，東齊謂之梩。」《周官・鄉師》注引《司馬法》曰：「輂一斧一斤一鑿一梩一鉏。」《孟子・滕文公篇》「虆梩而掩之」，趙注曰：「虆梩，籠臿之屬，謂虆爲籠屬。梩爲臿屬也。」故《管子》亦以「梩」、「籠」竝言之。

山權數

賣子者

「湯七年旱，禹五年水，民之無糧《通典》載尹注：「糧，糜也。糧，章延反。」七字今本脱。賣子者」。念孫案：「民之無糧賣子者」，當依《通典・食貨八》所引作「民之無糧，有賣子者」，言無糧之民有賣其子者也。今本脱「有」字者，涉下文「民之無糧賣子者」而誤。

三年與少半　十一年與少半

「故王者歲守十分之參，三年與少半，成歲三十一年，而藏十一年與少半，藏參之一，不足以傷民，而農夫敬事力作」。引之曰：「三年」二字，因下文而衍，當作「歲守十分之參與少半」，言一歲之穀分爲十分，守其三分與一分之少半，是所守者爲十分中三分之一也。「成歲」者，順成之歲也。「藏十一年」衍「一」字，當作「藏十年」，言順成之歲三十一年，而藏其十年與一年之少半，是所藏者，爲三十一年中三分之一也。故曰「藏參之一」。

泄者

「泄者，失權也；見射者，失策也」。念孫案：「泄者」上亦當有「見」字。「見泄」、「見射」皆承上文而言。

亂之之本

「此刑法之所起，而亂之之本也」。念孫案：「亂之之本也」，衍一「之」字。

庸田

「高田十石，閒田五石，「閒田」，中田也。《乘馬數篇》：「郡縣上臾之壤守之若干，閒壤守之若干，下壤守之若干。」是「閒」爲「中」也。庸田三石」。引之曰：「庸」字義不可通。「庸」當爲「庳」，字形相似而誤。「庳田」，下田也。

粟賈三十

「粟賈一，粟賈十，粟賈三十，粟賈百，其在流策者，百畝從中千畝之策也。然則百乘從千乘也，千乘從萬乘也」。引之曰：「粟賈三十」，衍「三」字。「粟賈一」者，令增其賈而爲十。「粟賈十」者，令增其賈而爲百。故百畝可以當千畝，百乘之國可以當千乘，千乘可以當萬乘也。

蕃衺

「民之能樹瓜瓠葷菜百果，使蕃衺者」。劉曰：「衺、育同。」念孫案：劉說非也。「衺」當作「衮」，字之誤也。《玉篇》《廣韻》「衮」字竝與「裕」同。「蕃裕」，猶「蕃衍」耳。世人多見「裕」，少見「衮」，故「衮」譌爲「衺」。劉以上文言「蕃育六畜」，故以「蕃衺」爲「蕃育」，而不知其謬也。朱本徑改爲「育」字，則謬益甚矣。洪說同。

此國策之者也

「謹聽其言而藏之官，使師旅之事無所與，此國策之者也」。念孫案：「國策」之下當有「大」字，上文云「不以狹畏廣，不以少畏多，此國策之大者也」，是其證。

相困揲而涾　不資　可資

「國用相靡而足，相困揲而涾」。引之曰：「涾」當爲「澹」，字之誤也。隸書「澹」字作「澹」，因譌而爲「涾」。「澹」，古「贍」字也。《荀子·王制篇》「物不能澹」，楊倞曰：「澹，讀爲贍。」《漢書·食貨志》「猶未足以澹其欲也」師古曰：「澹，古贍字也。」凡《漢書》「贍」字，多作「澹」，不可枚舉。又漢《巴郡太守張納功德敘》「卹澹凍餒」，《隸釋》曰：「以『澹』爲『贍』。」上句言「足」，下句言「贍」，「贍」亦「足」也。《侈靡篇》曰「山不童而用贍，澤不弊而養足」，《國蓄篇》曰「豈壤力固不足，而食固不贍也哉」，《禮記·大傳》曰「民無不足無不贍」者，皆以「贍」、「足」對文，義與此同也。「相困揲而涾」，當爲「相揲而澹」。《廣雅》曰：「揲，積也。」言國用相積而贍也。「相揲而贍」與「相靡而足」對文，「困」蓋衍字耳。劉以「涾」爲「洽」字，則義不可通。朱本徑改爲「洽」，則謬益甚矣。又《輕重甲篇》「飢者得食，寒者得衣，死者得葬，不資者得振」，宋本「資」作「涾」，亦是「澹」字之譌。民不贍，故振之，《山國軌篇》曰「振其不贍」是也。後人不知「涾」爲「澹」之譌，因改爲「資」耳。下文「不資者振之」及《山至數篇》「散振不資者」，「不資」皆當爲「不澹」。又《國蓄篇》「千乘可足，萬乘可資」，「資」與「足」對文，亦當是「澹」字。

掘闕

「北郭有掘闕而得龜者」。尹注曰：「掘，穿也，求物反。穿地至泉曰闕，求月反。」引之曰：「闕」即「掘」字之假借。《玉篇》《廣韻》「掘」音其勿、其月二切，「其月」與「求月」同，是「掘」字本有求月反之音，故「闕」與「掘」通，亦音求月反。「掘」、「闕」二字，音義無異也。蓋《管子》本作「闕」，校書者因其音義與「掘」同，而旁記「掘」字，傳寫者遂誤入正文耳。尹不能釐正，而强爲分别，失之。

蓄飾

「萬乘之國，不可以無萬金之蓄飾，千乘之國不可以無千金之蓄飾，百乘之國，不可以無百金之蓄飾」。引之曰：「飾」字義不可通。「飾」當作「餘」。「餘」、「飾」二字，篆文右畔相似，故「餘」誤爲「飾」。「蓄餘」者，蓄所餘也。「萬金」、「千金」、「百金」，所餘之數也。《輕重甲篇》曰：「蓄餘藏羨而不息。」

山至數

貧之

「彼善爲國者，不曰使之，使不得不使，不曰貧之，使不得不用」。念孫案：「貧」字義不可通，《揆度篇》「貧」作「用」，是也。兩「使」字，兩「用」字，皆上下相應。

存予

「泰秋田穀之存予者若干」。洪云：「予，當爲子，《臣乘馬篇》『泰秋子穀大登』，又曰『幣之在子者，以爲穀而廩之州里』，皆其證。」念孫案：《通典・食貨十二》引此正作「子」。

請散

「請散棧臺之錢，散諸城陽，鹿臺之布，散諸濟陰」。念孫案：「請散」之「散」，涉下文而衍。《太平御覽・資産部十六》引此無「散」字。

三大夫之家 二十七人

「始取夫三大夫之家，方六里而一乘，二十七人而奉一乘」。引之曰：「大」字衍，「三夫之家」謂三夫爲一家也。《乘馬篇》曰：「邑成而制事，四聚爲一離，五離爲一制，五制爲一田，二田爲一夫，三夫爲一家。」是也。《乘馬篇》又曰：「白徒三十人奉車兩。」「兩」上脱「一」字，辯見《乘馬篇》。此「二十七人」，亦當作「三十人」，蓋「三」誤爲「二」，又衍「七」字也。

唐圉

「唐圉牧食之人」。念孫案：「唐圉」當爲「唐園」，字之誤也。「食」，與「飤」同，謂唐園中牧飤之人也。《輕重甲篇》曰：「以唐園爲本利。」《晏子春秋·問篇》曰：「治唐園，考菲履。」皆其證。

地數

出銅之山二句

「出銅之山四百六十七山，出鐵之山三千六百九山」。念孫案：《史記・貨殖傳》正義、《太平御覽・地部一》引此「出銅之山」，上竝有「凡天下名山五千三百七十」一句，《中山經》亦有之，當據補。又引「出銅之山」二句，作「出銅之山四百六十七，出鐵之山三千六百有九」，今本二句末皆衍「山」字。案，兩「山」字，皆後人所加。次句中又脱「有」字，亦當依二書訂正。洪説同。

此之所以

「此之所以分壤樹穀也」。孫云：「『之所以』上脱『天地』二字。」

牛氏

「夫玉起於牛氏、邊山」。念孫案：「牛氏」，當作「禺氏」，見《國蓄》《揆度》《輕重甲》《輕重乙》四篇。

丈夫

「陽春農事方作，令民毋得築垣牆，毋得繕冢墓，丈夫毋得治宫室，毋得立臺榭」。洪云：「丈夫，當爲大夫。《輕重甲篇》：『孟春既至，農事且起，大夫毋得繕冢墓，治宫室，立臺榭，築牆垣。』其證也。《太平御覽》八百六十五引此作『大夫』。」

天高

「天高我下」。念孫案：「天高」，當作「天下高」，義見上文。《輕重丁篇》作「天下高，我獨下」。

揆度

其勝禽獸之仇

「其勝禽獸之仇，以大夫隨之」。引之曰：「禽獸之仇」，義不可通，禽獸安得有仇乎？下文曰「猛獸勝於外」，則所勝者禽獸，非禽獸之仇也。「之仇」二字，蓋因下文「若從親戚之仇」而衍，尹不能釐正而曲爲之説，非。

桓公曰

「桓公曰：『事名二，正名五，而天下治。』」念孫案：「桓公曰」當作「管子曰」，下文「何謂事名二」、「何謂正名五」，方是桓公問語。

鑪櫜

「吾非埏埴搖鑪櫜而立黄金也」。念孫案：「鑪櫜」當爲「鑪橐」，字之誤也。《周官·韗氏》注「故書蠹爲橐」，「橐」譌作「櫜」。《韓子·八説篇》「千城距衝，不若堙穴伏橐」，今本亦譌作「櫜」。《老子》「天地之間，其猶橐籥乎」，王注曰：「橐，排橐也。」《淮南·本經篇》「鼓橐吹埵以銷銅鐵」，高注曰：「橐，冶鑪排橐也。」《齊俗篇》曰：「鑪橐埵坊設，非巧冶不能以治金。」《論衡·量知篇》曰：「工師鑿掘，鑪橐鑄鑠，乃成器。」故曰「搖鑪橐而立黄金」。

賣其子

「事再其本，民無饘者賣其子」。念孫案：「賣」上當有「不」字。「糧」即「饘鬻」之「饘」。言事再其本則民雖無饘，而亦不賣其子也。《輕重甲篇》曰：「事再其本，則無賣其子者。」是其證。

國準

菹菜

「彼菹菜之壤，非五穀之所生也」。念孫案：「菹菜」當爲「菹萊」，字之誤也。俗書「萊」字作「莱」，「菜」字作「菜」，二形相似。「菹」，或作「沮」。《孟子·滕文公篇》注曰：「菹，澤生草者也。」《王制》注曰：「沮，謂萊沛。」《周官·縣師》注曰：「萊，休不耕者。」是菹萊皆生草之地也。《輕重乙篇》「菹萊鹹鹵斥澤山間堤壘不爲用之壤」，「萊」字亦誤作「菜」，唯《輕重甲篇》「山林菹澤草萊」，「萊」字不誤。

輕重甲

端譟晨

「昔者桀之時，女樂三萬人，端譟晨樂，聞於三衢」。念孫案：《太平御覽・人事部一百三十四》引作「晨譟於端門，樂聞於三衢」，是也。今本既脱且倒，則文不成義。孫説同。

一掌

「請使州有一掌，里有積五窌」。引之曰：「掌」字義不可通，當是「稟」字之譌。隸書「掌」或作「掌」，與「稟」字略相似。「稟」，古「廩」字也。廩與窌皆所以藏穀。《晏子春秋・問篇》「命吏計公稟之粟」，《荀子・議兵篇》「則必發夫稟窌之粟以食之」，今本「稟」字竝譌作「掌」。楊注《荀子》曰「掌窌，主倉稟之官」，失之，辯見《荀子》。

夫妻服簟輕

「杠池平之時夫妻服簟輕至百里」。宋本、朱本「簟」作「簞」。引之曰：「簞」字義不可通，蓋

「輂」字之譌。「輂」字隸或作「輂」，見《韓勑碑》。字從車從㚘。《説文》：「㚘，讀若『伴侶』之『伴』。」「㚘」字上畔之「卄」，與隸書竹頭作「卄」者相似，因譌爲「⺮」。下畔之「六」，與「卯」字相似，因譌爲「卯」，又脱去「車」字上一畫，因譌爲「簞笥」之「簞」，後又譌爲「莞簞」之「簞」耳。「夫妻服輂」者，言杠池平之時，民間夫妻服輂而行，不用牛馬，亦不假多人輓之也。《海王篇》「行服連軺輂者」，「服連」，即「服輂」也，《周官・鄉師》注：「故書『輂』作『連』，鄭司農云：『連讀爲輂巾車，連車組輓。』」《釋文》「連」本亦作「輂」。字亦作「揰」。《淮南・人閒篇》「負輂載粟而至」，今本脱「載」字，説見《淮南》。《太平御覽・治道部八》引作「服揰」，是也。高注訓「服」爲駕牛，「揰」爲擔，皆失之。服之言負也，任重之名也。《考工記》「車人牝服」，鄭司農云：「服，讀爲負。」《小雅・大東篇》「睆彼牽牛，不以服箱」，謂負箱也。《史記・貨殖傳》「卓氏見虜略，獨夫妻推輂行」，蓋服輂者，或推或輓，前後各一人，故夫妻可以服輂也。下文云「今高杠柴池，東西南北不相睹，天酸然雨，十人之力不能上」，正謂推輂不能上高梁也。《韓子・外儲説右篇》「茲鄭子引輂上高梁而不能支」，是也。蓋杠池平之時，夫妻二人，即可以服輂而過。及其高杠柴池也，天雨苟下，則雖十人之力不能服輂而登，地高而輂重也。若作「服簞」，則盛食之器甚輕，何至十人舁之而猶不能上乎？「輂」，今人謂之二把手，前後各兩轅，一人兩手持轅，輓於前，一人如之推於後。亦有夫婦推輓者，婦以繩輓於前，夫持兩轅推於後，則此所謂「夫妻服輂」也。

所無因

「天酸然雨，十人之力不能上，廣澤遇雨，十人之力，不可得而恃，夫舍牛馬之力，所無因」。念孫案：「所無因」，當作「無所因」，人力不足恃，則必借牛馬之力，故曰「夫舍牛馬之力，無所因」。

通遠

「鵝鶩之舍近，鵾雞鵠鴇之通遠」。念孫案：「通」當爲「道」，字之誤也。《韓子·外儲説右篇》「甘茂之吏，道穴聞之」，《吕氏春秋·知化篇》「接土鄰境，壤交道屬」，今本「道」字竝誤作「通」。鵝鶩去人近，鵾鷄鵠鴇去人遠，故曰「鵝鶩之舍近，鵾鷄鵠鴇之道遠」。

解⿹勹去

「三月解⿹勹去，弓弩無匡輆者」。引之曰：《説文》《玉篇》《廣韻》《集韻》皆無「⿹勹去」字。「⿹勹去」，當爲「匋」。篆書「缶」字作「⿱午凵」，「去」字作「⿱大凵」，二形相似。隸書「缶」字作「**⿱士凵**」，「去」字作「**去**」，亦相似，故隸書「匋」字多譌作「⿹勹去」。漢《冀州從事張表碑》「復攸陶父」，《司隸校尉魯峻碑陰》「濟陰定陶」，皆是也。「匋」，讀與「韜」同，弓衣也。《廣雅》曰：「韜，弓藏也。」《小雅・彤弓篇》「受言櫜之」，毛傳曰：「櫜，韜也。」釋文：「韜，本又作弢。」《説文》曰：「弢，弓衣也。」古者「舀」、「匋」同聲。《小爾雅》曰：「縚，索也。」「縚」即「宵爾索綯」之「綯」。《小雅・菀柳篇》「上帝甚蹈」，《一切經音義五》引《韓詩》「蹈」作「陶」。《楚辭・九章》「滔滔孟夏兮」，《史記・屈原傳》「滔滔」作「陶陶」。《説文》「搯，搯捾也」，《一切經音義七》引《通俗文》曰「捾出曰掏」。是其證也。「韜」從舀聲，故通作「匋」。

⿱非耒檠

「彼十鈞之弩，不得⿱非耒檠。舊本譌作「擏」，今正。不能自正」。念孫案：《説文》《玉篇》《廣韻》《集韻》皆無「⿱非耒」字，當是「棐」字之譌。《説文》曰：「棐，輔也。」徐鍇曰：「輔，即弓檠也，故從木。」《説文》又曰：「榜，所㠯輔弓弩。」又曰：「檠，榜也。」「棐」、「榜」、「檠」三字皆從木，其義一也。此文曰：「彼十鈞之弩，不得棐檠，不能自正。」《荀子・性惡篇》曰：「繁弱鉅黍，古之良弓也，然而不得排檠，則不能自正。」《説苑・建本篇》曰：「烏號之弓雖良，不得排檠，不能自正。」「排檠」，與「棐檠」同。《韓子・外儲説右篇》曰：「榜檠者，所以矯不直也。」《鹽鐵論・申韓篇》曰：「若隱栝輔檠之正弧刺也。」「棐」、「輔」、「榜」一聲之轉，或言「榜檠」，或言「輔檄」，或言「棐檄」，其義一也。

此何故也

「故三月解匃而弓弩無匡軫者，此何故也？以其家習其所也」。念孫案：「此何故也」四字，涉上文而衍，上是桓公問語，此是管仲對桓公語，不當言「何故」。

忽然

「桓公忽然作色」。念孫案：「忽然」非作色之貌。「忽然」，當爲「忿然」。隸書「忿」字或作「忩」，形與「忽」相近而誤。《晏子春秋・諫篇》曰：「公忿然作色。」《莊子・天地篇》曰：「爲圃者忿然作色。」《齊策》曰：「王忿然作色。」皆其證。

大身

「立大舟之都，大身之都有深淵，壘十仞」。念孫案：「大身之都」，亦當爲「大舟之都」，此復舉上文以起下文也。「舟」與「身」字形相近而誤。「都」，即《禹貢》「大野既豬」之「豬」，馬注云：「水所停止深者曰豬。」《史記・夏本紀》「豬」作「都」。

齊之北澤燒火光照堂下

引之曰：「燒」字絶句，「火」字下屬爲句。尹注「獵而行火曰燒，式照反」九字本在「燒」字下，今本移入「火」字下，則誤以「齊之北澤燒火」爲句矣。

空聞

「則空聞有以相給資」。念孫案：「空聞」，當依宋本作「空閒」，謂以空閒之地給貧民。

吾

「使夷吾得居楚之黄金，吾能令農毋耕而食，女毋織而衣」。念孫案：「吾」字涉上句「夷吾」而衍。

菹薪

「請君伐菹薪，煮沸水爲鹽」。舊本「水」譌作「火」，據朱本改。念孫案：下文云「山林菹澤草萊者，薪蒸之所出」也，尹注非。

也國

「請以令糶之梁趙宋衛濮陽，彼盡饋食之也，國無鹽則腫」。念孫案：朱本「國」字在「也」字上，是也。尹注云：「本國自無遠饋而食。」是其證。「無鹽則腫」自爲句，《地數篇》作「惡食無鹽則腫」。

交殷

「然後可以通財交殷也」。念孫案：「殷」字義不可通。「殷」，當爲「叚」。即今「假」字。「交叚」，謂交借財也。隸書「殷」字作「段」，「叚」字作「叚」，二形相似，故「叚」譌爲「殷」。《史記·高祖功臣表》「故市侯閻澤赤遷爲假相」，《漢表》作「殷相」，「殷」乃「叚」之譌。又《漢書·地理志》「琅邪郡雩叚」，《王子侯表》作「虖葭」，《史記·建元以來王子侯表》譌作「雩殷」。《說文》「假，非真也。」「叚，借也。」是「假借」之字本作「叚」，今經傳相承作「假」，而「叚」字不復用，此「叚」字若不誤爲「殷」，則後人亦必改爲「假」矣。

包止

「遺財不可包止」。洪云:「包,當作拘。拘,留也。《揆度篇》作『貨財不安於拘』。」念孫案:朱本正作「拘」。

正食

「民食三升,則鄉有正食而盜。食二升,則里有正食而盜。食一升,則家有正食而盜」。引之曰:「正」字義不可通。「正」當爲「乏」。「乏」者,匱也,絶也,《史記·高祖紀》曰「漢軍乏食」是也,乏食則不忍飢餓而爲盜矣。「乏」字本作「𤴓」,形與「正」相似,因譌而爲「正」。宣十五年《左傳》曰:「文反正爲乏。」

有人

「民人之食,有人若干畝之數」。念孫案:「有人若干畝」,當依《國蓄篇》作「人有若干畝」。

粟賈平四十則金賈四千

引之曰：當作「粟賈平，釜四十，金賈四千」，言今之粟賈平，每粟一釜，其賈四十錢。金賈，每一金《孟子·公孫丑篇》趙注曰：「古者以一鎰爲一金，鎰二十兩也。」四千錢。二者皆當時之賈也。下文「粟賈釜四十，則鍾四百也。十鍾，四千也。二十鍾者，爲八千也」即承「粟賈平，釜四十」言之。「金賈四千，則二金中八千也」即承「金賈四千」言之。今本「四十」上脱「釜」字，「金賈」上衍「則」字，因下文「粟賈釜四十則鍾四百」而衍。而文義遂不可通。

珠象而以爲幣

「吴越不朝，珠象而以爲幣乎」。念孫案：「珠象」上脱「請」字，下文皆有，當據補。

管子弟十二

輕重乙

推徐疾

「推徐疾，羨不足」。念孫案：「推」，當爲「準」。「準」省作「准」，因譌而爲「推」，《事語篇》作「准徐疾贏不足」，是其證。

旁山

「玉出於禺氏之旁山」。孫云：「『旁山』，《地數》《揆度》二篇皆作『邊山』，因『邊』、『旁』字形相近而譌。」

十倍而不足

「十倍而不足，或五分而有餘者」。念孫案：「十倍」上亦當有「或」字，與下句對文。

霜露

「故樹木之勝霜露者，不受令於天」。念孫案：「露」當爲「雪」。木勝霜雪，則經冬而不凋，故曰「不受令於天」。今本「雪」作「露」，則非其旨矣。《侈靡篇》云「樹木之勝霜雪者，不聽於天」，是其證。

期軍士

「期於泰舟之野期軍士」。念孫案：下「期」字當依《羣書治要》作「朝」，言與軍士期於泰舟之野而朝之也。今作「期」者，即涉上文「期於」而誤。

易牙　五子

「甯戚、鮑叔、隰朋、易牙、賓胥無皆差肩而立」。念孫案：「易牙」二字，後人所加也。《小匡篇》云：「其相曰夷吾，大夫曰甯戚、隰朋、賓胥無、鮑叔牙。」易牙小臣，豈得與四大夫差肩而立乎！《藝文類聚·居處部四》引此無「易牙」二字，明是後人所加。下文「五子曰善」，「五子」本作「四子」，因增入易牙，故又改「四」爲「五」耳。

見其

「見其若此其厚，而不死列陳，可以反於鄉乎」。念孫案：「見其」，當依《羣書治要》作「見禮」。「見禮」二字，總承上文而言，今本「禮」作「其」者，涉上下文諸「其」字而誤。

脱四字

「請以令與大夫城藏」。引之曰：此當作「請以令與卿諸侯，令大夫城藏」。「城藏」者，藏粟於城中也。下文曰「下令卿諸侯，令大夫城藏」正承此句言之。其曰「使卿諸侯藏千鍾，令大夫藏五百鍾，列大夫藏百鍾」則分承此句言之也。今本「大夫」上脱「卿諸侯令」四字，則與下文不合。

常固

「衡者，使物一高一下，不得常固」。念孫案：「固」，當爲「調」。下文兩「固」字竝同。「調」誤爲「周」，又誤爲「固」耳。下文「衡數不可調」即承此句而言。《國蓄篇》曰：「衡者，使物一高一下，不得有調也。」今本脱此文，説見《國蓄篇》。是其證。

調則澄澄則常

「調則澄，澄則常，常則高下不貳」。「貳」，當爲「貣」，説見《勢篇》。引之曰：「澄」訓爲「清」，與「調」字、「常」字義不相承，當是「憕」字之誤。《説文》：「憕，音懲。平也。」物之高者有時而下，下者有時而高，其數不能均平，調之則前後相等而高下平矣。故曰：「調則憕，平則高者常高，下者常下矣。」故曰「憕則常」。古書篆作立心，與水相近，鄭氏《周易注》，見《小雅·采薇》正義。故心旁誤爲水旁。

分有四時

「夫歲有四秋，而分有四時」。念孫案：此言以四秋分屬四時也，分下不當有「有」字，蓋涉上「有」字而衍。下文同。《太平御覽·時序部二》引此作「歲有四秋而分四時」，無下「有」字。

而大秋

「而大秋成，五穀之所會」。念孫案：「大秋」上衍「而」字，上下文皆無此例，《太平御覽》引此亦無。

輕重丁

布泉　泉布　泉金

「天下諸侯，載黄金珠玉五穀文采布泉輸齊，以收石璧」。念孫案：「泉」，當爲「帛」，下文亦云「有五穀菽粟布帛文采者」，《通典·食貨十二》引此正作「布帛」。又下文「大夏帷蓋衣幕之奉不給，謹守泉布之謝」，案：「泉布」，亦當爲「帛布」。「布帛」，或曰「帛布」，下文「帛布絲纊之賈」即其證。此承上文「帷蓋衣幕之奉」而言，則當云「帛布」，不當云「泉布」。「帛」、「泉」字相似，又涉上文「泉金」而誤也。又下文「功臣之家人民百姓，皆獻其穀菽粟泉金」，案：「泉金」，亦當爲「帛布」，上文作「五穀叔粟布帛文采」，是其證。今作「泉金」者，亦涉上文「泉金」而誤。

禪籍　不如令者不得從天子下諸侯

「諸從天子封於太山，禪於梁父者，必抱菁茅一束以爲禪籍，不如令者不得從，天子下諸侯載其黄金，争秩而走」。念孫案：「以爲禪籍」，「禪」字涉上文「禪於梁父」而衍。「籍」，當爲「藉」。「藉」，薦也。《史記·封禪書》曰「江淮之間，一茅三脊，所以爲藉也」，是其證。引之曰：「不如令者不得從」爲句，「天下諸侯」連讀，其「子」字，則因上文「從天子」而衍。

反此

「令衡籍吾國之富商蓄賈稱貸家，以利吾貧萌，農夫不失其本事，反此有道乎」。念孫案：「反此有道乎」，當依前後文作「爲此有道乎」，今本爲作「反」者，涉下「反之」而誤。

幾何千家

「其受息之萌幾何千家」。念孫案：「幾何千家」，當作「幾何家」。其「千」字，則涉下文「千鍾」而衍。

其出之鍾

「其出之鍾也一鍾」。洪云：「上『鍾』字當作『中』，下文『其出之中伯伍也』、『其出之中鍾五釜也』、『其出之中伯二十也』，字皆作『中』，此涉下『鍾』字而誤。」

苦處　上斷福

「東方之萌，帶山負海，苦處，上斷福」。念孫案：「苦處」當爲「谷處」，上文「山居谷處」即其證。隸書「谷」字作「㕣」，「苦」字作「𦬉」，二形相似而誤。「上斷福」三字義不可通，案上文云「上斲輪軸，下采杼栗」，則此「上斷福」當是「上斲輻」之譌。上言「斲輪軸」，此言「斲輻」，若《詩》之言「伐輪」、「伐輻」矣。

曰

「故稱貸之家曰皆再拜受」。念孫案：衍「曰」字。

墾田發

「夫墾田發，務上之所急，可以無庶乎」。引之曰：「發下」蓋脱「草」字。《國蓄篇》曰：「耕田發草，上得其數矣。」《輕重甲篇》曰：「今君躬犂墾田，耕發草土。」又曰：「彊本趣耕發草立幣而無止。」是也。「務」字屬下讀，「務上之所急」者，務農也。農者，上之所急也。

鏂

「今齊西之粟釜百泉。尹注：「五鏂爲釜。」今本「鏂」誤作「鍾」，《通典》所引已誤。則鏂二十也，齊東之粟，釜十泉，則鏂二泉也。今本此泉字獨作錢，乃後人所改。請以令籍，人三十泉，得以五穀菽粟決其籍，若此則齊西出三斗而決其籍，齊東出三釜而決其籍」。念孫案：齊西之粟三斗三十錢，則二斗二十錢也。而鏂亦二十錢，則是二斗爲一鏂也。尹注云：「斗二升八合曰鏂。」失之矣。

釜十

「然則釜十之粟，皆實於倉廩」。念孫案：「十」，當爲「斗」。「釜斗之粟」，即承上「三斗」、

「三釜」而言。隸書「斗」字作「升」，後人誤以爲「什」字而改爲「十」，《通典・食貨十二》引此已誤。

阮而不遂　報上

「溝瀆阮而不遂，谿谷報上之水，不安於藏」。引之曰：「阮」當爲「陀」，「報」當爲「鄣」，皆字之誤也。《立政篇》曰：「溝瀆不遂於隘，鄣水不安其藏。」又曰：「通溝瀆，脩障防，安水藏。」「隘」，與「陀」同。「鄣」，與「障」同。

收粟

「請有五穀收粟布帛文采者，皆勿敢左右」。念孫案：「收」，當爲「叔」。「叔」，即「菽」字，《戒篇》「出冬葱與戎叔」，《莊子・列禦寇篇》「食以芻叔」，《漢書・昭帝紀》「以叔粟當賦」，竝與「菽」同。《大雅・生民篇》「蓺之荏菽」，《檀弓》「啜菽飲水」，《左氏春秋・定元年》「隕霜殺菽」，《釋文》竝作「叔」。見下文。《輕重甲篇》亦云：「子大夫有五穀菽粟者，勿敢左右。」「叔」字草書作「[illegible]」，因譌而爲「收」。

請之

「請以令召城陽大夫而請之」。念孫案：「請之」，當爲「謫之」。下文「滅其位，杜其門」，是「謫之」之事也。今作「請之」者，涉上「請以令」而誤。

此何以洽

念孫案：「洽」，當爲「給」。下文云「國中大給」即其證也。「給」、「洽」草書相似，故「給」譌爲「洽」，尹注非。

表稱貸之家

念孫案：「表」，當依宋本作「旌」。故尹注云：「旌，表也。」今作「表」者，涉注文而誤。

民之父母也

「《詩》曰：『愷悌君子，民之父母也。』」念孫案：「也」字涉下文「父母也」而衍，《通典·食貨十二》引無「也」字。

蝨虵

「投蝨虵巨雄」。孫云：「『虵』，當依上文作『虹』。」

賣賤

「四郊之民賣賤，何爲不富哉」。念孫案：「賣賤」當作「買賤」。言四郊之民，多買賤物，所以致富也。今作「賣賤」者，涉上文「賤賣」而誤。

何故

「此其何故也」。念孫案：當作「此其故何也」，下文同。

洴

「洴龍夏，其於齊國，四分之一也。」洪云：「《山至數篇》『龍夏以北至于海莊，禽獸羊牛之地也。』此『洴』字本『海莊』二字，譌并作一字。」念孫案：洪説是也。俗書「莊」字作「庄」，隸書「莊」字作「荘」，俗又省作「庄」。因譌而爲「庠」，加「氵」則爲「洴」矣。

操辭

「君動言操辭」。引之曰：「操」，當作「摇」。「摇辭」，即動言，古人自有複語耳。《輕重甲篇》云：「動言摇辭，萬民可得而親。」是其證。今本「摇」作「操」者，涉上文兩「操」字而誤。

一可以爲百

「湯之以高下，「湯」，讀爲「蕩」。《陳風·宛丘》曰：「子之湯兮。」注之以徐疾，一可以爲百」。念孫案：「一可以爲百」，當作「一可以爲十，十可以爲百」。《山權數篇》云：「徐疾之數，輕重之策，一可以爲十，十可以爲百。」此二句篇中凡兩見。是其證。

身不竭

「源泉有竭，鬼神有歇，守物之終始，身不竭」。念孫案：「身」上當有「終」字，上文「終身無咎」即其證。

輕重戊

帛牢

「立帛牢，服牛馬，以爲民利」。念孫案：「帛」當爲「皁」，字之誤也。《史記·五宗世家》「彭祖衣皁布衣」，《漢書·景十三王傳》「皁」誤作「帛」。皁以養馬，牢以養牛，故曰「立皁牢，服牛馬」。

其行義

「公曰：『其行義奈何？』」念孫案：「其」字涉上文「公其行義」而衍。

脱一字

「則是魯梁不賦於民財用足也」。念孫案：「財用」上脱「而」字。下文云「則是楚不賦於民而財用足也」，即其證。

絏繑

「絏繑而踵相隨」。念孫案：「繑」與「屩」同。《集韻》：「屩，或作繑。」「絏」當作「曳」。曳，引也，言引屩而踵相隨也。今作「絏」者，因「繑」字而誤加「糸」耳，尹注非。

不居

「室屋漏而不居」。念孫案：「居」當爲「治」，字之誤也。《齊民要術》一、《太平御覽·木部一》引此竝作「治」。下文「室屋漏者得居」，二書「居」亦作「治」。

不埍

「齊者，夷萊之國也。一樹而百乘息其下者，以其不埍也」。念孫案：「埍」，當爲「俏」。「俏」，與「肖」同。《列子·力命篇》：「佹佹成者，俏成也。初非成也。」張湛注：「俏，似也。」釋文云：「與肖字同。」又《楊朱篇》「人肖天地之類」，《釋文》作「俏」。言此息於樹下者，皆游惰之民，故曰：「齊者，夷萊之國也。一樹而百乘息其下者，以其不肖也。」下文「二不歸」皆承「不肖」言之。宋本作「捎」，《齊民要術》作「稍」，皆「俏」字之譌。

歸市

「歸市亦惰倪，終日不歸」。念孫案：「歸市」下當有「者」字。「歸市者」，對上文「丁壯者」及「父老」而言。

貴買　令其買

「代人忘其難得，喜其貴買」。念孫案：「貴買」，當爲「貴賈」。《藝文類聚·武部》《獸部下》、《太平御覽·獸部二十一》引此竝作「貴價」，是其證。下文亦云「不敢辯其貴賈」，今作「貴買」者，涉上文「公貴買之」而誤。又下文「衡山之君告其相曰：『天下争吾械器，令其買再什以上。』」案：「買」，當依朱本作「賈」，上文云「衡山之械器，必倍其賈」即其證，此亦涉上文諸「買」字而誤。

公因

「公因令齊載金錢而往」。念孫案：「公因」，當爲「公其」，上文曰：「君其鑄莊山之金以爲幣。」下文曰：「公其令人貴買衡山之械器而賣之。」皆其證。

輕重己

搢玉總

「天子東出其國四十六里而壇，服青而絻青，搢玉總帶玉監，朝諸侯卿大夫列士，循於百姓號曰祭日，犧牲以魚」。朱本「總」作「揔」。念孫案：「總」與「揔」皆「忽」之譌。「忽」，即「笏」字也。《皋陶謨》「在治忽」，鄭作「曶」，注云：「『曶』者，笏也。臣見君所秉，書思對命者也。君亦有焉。」見《史記·夏本紀》集解。《士喪禮》「竹笏」，今文「笏」作「忽」。《墨子·公孟篇》曰：「公孟子載章甫搢忽。」是「笏」與「忽」通也。桓二年《左傳》「衮冕黻珽」，杜注曰：「珽，玉笏也。」此云天子搢玉忽，即《玉藻》所謂「天子搢珽」。《考工記·玉人》所謂「大圭長三尺，天子服之」者也。《周官·典瑞》云：「王晉大圭以朝日。」此云「天子搢玉忽祭日」，正與《周官》合。《左傳正義》引《管子》云：「天子執玉笏以朝日。」即此篇之文。

乂欘權渠繉緤

念孫案：「乂」，當爲「乂」。「乂」與「刈」通，《齊語》云「槍刈耨鎛」是也。《説文》：「欘，鉏柄名。」《鹽鐵論・論勇篇》云：「鉏耰棘橿以破衝隆。」「權渠」，下文作「穫渠」，未詳。「緄」即「繩」字之誤，隸書「黽」字或作「𪓐」，又作「黾」，形與「晁」相似，「黽」之爲「晁」，與「鼂」之爲「晁」，其下半亦相類也。「緤」亦「繩」也。

此三人者

「民生而無父母謂之孤子，無妻無子謂之老鰥，無夫無子謂之老寡，此三人者，皆就官而衆」。此字疑誤。引之曰：「人」字衍，民之窮者，有此三類，非謂僅有三人也。《孟子・梁惠王篇》：「老而無妻曰鰥，老而無夫曰寡，老而無子曰獨，幼而無父曰孤，此四者天下之窮民而無告者。」文義與此同。

服黄而静處

「春盡而夏始，天子服黄而静處」。引之曰：下文曰：「秋盡而冬始，天子服黑絻黑而静處。」則此當云「天子服赤絻赤而静處」，寫者脱誤耳。

同族者人

「天子祀於太宗，同族者人，殊族者處」。念孫案：「人」，當爲「入」。處，止也，言同族者則入祭，異族者則止也。

脱四字

「以秋至日始，數九十二日」。念孫案：此下當有「謂之冬至」四字，上文云：「以冬至日始，數九十二日，謂之春至。以春至日始，數九十二日，謂之夏至。以夏至日始，數九十二日，謂之秋至。」是其證。

讀晏子春秋雜志

鄭蕊　點校

讀晏子春秋雜志序

《晏子春秋》舊無注釋，故多脱誤。乾隆戊申，孫氏淵如始校正之，爲撰音義，多所是正，然尚未該備，且多誤改者。盧氏抱經《羣書拾補》據其本復加校正，較孫氏爲優矣，而尚未能盡善。嘉慶甲戌淵如復得元刻影鈔本，以贈吴氏山尊，山尊屬顧氏澗薲校而刻之，其每卷首皆有總目，又各標於本篇之上，悉復劉子政之舊，誠善本也。澗薲以此書贈予，㕯予年八十矣，以得觀爲幸，因復合諸本，及《羣書治要》諸書所引，詳爲校正：其元本未誤、而各本皆誤，及盧孫二家已加訂正者，皆世有其書，不復羅列；唯舊校所未及及所校尚有未確者，復加考正。其《諫下篇》有一篇之後脱至九十餘字者，《問上篇》有併兩篇爲一篇而删其原文者，其他脱誤及後人妄改者尚多，皆一一詳辯之，以俟後之君子。道光十一年三月九日，高郵王念孫敘，㕯年八十有八。

晏子春秋弟一

内篇諫上

不顧于行義　昔夏之衰也以下十三句

「莊公奮乎勇力,不顧于行義。勇力之士,無忌于國」。孫氏淵如《音義》從一本改「行義」爲「仁義」,云:「本多作『行義』,非」。念孫案:此文本作「莊公奮乎勇力,不顧于行,「行」字絶句,讀去聲。尚勇力之士,無忌于國」。「不顧于行」與「無忌于國」對文。「尚勇力之士,無忌于國」,本指莊公而言,今本「尚」作「義」,則以「義」字上屬爲句,而以「勇力之士」二句連讀,則「無忌于國」者,專指勇力之士而言,非其旨矣。案:下文曰「勇力之行也」,又曰「下無替罪誅暴之行」,又曰「行本淫暴」,又曰「循滅君之行」,此四「行」字,正對莊公「不顧于行」而言。又曰「崇尚勇力,不顧義理」,正所謂「尚勇力之士,無忌于國」也。今本作「不顧于行義」者,涉下文諸「義」字而誤。一本作「仁義」者,又涉下文「仁義」而誤。《太平御覽・人事部七十七》引此正作「莊公奮乎勇力，不顧於行，尚勇力之士，無忌於國」。下文「今公自奮乎勇力，不顧乎行，尚勇力之士，無忌于國」，今本「尚」作「義」，誤與此同。又此章標題云「莊公矜勇力，不顧行義」，「義」字亦涉下文「行義」而衍。

「昔夏之衰也，有推移、大戲；殷之衰也，有費仲、惡來。足走千里，手裂兕虎，任之以力，淩轢天下，威戮無罪，崇尚勇力，不顧義理，是以桀紂以滅，殷夏以衰」。孫曰：「『戲』、『來』、『里』、『力』、『罪』、『理』、『滅』、『衰』爲韻，『虎』、『下』爲韻，周秦之語多相協，以輕重開合緩急讀之。」念孫案：「戲」字古韻在歌部，「來」字在之部，「里」、「理」在止部，「力」在職部，「罪」在旨部，「滅」在月部，「衰」在脂部，此十三句，唯「虎」、「下」爲韻，「理」字或可爲合韻，其餘皆非韻也。淵如於古韻未能洞徹，但知古人之合，而不知古人之分，故往往以非韻者爲韻。又見高注《呂覽》《淮南》，有急氣、緩氣、閉口、籠口諸法。遂依放而爲之，不自知其似之而非也。故《音義》中凡言「某、某爲韻」，「某、某聲相近」及「急讀緩讀」者，大半皆謬，於古音若一一辯正，徒費筆墨。故但發凡於此，以例其餘，明於三代兩漢之音者，自能辨之也。

若是孤之罪也

「公曰：『若是孤之罪也。』」念孫案：「若」當爲「善」。「公曰善」者，善晏子之言也。「是孤之罪也」別爲一句，不與上連讀。《外篇上》記景公命去禮，晏子諫之，事略與此同。彼文亦作「公曰善也」。今本「善」作「若」，則既失其句而又失其義矣。「善」、「若」字相似，又涉上文「若欲無禮」而誤。《諫下篇》「善其衣服節儉」，《雜下篇》「以善爲師」，今本「善」字竝誤作「若」。

欲飲酒

「君欲飲酒七日七夜」。念孫案：「飲酒」上不當有「欲」字，蓋即「飲」字之誤而衍者。上文「景公飲酒，七日七夜不止」，無「欲」字。

懷寶　三日而畢後者若不用令之罪　嗛齊

《諫上篇》：「霖雨十有七日矣。各本脱「霖雨」二字，據上文補。懷寶鄉有數十，飢氓里有數家。」孫曰：「懷寶，言富家也。」念孫案：自此句以下，皆言百姓飢寒困苦之事，若云富家鄉有數十，則與下文不類矣。下文説賑恤之事云「懷寶二千七百家，用金三千」，謂以金散給之也。孫云「言富民出金也」，尤非。若是富家，則無庸賑恤矣。予謂「懷寶」當爲「壞室」。「壞室」與「飢氓」對文，下文云「室不能禦者，予之金」，是其證也。「懷」與「壞」字相似，俗書「寶」字作「宝」，與「室」亦相似，故「壞室」誤爲「懷宝」。後人不達，又改「宝」爲「寶」耳。

「巡求氓寡用財乏者死，案：「寡用財乏」當爲「寡用乏財」。「死」字與上下文義不相屬，蓋衍字也。三日而畢，句後者若不用令之罪」。案：此言巡氓者限三日而畢事，如有後期者，則以不用令之罪罪之也。下文云「三日，吏告畢上」，是其證。孫以「畢後」連讀，云「畢後，謂後葬也」，蓋因上文「死」字而誤。

「辟拂嗛齊，酒徒減賜」。孫曰：「辟拂，言屏去之。《説文》：『嗛，口有所銜也。』『嚌，嘗也。』『齊』與『嚌』同，言減去口味。」念孫案：孫云「減去口味」是也，而引《説文》「嗛，口有所銜也」、「嚌，嘗也」則非。此所謂「嗛齊」者矣。予謂「嗛」者，快也。《莊子·盜跖篇》曰「口嗛於芻豢醪醴之味」，釋文：「嗛，苦簟反。」《趙策》曰「膳啗之嗛於口」，《魏策》曰「齊桓公夜半不嗛，易牙乃煎敖燔炙，和調五味而進之」，高注：「嗛，快也。」「齊」讀若「劑」。鄭注《周官·鹽人》曰：「齊事，和五味之事。」又注《少儀》曰：「齊，謂食羹醬飲有齊和者也。」高注《呂氏春秋·本味篇》曰：「齊，和分也。」《淮南·本經篇》曰：「煎熬焚炙，調齊和之適然。」則此所云「嗛齊」者，謂齊和之嗛於口者也。

莫之從　讒諛之民　立惡

「景公燕賞于國内，萬鍾者三，千鍾者五，令三出而職計莫之從。公怒，令免職計。令三出而士師莫之從」。元人刻本云：「『職計莫之從』、『士師莫之從』，一作『職計筭之』、『士師筭之』。」明沈啟南本與此同。《羣書治要》作「職計筴之」、「士師筴之」。念孫案：《羣書治要》是也。「筴」，隸書「策」字也。據下文云「請從士師之策」，則本作「策之」明矣。「策之」，蓋謂以策書諫也，故曰：「請從士師之策。」一本作「筭之」者，俗書「筭」字或作「筞」，與「筴」字相似，故「筴之」誤爲「筭之」。今本作「莫之從」者，「筭」字或作「算」，而隸書從竹從艸之字多相亂，故「算」字或書作「莫」，形與「莫」相似，故「算之」又誤爲「莫之」。後人不解「莫之」二字之義，又見下文有「令吏必從」之語，因加「從」字，以曲爲附會耳。

「今君賞讒諛之民」。案：「民」本作「臣」。凡以讒諛事君者，皆臣也，非民也。《下篇》云「景公信用讒佞，賞無功，罰不辜」，則此篇之萬鍾、千鍾，皆是賞讒諛之臣，而非賞民也。《羣書治要》正作「賞讒諛之臣」。

「先王之立愛，以勸善也。其立惡，以禁暴也」。案：「立惡」本作「去惡」。去惡，斯可以禁暴。今作「立惡」，則文義相反矣。「去」本作「厺」，「立」本作「亽」，二形相似，又涉上句「立愛」而誤也。《羣書治要》正作「去惡」。

尤佚　蔽諂　忠臣之常有災傷　順教

「民愁苦約病而姦驅尤佚」。念孫案：尤，過也，甚也，見《左傳·襄二十六年》注。「佚」與「溢」同。昭三年《左傳》曰：「道殣相望而女富溢尤。」此云「民愁苦約病而姦驅尤佚」，句法正相似。「尤佚」即「溢尤」。

「隱情奄惡，蔽諂其上」。案：蔽者，擁蔽。諂者，諂諛。二字義不相近，不當以「蔽諂」連文。「諂」當爲「謟」，字之誤也，「謟」讀若「滔」。謟者，惑也，謂隱其情，掩其惡，以蔽惑其君也。《爾雅》：「蠱，謟疑也。」「疑」即「惑」也。《管子·五輔篇》曰：「上謟君上，而下惑百姓。」

「是以忠臣之常有災傷也」。案：「之」字衍。

「不能順教以至此極」。案：「順教」即「訓教」。

君子所誡

「且《詩》曰：『載驂載駟，君子所誡。』」孫曰：「《小雅·采菽》之詩『誡』作『屆』，箋：『極也。』

案：當从此。《説文》：『誡，敕也』。」念孫案：孫説非也。《晏子》引《詩》亦作「屆」，今作「誡」者，俗音亂之也。屆者，至也。「君子所屆」者，君子至也。所，語詞耳。說見《釋詞》。案：「君子」，謂來朝之諸侯也。鄭《箋》：「屆，極也。諸侯將朝，王則驂乘，乘四馬而往。此之服飾，君子法制之極也。」與《詩》意不合。若改「屆」爲「誡」，而訓爲「誡敕」，則其不可通者有二：「屆」字以凷爲聲，「凷」，古「塊」字，於古音屬至部。於古音屬至部，其上聲則爲旨部，其入聲則爲質部。《詩》中用「屆」字者，《小雅·節南山》與「惠」、「戾」、「闋」爲韻，《小弁》與「嘒」、「淠」、「寐」爲韻，《采菽》與「淠」、「嘒」、「駟」爲韻，《大雅·瞻卬》與「疾」爲韻。以上與「屆」爲韻之字，古音皆在至部。若「誡」字則以「戒」爲聲，於古音屬志部，其上聲則爲止部，其入聲則爲職部。《詩》中用「戒」字者，《小雅·采薇》與「翼」、「服」、「棘」爲韻，《大田》與「事」、「耜」、「畝」爲韻，《大雅·常武》與「國」爲韻，《易·震·象傳》與「得」爲韻，《楚辭·天問》與「代」爲韻。以上與「戒」爲韻之字，古音皆在志部。此兩部之音，今人讀之相近，而古音則絶不相通。至於老、莊諸子，無不皆然。此非精於三代兩漢之音者，固不能辨也。今改「屆」爲「誡」，則與「淠」、「嘒」、「駟」之音不協。此其不可通者一也。下文云：「夫駕八，固非制也，今又重此，其爲非制也，不滋甚乎。」是晏子之意，謂古之諸侯所駕不過四馬，今駕八，則非制矣。況又倍之乎，故引《詩》「載驂載駟」云云以諫也。若云「載驂載駟，君子所誡」，則三馬、四馬亦當誡矣。三馬、四馬當誡，則諸侯但可駕兩馬矣，豈其然乎！此其不可通者二也。檢王伯厚《詩攷》所載異字，曾無「君子所誡」之文，蓋伯厚所見本尚未誤作「誡」也，乃反以子書中之誤字爲是，而以經文爲非，見異思遷而不顧其安，是惑也。

置大　而長

「夫以賤匹貴國之害也。置大立少，亂之本也」。念孫案：「置大」本作「置子」，今本「子」作「大」者，後人不曉「子」字之義，而妄改之也。「子」，即太子也。「置子立少」，謂廢太子而立少子也。上章公謂五子之傅曰「勉之，將以而所傅爲子」，本章曰「立子有禮，故孽不亂宗」，皆其明證矣。《羣書治要》正作「置子立少」。

「夫陽生而長國人戴之」。孫本於「而長」上加「生」字，云：「今本脱一『生』字，以意增。」念孫案：孫加「生」字，非也。此文本作「夫陽生長而國人戴之」。言陽生長於荼，而爲國人所戴也。今本「長而」誤作「而長」，又加「生」字於其上，則贅矣。《羣書治要》正作「夫陽生長而國人戴之」。

數其常多先君桓公

「使史固與祝佗巡山川宗廟，犧牲珪璧莫不備具，數其常多先君桓公」。念孫案：「數其常多先君桓公」，文不成義，當作「其數常多於先君桓公」。謂所用犧牲珪璧之數，常多於桓公也，故下文曰：「桓公一，則寡人再。」今本「其數」誤作「數其」，又脱「於」字。

曰鄙臣

「曰：『使君之嗣，壽皆若鄙臣之年。』」念孫案：「曰」上原有「封人」二字，「鄙臣」作「鄙人」，與上下文同一例，今本脱「封人」二字，「鄙人」又誤作「鄙臣」。《羣書治要》正作「封人曰：『使君之嗣，壽皆若鄙人之年。』」

導裔款　有七年

「楚巫微「微」蓋楚巫之名，《太平御覽》作「徵」。導裔款以見景公」。孫曰：「導引之。」念孫案：孫説非也。「導」本作「道」，此後人不曉文義而改之也。道者，由也。裔款，齊之佞臣，故薦楚巫於景公，是楚巫由裔款以見景公也。下文曰「裔款以楚巫命寡人」，是其證。若作「導」

而訓爲「引」，則是楚巫引裔款以見景公，與本事相反矣。《太平御覽・人事部九十七》引此正作「道」。

「公即位有七年矣」。案：「有」上有十字，而今本脱之。「有」讀爲「又」，若云「即位有七年」，則「有」字可删矣。《太平御覽》引此正作「十有七年」。

卜云　祠靈山　無益　出野居

「吾使人卜云，祟在高山廣水」。念孫案：「卜云」本作「卜之」，此草書之誤也。若作「云」，則當别爲一句，破碎不成文理矣。《藝文類聚・災異部》《太平御覽・咎徵部六》竝引作「吾使人卜之」。《説苑・辯物篇》同。

「寡人欲少賦斂以祠靈山」。盧氏《抱經羣書拾補》曰：「『祠』，《御覽八百七十九》作『招』。案：《周禮・男巫》『旁招以茅，招四方之所望祭者』，他卷亦或作『祠』、作『祀』。」念孫案：作「招」者，誤字也。《御覽》固多誤字，不必附會以《周官》之「旁招」。且祠是祭名，而招非祭名，可言「祠靈山」、「祠河伯」，不可言「招靈山」、「招河伯」也。《周官》：「男巫掌望祀望衍，旁招以茅。」望是祭名，而招非祭名，故可言「望于山川」，不可言「招于山川」。案：下文晏子曰「祠此無益也」，公曰「吾欲祠河伯」，其字皆作「祠」。又此章標題云「景公欲祠靈山河伯」，其字亦作「祠」，則此文之本作「祠靈山」明矣。《御覽・咎徵部》雖作「招靈山」，而下文之「祠此無益」及「祠河伯」仍作「祠」，則「招」爲「祠」之誤明矣。《初學記・天部下》《御覽・時序部二十》竝引作「祀靈山」。「祀」、「祠」古字通，則仍是「祠」字。《藝文類聚・山部》《災異部》及《御覽・天部十一》竝引作「祠靈山」。《說苑》同。

「祠之無益」。案：「無益」本作「何益」。上文已言「祠此無益矣」，故復作問祠以終之曰「祠之何益」。若云「祠之無益」，則直與上文相複矣。《說苑》作「無益」，亦後人依誤本《晏子》改之。下文論祠河伯之事，先言「無益」，而後言「何益」，正與此文相應。《藝文類聚・山部》《災異部》及《御覽・天部》《咎徵部》《地部三》竝引作「祠之何益」，《御覽・時序部》作「祀之何益」，皆是「何」字。「于是景公出野居暴露」。案：「野」下本無「居」字，「出野暴露」四字連讀，後人誤以「出」字絕句，故又於「野」下加「居」字耳。《初學記》《太平御覽》引此皆無「居」字。《說苑》同。

將觀于淄上　而聲欲保之　謀因豎刀　誅虐　待于君使

「景公將觀于淄上，與晏子閒立」。念孫案：「將」字後人所加。「與晏子閒立」，即謂「立於淄上」也，則上句本無「將」字明矣。《羣書治要》及《太平御覽・人事部六十九》皆無

「將」字。

「今君以政亂國以行棄民久矣，而聲欲保之，不亦難乎」。案：「聲」字義不可通，蓋衍文也。《羣書治要》無。

「怠于德而并于樂，身溺于婦侍而謀因豎刀俗作「刁」。」。案：「因」下亦有「于」字，與上句對文，而今本脱之。《羣書治要》有。

「肆欲于民而誅虐于下」。案：「誅虐」本作「虐誅」。「虐誅」與「肆欲」對文，倒言之則文義不順。《羣書治要》正作「虐誅」。

「嬰之年老，不能待于君使矣」。案：「于」字涉上文四「于」字而衍。《外上篇》曰「嬰老不能待君之事」，文義與此同，則本無「于」字明矣。《羣書治要》無。

人之没　御六馬　何如　今據也甘君亦甘　出背而立

「昔者上帝以人之没爲善」。孫本改「没」爲「死」，云：「一本作『没』，非。」念孫案：「没」亦「死」也，不必依上下文改「没」爲「死」。元刻本及《羣書治要》皆作「没」，自是舊本如此。

「梁丘據御六馬而來」。案：「御」本作「乘」。此後人以意改之也。「梁丘據乘六馬而來」，言其僭也，若改「乘」爲「御」，則似爲景公御六馬矣。《羣書治要》及《初學記·人部中》引此竝作「乘六馬」。

「公曰：『是誰也？』晏子曰：『據也。』公曰：『何如？』」案：「何如」二字與上下文義不相屬，疑當作「何以知之」，言何以知其爲據。故晏子對曰：「大暑而疾馳，非據孰敢爲之？」今本「知」誤作「如」，又脱「以之」二字。

「今據也甘，君亦甘，所謂同也。安得爲和」。案：「今據也甘君亦甘」本作「今據也君甘亦甘」。「君甘亦甘」，謂據之同於君，非謂君之同於據也。若倒言之，則非其旨矣。《羣書治要》及《太平御覽·人事部六十九》竝作「今據也君甘亦甘」。

「及晏子卒，公出背而立曰」云云。孫改「立」爲「泣」，云：「《初學記》作『出位屏而泣』，《白帖》亦作『泣』，《三十九》今本『泣』作『立』，非。」念孫案：此文本作「公出屏而立」，「立」即「泣」字也。古者天子外屏，諸侯内屏，此言晏子卒而朝無諫言，見下文。景公出屏而見羣臣，因思晏子而泣也。今本「出屏」作「出背」，則義不可通。《初學記》引作「出位屏而泣」，「位」字乃衍文耳。「泣」，各本皆作「立」，考《集韻》「泣」字又音「立」，云：「猋泣，疾皃。」是「泣」與「立」同音，故「哭泣」之「泣」，亦通作「立」。《羣書治要》正作「公出屏而立」。

其年

「據四十里之氓，不服政其年」。念孫案：「其」讀爲「朞」，不服政朞年，即《王制》所云「期不從政」也。下文「公三月不出遊」，「三月」與「朞年」正相對。

坐堂側陛　與飢寒

「公被狐白之裘，坐堂側陛」。念孫案：「坐堂側陛」本作「坐於堂側階」。今本脱「於」字，「階」字又誤作「陛」。凡經傳中言坐於某處者，「於」字皆不可省。《羣書治要》及鈔本《北堂書鈔・衣冠部三》明陳禹謨本依俗本《晏子》改「階」爲「陛」，而「於」字尚未刪。竝引作坐「於堂側階」。《意林》及《文選・何晏〈景福殿賦〉》注、《曹植〈贈丁儀詩〉》注、《謝朓〈郡内登望詩〉》注竝引作「坐於堂側」，雖詳略不同，而皆有「於」字。又經傳皆言「側階」，《顧命》：「立于側階。」《雜記》：「升自側階。」無言「側陛」者。當依《羣書治要》《北堂書鈔》作「坐於堂側階」。

「乃令出裘發粟，與飢寒」。案：「與」上有「以」字，「寒」下有「者」字，而今本脱之，則語意不完。《羣書治要》作「以與飢寒」。鈔本《北堂書鈔・天部四》作「以拯飢寒」，陳依俗本改爲「與飢寒」。《文選・雪賦》注作「以與飢人」，《藝文類聚・天部下》、《太平御覽・天部十二》《時序部十九》竝作「以與飢寒者」，今從《類聚》《御覽》。

獨何以當

「天下大國十二，皆曰諸侯，齊獨何以當」。念孫案：此承上文兩「當之」而言，則「當下」亦有「之」字，而今本脫之。

國家無有故乎吾　可得

「夫子何爲遽，國家無有故乎」。念孫案：「無」上有「得」字，而今本脫之。《雜上篇》：「諸侯得微有故乎？微，無也。國家得微有事乎？」文義正與此同。《韓詩外傳》十作「得無有急乎」，《藝文類聚·人部八》《産業部下》、《太平御覽·人事部十七》《九十七》竝引作「得無有故乎」，皆有「得」字。

「吾爲夫婦獄訟之不正乎」。案：「爲」上不當有「吾」字，蓋衍文也。《韓詩外傳》《太平御覽》皆無。

「若乃心之有四支，而心得佚焉，可得，令四支無心，十有八日，不亦久乎」。案：「可得」二字，與上下文義皆不貫。「可得」本作「則可」。「則可」者，承上之詞，與下文「不亦久乎」相應，今本作「可得」者，「得」字涉上文「得佚」而衍，又脱去「則」字耳。《韓詩外傳》作「人心有四肢，而得代焉則善矣，令四肢無心十有七日，不死乎」，文雖異而義則同。《藝文類聚·産業部》引作「若心有四支而得佚則可」，《太平御覽·人事部九十七》引作「乃若心之有四支，而心得佚焉則可」，今據以訂正。

自今已後

「自今已後，弛鳥獸之禁」。念孫案：「自今已後」本作「自今已來」，後人習聞「自古已來」之語，罕見「自今已來」之文，故改「來」爲「後」也。不知「自今已來」，猶言「自今已往」也。「來」與「往」意相反，而謂「往」爲「來」者，亦猶「亂」之爲「治」，「故」之爲「今」，「擾」之爲「安」也。《晉語》「自今已往，知忠以事君者與詹同」，《吕氏春秋·上德篇》作「自今已來」；《吕氏春秋·察微篇》「自今已往，魯人不贖人矣」，《淮南·道應篇》作「自今已來」。《吕氏春秋·淫辭篇》「自今已來，秦之所欲爲趙助之，趙之所欲爲秦助之」，《韓策》顔率曰「自今已來，率且正言之而已矣」，《史記·秦始皇紀》「自今已來，操國事不道，如嫪毐、不韋者，籍其門」，皆謂自今已往也。餘見《史記·太史公自序》及《經義述聞·大雅》。《羣書治要》及《太平御覽·人事部九十七》《羽族部一》引《晏子》皆作「自今已來」。

圉人　暴死　晏子止　堯舜支解人　瞿然　此不知其罪而死　臣爲君數之　公喟然歎曰四句

「景公使圉人養所愛馬，暴死」。念孫案：此本作「景公使人養所愛馬」，無「圉」字。今本有之者，後人依《説苑·正諫篇》加之也。案：《説苑》曰「景公有馬，其圉人殺之」，下文曰「使吾君以馬之故殺圉人」，二「圉人」上下相應。此文但言使人養馬，而無「圉人」之文，故下文亦但言「殺養馬者」，而不言「殺圉人」。若此文作「圉人」，則與下文不相應矣。又此章標題本作「景公所愛馬死欲誅養馬者」。今本「養馬者」作「圉人」，亦後人所改。《羣書治要》及《藝文類聚·獸部上》、《太平御覽·人事部九十七》《獸部八》引此皆無「圉」字。

又案：「暴死」二字文義不明，《藝文類聚·人部八》作「暴死」，亦後人以俗本《晏子》改之。《羣書治要》及《太平御覽·人事部》皆作「暴病死」。《藝文類聚·獸部》《太平御覽·獸部》皆作「馬病死」。文雖不同，而皆有「病」字，於義爲長。

「左右執刀而進晏子止」。案：「止」下有「之」字，而今本脱之。則語意不完。《羣書治要》及《太平御覽·人事部》皆有「之」字。

「堯舜支解人，從何軀始」。案：《羣書治要》作「敢問古時堯舜支解人，從何軀始」，是也。

今本脱「敢問古時」四字，則語意唐突。《太平御覽・人事部》亦有「古時」二字。

「公矍然」。案：「矍」本作「懼」，此後人不曉「懼然」之義而以意改之也。不知「懼然」即「瞿然」也。《説文》：「𥄎，九遇切。舉目驚𥄎然也。」經傳通作「瞿」，《檀弓》「公瞿然失席」是也。又通作「懼」，《大戴記・用兵篇》「公懼焉曰」，「懼焉」，即「瞿然」。《莊子・庚桑楚篇》「南榮趎懼然顧其後」，《史記・孟子傳》「王公大人初見其術，懼然顧化」，《漢書・惠紀贊》「聞叔孫通之諫則懼然」，《説苑・君道篇》「哀公懼焉有閒」，皆驚貌也。《羣書治要》及《太平御覽・人事部》竝作「公懼然」。鈔本《御覽》如是，刻本改爲「愯然」。

「此不知其罪而死」。案：《羣書治要》及《太平御覽・人事部》皆無此七字，今有之者，亦後人依《説苑》加之。

「臣爲君數之」。案：《説苑》作「臣請爲君數之」。《羣書治要》及《藝文類聚・人部》《獸部》、《太平御覽・人事部》《獸部》、《白帖》三十九皆作「請數之」。今本依《説苑》加「臣爲君」三字，而脱去「請」字。案下文「公曰可」，即可晏子之請也，則原有「請」字明矣。故《説苑》亦有「請」字。《外上篇》記諫殺顔濁鄒事亦曰：「請數之以其罪而殺之。」

「公喟然歎曰：夫子釋之，夫子釋之，勿傷吾仁也」。案：《羣書治要》及《藝文類聚・人部》《獸部》、《太平御覽・人事部》《獸部》皆但有「公喟然曰赦之」六字，今本「夫子釋之」三句，皆後人依《説苑》加之。「歎」字亦後人所加。

内篇諫下

立得　寸之煙

「今夫胡貉戎狄之蓄狗也，多者十有餘，寡者五六，然不相害傷。今束鷄豚妄投之，其折骨決皮，可立得也」。念孫案：「得」字義不可通，當是「待」字之誤，「可立而待也」，見《孟子》。

「五尺童子，操寸之煙，天下不能足之以薪」。引之曰：火能燒薪，煙則不能燒薪，「煙」當爲「熛」。下「操煙」同。《説文》：「熛，火飛也，讀若『標』。」《一切經音義》十四引《三倉》曰：「熛，迸火也。」《淮南·説林篇》曰：「一家失熛，百家皆燒。」《史記·淮陰侯傳》曰：「熛至風起。」《漢書·敘傳》曰：「勝廣熛起，梁籍扇烈。」是「熛」即「火」也。故曰「操寸之熛，天下不能足之以薪」。「熛」、「煙」字相似，世人多見「煙」，少見「熛」，故諸書「熛」字多誤作「煙」。説見《吕氏春秋》「煙火」下。

不辜 餒食

「刑殺不辜謂之賊」。念孫案：「不辜」本作「不稱」，此後人以意改也。「不稱」，謂不當也。下文曰「刑殺不稱，賊民之深者」，即承此文言之。《太平御覽・人事部九十七》引此正作「刑殺不稱謂之賊」。《列女傳・辯通傳》作「不正」，亦是「不稱」之意，故知「辜」字爲後人所改。

「今君窮民財力以羨餒食之具，繁鍾鼓之樂，極宫室之觀」。案：「餒食」二字義不可通，《列女傳》作「美飲食之具」，「美」與「羨」義得兩通，「飲食」與「鍾鼓」、「宫室」對文，則「餒」爲「飲」之誤明矣。

曲沃 金與玉焉

「丁公伐曲沃」。念孫案：「曲沃」本作「曲城」。此後人妄改之也。「曲城」一作「曲成」。《漢書・地理志》東萊郡有曲成縣。高帝六年，封蟲達爲曲成侯者也。其故城在今萊州府掖縣東北。《史記・齊世家》云「太公東就國，萊侯來伐，與之争營丘」，又云「營丘邊萊」，然則齊、萊接壤，故丁公有伐曲城之事。若春秋之曲沃，即今之絳州聞喜縣東，距營丘二千餘里，丁公安得有伐曲沃之事乎？《藝文類聚・人部八》引此正作「伐曲城」。「則其中金與玉焉」。案：「金」上有「有」字，而今本脱之。則文義不明，《藝文類聚》有「有」字。

摶治

「景公令兵摶治」。孫曰：「疑『摶埴』。『埴』、『治』聲相近。」念孫案：治者，甎也。「摶治」，謂摶土爲甎。《廣雅》曰：「治，甎也。」

凍餒之者　喟然歎而流涕

「景公使國人起大臺之役，歲寒不已。凍餒之者鄉有焉」。盧曰：「『之』字疑衍」。念孫案：此文本作「役之凍餒者鄉有焉」。今本「之」字誤在「凍餒」下，又脱去「役」字。《藝文類聚・歲時部下》《初學記・人部中》《太平御覽・時序部十九》竝引作「役之凍餒者」。「喟然歎而流涕」。案：「歎而」二字後人所加，上言「喟然」，下言「流涕」，則「喟然」之爲歎可知，無庸更加「歎而」二字。《藝文類聚》《初學記》竝引作「喟然流涕」，無「歎而」二字。《諫上篇》「公喟然」，後人加「歎」字，謬與此同。說見《諫上篇》。

穗乎　張躬

「穗乎不得穫，秋風至兮殫零落」。念孫案：「穗乎」本作「穗兮」，與下句文同一例。隸書「兮」、「乎」相似，故「兮」誤爲「乎」。《太平御覽·人事部九十七》引此正作「穗兮」。「張躬而舞」。孫曰：「《太平御覽》作『張掖而舞』。」念孫案：「張躬」即「張肱」也。「躬」字古讀若「肱」，故與「肱」通。漢《司隸校尉楊涣石門頌》「川澤股躬」，「躬」即「肱」字。故《左傳》鄭公孫黑肱字子張。鈔本《御覽》脱「躬」字，刻本作「張掖」，乃後人以意補耳，不可從。

明君不屈民財　不窮民力　又不息也　乾溪之役　而息也

「明君不屈民財者，不得其利；不窮民力者，不得其樂」。念孫案：此文本作「君屈民財者，不得其利；窮民力者，不得其樂」。屈者，竭也。見《吕氏春秋·慎勢篇》注、《淮南·原道篇》注。言君竭民之財，將以求利也。而必不得其利；窮民之力，將以爲樂也，而必不得其樂，故下文云：「嬰懼君有暴民之行，而不睹長庲之樂也。」今本「君」上衍「明」字，此涉下文「不遵明君之義」而衍。「屈」、「窮」二字上又各衍一「不」字，此涉下文「兩不得」而衍。則義不可通矣。《羣書治要》正作「君屈民財者，不得其利；窮民力者，不得其樂」。

「昔者楚靈王作頃宫三年，未息也。又爲章華之臺五年，又不息也。乾溪之役八年，百姓之力不足而息也」。案：自「又爲章華之臺」以下，文有脱誤。《羣書治要》作「又爲章華之臺，五年未息也；而又爲乾溪之役，八年，百姓之力不足而自息也」，文義較爲順適。

尸坐堂上　公曰諾

「臣聞介胄坐陳不席，獄訟不席，尸坐堂上不席，三者皆憂也」。念孫案：尸爲死人，則不得言坐堂上。《太平御覽·百卉部七》引作「尸在堂」，是也。《檀弓》：「知悼子在堂。」今本「在」作「坐」者，涉上下諸「坐」字而誤。「上」字疑亦後人所加。

「公曰：『諾。』」案：「諾」本作「善」。「公曰善」者，善晏子之席而後坐也。凡晏子有所請於公者，則下有「公曰諾」之文。此是晏子自言其所以設席之故，非有所請於公，公無爲諾之也。蓋「善」與「若」字相似，「善」誤爲「若」，後第十四「善其衣服節儉」，《諫上篇》「公曰善」，《雜下篇》「以善爲師」，今本「善」字竝誤作「若」。後人因改爲「諾」耳。《北堂書鈔·服飾部二》《藝文類聚·服飾部上》《太平御覽·服用部十一》引此竝作「公曰善」。

今君之履　公苦

「今君之履，冰月服之，是重寒也」。念孫案：「今君之履」本作「今金玉之履」。上文曰「景公爲履，黄金之綦，飾以銀，連以珠，良玉之朐，其長尺，冰月服之以聽朝」，故曰：「今金玉之履，冰月服之，是重寒也。」今本作「今君之履」，而無「金玉」二字，則與「重寒」之義了不相涉矣。《藝文類聚·寶部下》、《太平御覽·人事部三十四》《服章部十四》引此竝作「今金玉之履」。

「公苦，請釋之」。案：「公」下脱「曰」字，「苦」上亦有脱文，蓋謂魯工之爲此履甚苦也。「請釋之」別爲一句。下文「晏子曰：『苦身爲善者其賞厚，苦身爲非者其罪重』」，二「苦」字正與此相應。今本「公苦」二字之閒脱去數字，則文不成義。

居其室　若其衣服節儉　隅肶之削　與民而讎

「法其節儉則可，法其服，居其室無益也」。念孫案：「居其」二字衍，上文以「居聖王之室」與「服聖王之服」對文，此文則以「法其服室」與「法其節儉」對文，不當更有「居其」二字。《太平御覽·居處部二》引無。

「天下懷其德而歸其義，若其衣服節儉而衆悦也」。案：「若」當爲「善」，字之誤也。《諫上篇》「公曰善」，《雜下篇》「以善爲師」，今本「善」字竝誤作「若」。「懷其德」、「歸其義」、「善其節儉」三者相對爲文。惟其善之，是以悦之。今本「善」誤作「若」，則義不可通。

「衣不務于隅肶之削」。孫曰：「肶，《玉篇》同『膍』，婢脂切。《淮南・本經訓》『衣無隅差之削』，高誘注：『隅，角也。差，邪也。古者質皆全幅爲衣裳，無有邪角。削，殺也。』此作『肶』，蓋言連。」念孫案：孫訓「肶」爲「連」，則下與「削」字不相屬，上與「隅」字不相比附矣。予謂「肶」當爲「眦」，字之誤也。「眦」或作「訾」。《淮南・齊俗篇》「衣不務於奇麗之容，隅訾之制」是也。「隅眦」者，隅差也。隅，角也。差，邪也。幅之削者，必有隅差之形，故曰「衣不務于隅眦之削」，即《淮南》所云「衣無隅差之削」也。《原道篇》又云：「隅睉智故，曲巧僞詐。」「隅睉」即「隅差」，亦即「隅眦」也。凡字之從此從差者，聲相近而字亦相通。《鄘風》「玼兮玼兮」，沈重云：「玼，本或作瑳。」《小雅》「屢舞傞傞」，《説文》引作「姕姕」。《月令》「掩骼埋胔」，《吕氏春秋・孟春篇》「胔」作「髊」，皆其例也。

「則亦與民而讐矣」。案：「而」本作「爲」。此草書之誤也。「亦」字正承上文「與民爲讐」而言。

嚴居朝

「公曰：『嚴居朝則曷害於治國家哉。』〔一〕」念孫案：「嚴居朝」本作「朝居嚴」，寫者誤倒之耳。上下文皆作「朝居嚴」，此文不當獨異。《說苑·正諫篇》正作「朝居嚴」。

兩而字　謂於民　爲璿室

「君欲節於身而勿高，使人高之而勿罪也」。念孫案：兩「而」字竝與「則」同義，「而」與「則」同義，故二字可以互用。《雜上篇》曰：「君子有力於民，則進爵禄，不辭貴富；無力於民，而旅食不惡貧賤。」《雜下篇》曰：「德厚而受禄，德薄則辭禄。」「而」亦「則」也。詳見《釋詞》。

「古者之爲宮室也，足以便生，不以爲奢侈也，故節於身，謂於民」。孫曰：「『謂』字疑誤。」念孫案：「謂」當爲「調」，形相似而誤也。《集韻》引《廣雅》「訳，調也」，今本「調」作「謂」。調者，和也，言不爲奢侈以勞民，故節於身而和於民也。《鹽鐵論·遵道篇》〔二〕曰「法令調於民而器械

〔二〕遵道，二字原闕，據《國學基本叢書》本及《鹽鐵論》補。

便於用」，文義與此相似。後《問上篇》曰「舉事調乎天，籍斂和乎民」，亦與此「調」字同義。「爲璿室玉門」。案：「爲」上有「作」字，與下「作爲傾宫靈臺」對文，而今本脱之。《文選·甘泉賦》注引有。

何以易

「公曰：『然，何以易。』」念孫案：「易」下當有「之」字，而今本脱之。下文晏子對曰：「移之以善政」，「移之」即「易之」。

擁格　當如之何　古之及今　生民

「吾將左手擁格，右手梱心，立餓枯槁而死，以告四方之士曰：『於何不能葬其母者也。』」孫曰：「『擁格』者，《説文》：『格，木長皃。』『梱心』者，『梱』同『稛』，《説文》：『稛，豢束也。』《爾雅》云：『檄樸，心。』心蓋木名，或曰『格』即骼，則『心』即人心。」盧曰：「格，杙也。『梱』當爲『捆』，叩椓也。」念孫案：孫説「擁格」、「梱心」皆謬。盧以「格」爲「杙」，亦非。予謂「格」即「輅」字，謂柩車轅上横木所以屬引者也。《士喪禮下篇》「賓奉幣，當前輅」，釋文：「輅，音路。」鄭注曰：「輅，轅縛所以屬引。」疏曰：「謂以木縛於柩車轅上以屬引於上而輓之。」《外上篇》

盆成适請合葬其母曰：「若此而不得，則臣請輓尸車而寄之於國門外宇溜之下，身不敢飲食，擁轅執輅，木乾鳥栖，袒肉暴骸，以望君愍之。」輅爲轅縛，故云「擁轅執輅」，作「格」者，借字耳。盧以「梱」爲「叩椓」，是也。《孟子·滕文公篇》「梱屨織席」，《音義》作「捆」，俗書也。趙注曰：「梱，猶叩椓也。」《説文繫傳》曰：「謂織屨畢以椎叩之使平易也。」然則「梱心」云者，猶《禮》言「拊心」耳。

「有逢于何者，母死，兆在路寢，當如之何？願請合骨」。案：「當如之何」本作「當牅下」。上文：「逢于何曰：『于何之母死，兆在路寢之臺牅下，「牅」，俗「墉」字，謂兆在路寢臺之牆下也。「牅」本或作「牖」，非。願請合骨。』」故晏子如其言以入告也。下文「逢于何遂葬其母路寢之牅下」，即承此文言之，今本作「當如之何」，則與上下文全不相應。且不言兆在牅下，而但請合葬，則不知合葬於何所矣。《羣書治要》正作「當牅下」。

「古之及今，亦嘗聞請葬人主之宮者乎」。案：「古之及今」本作「自古及今」。下文梁丘據亦曰：「自古及今，《羣書治要》如是，今本「古」作「昔」。未嘗聞求葬公宮者也。」今作「古之及今」，則文不成義，蓋涉下文「古之人君」而誤。《羣書治要》及《北堂書鈔·禮儀部十三》《太平御覽·禮儀部三十四》竝引作「自古及今」。

「古之人君，其宮室節，不侵生民之居；臺榭儉，不殘死人之墓」。案：「生民」本作「生人」。

「民」與「人」雖同義，然與「死人」對文，則當言「生人」，不當言「生民」也。《羣書治要》《太平御覽》竝作「生人」。下文「奪人之居，殘人之墓」，亦以兩「人」字對文。

導害　閒　即畢斂　脩哀

「從邪者邇，導害者遠」。念孫案：「導害」二字，義不可通，「導害」當爲「道善」，字之誤也。「道」亦「從」也。見《禮器》注。「道善」與「從邪」正相反。下文「讒諛萌通」，言從邪者邇也。「賢良廢滅」，言道善者遠也。

「是以諂諛繁於閒，邪行交於國也」。案：「閒」字義不可通，當是「閭」字之誤，閭，謂宮門也。《月令》：「命奄尹申宮令，審門閭。」成二年《公羊傳》「二大夫出，相與踦閭而語」，何注：「閭，當道門。」「諂諛繁於閭」，謂門内皆諂諛之人也。「繁於閭」與「交於國」對文。

「即畢斂，不留生事」。案：「即畢斂」三字，語意不完。「即」上當有「死」字而今本脱之。「死即畢斂」，正承上文「斂死」而言。

「今朽尸以留生，廣愛以傷行，脩哀以害性」。案：「脩」字於義無取，當爲「循」字之誤。隷書「循」、「脩」相似，故「循」誤爲「脩」。説見《管子・形勢篇》。元刻本作「脩」，孫本改「脩」爲「修」，失之愈遠矣。循之言遂也。遂哀，謂哀而不止也。《三年問》曰：「三年之喪二十五月而畢，若駟之過隙，然而遂之，則是無窮也。」

《喪服四制》曰「毀不滅性」，故曰：「循哀則害性。」《墨子・非儒篇》曰「宗喪循哀，不可使慈民」，此「循哀」二字之證。「循」、「遂」一聲之轉。《史記・孔子世家》及《孔叢子・詰墨篇》皆作「崇喪遂哀」。是「循哀」即「遂哀」也。

脱文九十九

「梁丘據死，景公召晏子而告之曰：『據忠且愛我，我欲豐厚其葬，高大其壟。』晏子曰：『敢問據之忠與愛於君者，可得聞乎？』公曰：『吾有喜於玩好，有司未能我共也，則據以其所有共我，《羣書治要》「是以」上有「吾」字，與下「吾是以」對文。是以知其忠也。每有風雨，暮夜求必存，吾是以知其愛也。』晏子曰：『嬰對則爲罪，不對則無以事君，敢不對乎？嬰聞之：臣專其君謂之不忠，子專其父謂之不孝，妻專其夫謂之嫉。事君之道，導《羣書治要》作「爲臣道君」，以「道君以」屬下讀。親於父兄，有禮於羣臣，有惠於百姓，有信於諸侯，謂之忠。爲子之道，《治要》「之道」作「道父」，屬下讀。以鍾愛其兄弟，施行於諸父，慈惠於衆子，誠信於朋友，謂之孝。爲妻之道，《治要》無「之道」二字。使其衆妾皆得歡忻於其夫，謂之不嫉，今四封之民，皆君之臣也，而維據盡力以愛君，此下各本脱去九十九字，據《羣書治要》補。何愛者之少邪？四封之貨，皆君之有也，而維據也以其私財忠於君，何忠者之寡邪？據之防塞羣臣，壅蔽君，無乃甚乎？』

公曰：『善哉！微子，寡人不知據之至於是也。』遂罷爲壟之役，廢厚葬之令，令有司據法而責，羣臣陳過而諫。故官無廢法，臣無隱忠，而百姓大說。」《太平御覽・禮儀部三十七》作「晏子曰：『不可。』公遂止」，乃取《晏子》原文而約舉之，故與《治要》不同。

傲細民之憂

「傲細民之憂，而崇左右之笑」。念孫案：傲，輕也。崇，重也。言輕小民之憂，而重左右之笑也。《問上篇》曰：「景公外傲諸侯，内輕百姓。」《管子・法法篇》曰：「鬬士食於功，則卒輕患而傲敵。」《韓子・六反篇》曰：「民慕其利，而傲其罪，故姦不止也。」《吕氏春秋・士容篇》曰：「傲小物而志屬於大。」是「傲」爲「輕」也。《般庚》曰：「高后丕乃崇降罪疾。」是「崇」爲「重」也。

不以　不可　若治視之

「内不以禁暴，外不可威敵」。念孫案：上文曰「内可以禁暴，外可以威敵」，則此當云「内不可以禁暴，外不可以威敵」。今本上句脱「可」字，下句脱「以」字，則句法不協。

「津人皆曰河伯也。若治視之，則大黿之首」。案：「治視之」上不當有「若」字，此涉下文

「若治之功」而衍。《爾雅・釋水》疏引無「若」字。

內篇問上

暴國之邪逆　聽賃賢者　逆愎諫傲賢者之言　其晏子可謂廉矣

「重士民之死力者，能禁暴國之邪逆」。念孫案：「逆」字涉下文「逆諫」而衍，《羣書治要》無。

「聽賃賢者，能威諸侯」。案：「聽賃賢者」本作「中聽任賢者」，今本「任」誤作「賃」，此因「賢」字而誤加「貝」。而「聽」上又無「中」字者，後人誤以「聽賃」二字連讀，又不解「中聽」二字之意，故刪去「中」字也。案：「中聽」者，聽中正之言也。言聽中正之言，而任賢者，則能威諸侯也。後第十八曰「中聽以禁邪」，《問下篇》曰「中聽則民安」，此「中聽」二字之明證。「中聽任賢者」與下文「逆諫傲賢者」對文，若刪去「中」字，則與下文不對矣。《羣書治要》作「中聽任聖者」，雖「聖」與「賢」異文，而「中聽」二字則不誤。

「輕士民之死力者，不能禁暴國之邪。句逆愎諫傲賢者之言，不能威諸侯」。案：「逆愎諫傲賢者之言」本作「逆諫傲賢者」，與「中聽任賢者」對文，無「愎之言」三字，後人誤以「逆」字上屬爲句，故於「諫」上加「愎」字，又於「賢者」下加「之言」二字，不知「傲賢」與「任賢」對文，不當有「之言」二字也。《羣書治要》正作「逆諫傲賢者」。

「盡忠不豫交，不用不懷禄，其晏子可謂廉矣」。案：「其」字衍。

藜藿　茲於兑

「堂下生藜藿，門外生荆棘」。念孫案：「藜藿」當爲「藜藋徒弔反。〔一〕」。藋即今所謂灰藋也。「藜藋」皆穢草，故與「荆棘」竝言。若「藿」，則非其類矣。「藋」、「藿」字形相似，世人多聞「藜藿」，寡聞「藜藋」，故諸書中「藜藋」，多誤作「藜藿」。説見《史記·仲尼弟子傳》。《外上篇》「堂下生藜藿」，誤與此同。

「西伐晉，取朝歌，及大行、孟門，茲於兑」。孫曰：「茲於兑，未詳。」念孫案：「兑」讀爲「隧」。「茲於兑」者，且于之隧也。且，子餘反。此言莊公還自伐晉，遂襲莒，入且于之隧也。「且于」、「茲於」聲相近，「隧」、「兑」聲相近，但上有脱文耳。《檀弓》「齊莊公襲莒于奪」，鄭注曰：「魯襄二十三年，齊侯襲莒是也。《春秋傳》曰：『杞殖華還載甲夜入且于之隧。』『隧』、

〔一〕弔，原闕，據《國學基本叢書》本及《廣韻》補。

『奪』聲相近，或爲『兑』。」釋文：「奪，徒外反。注『兑』同。」故知「茲於兑」即《左傳》「且于之隧」、《檀弓》之「奪」、鄭注之「兑」也。

意使令　其君離

「厚藉斂，意使令，無以和民」。孫曰：「意使令者，任意使人。」念孫案：「意」字文義不順，孫加「任」字以釋之，亦近於牽强。「意」疑是「急」字之誤，令急則民怨，故曰「無以和民」。「其君離，上怨其下」。案：「其君離」三字，文不成義。當作「民離其君」，與「上怨其下」對文，今本「離」字誤在「其君」下，又脱去「民」字耳。

不興　不爲與

「貴戚離散，百姓不興」。念孫案：「興」字於義無取，當是「與」字之誤。「百姓不與」，即上文之「百姓不親」也。《繫辭傳》曰：「民不與。」孫氏《音義》已及之。「景公自爲，而小國不爲與，爲人而諸侯爲役」。今本「爲人」上有「在」字，乃上文之脱字，誤入此文内。案：「小國不爲與」，「爲」字涉上下諸「爲」字而衍，「小國不與」與「諸侯爲役」對文，則「與」上不當有「爲」字，「百姓不與」、「小國不與」，兩「與」字正同義。

景公問晏子曰至公曰善

「景公問晏子曰：『吾欲善治齊國之政，以干霸王之諸侯。』晏子作色對曰：案：「對曰」上不當有「作色」二字，蓋涉下文「公作色」而衍。『官未具也。臣數以聞，而君不肯聽也。故臣聞仲尼居處惰倦，廉隅不正，則季次、原憲侍；氣鬱而疾，志意不通，則仲由、卜商侍；德不盛，行不厚，則顔回、騫、雍侍。今君之朝臣萬人，兵車千乘，不善政之所失于下，霣墜于民者衆矣，未有能士敢以聞者。臣故曰：官未具也。』公曰：『寡人今欲從夫子而善齊國之政，《羣書治要》無「今」字。《説苑》同。可乎？』對曰：『嬰聞國有具官，然後其政可善。』公作色不説，曰：『齊國雖小，則可謂官不具？』對曰：『此非臣之所復也。昔吾先君桓公身體惰懈，辭令不給，則隰朋暱侍；左右多過，獄讞不中，則弦甯暱侍；田野不脩，民氓不安，則甯戚暱侍；軍吏怠，戎事偷，則王子成甫暱侍；居處佚怠，左右懾畏，繁乎樂，省乎治，則東郭牙暱侍；德義不中，信行衰微，則管子暱侍。先君能以人之長續其短，以人之厚補其薄，是以辭令窮遠而不逆，兵加於有罪而不頓，是故諸侯朝其德，而天子致其胙。今君之過失多矣，未有一士以聞也。《羣書治要》「聞」下有「者」字，《説苑》同。故曰：官不具。』公曰：『善。』」

念孫案：自「公曰寡人今欲從夫子而善齊國之政」以下，别是一章，本在《問下篇》内，其首句本作「景公問晏子曰」，後人以其問荅之指，大略相同，遂併後章入前章，而改「景公問晏子曰」爲「公曰」，以泯其迹。又前章標題云「景公問欲善齊國之政以干霸王晏子對以官未具」，則後章亦當有標題，今既併後入前，遂删去後章之標題矣。不知前章是景公欲善齊國之政以干霸王，而晏子對以官未具；後章是景公欲與晏子善齊國之政，而晏子對以官不具；前章是言侍孔子者有季次、原憲、仲由、卜商、顔回、騫、雍而景公無一士；後章是言侍桓公者有隰朋、弦甯、甯戚、王子成甫、東郭牙、管仲，而景公無一士。且問荅之詞，皆前略而後詳，則非一篇可知。今併爲一篇，則既云「今君不善，政之所失于下，霣墜于民者衆矣，未有能士敢以聞者，臣故曰官未具也」，又云「今君之過失多矣，未有一士以聞也，故曰官不具」，古人之文，有如是之複者乎？《晏子》各章，大同小異者多矣，又可一切删而併之乎？《羣書治要》後章在《問下篇》，其首句作「景公問晏子曰」，今據以訂正。《説苑・君道篇》有後章無前章，《孔叢子・詰墨篇》及《意林》皆有前章無後章，則前後之非一章甚明。

翌州　惛憂

「糾合兄弟，撫存翌州，吴越受令，荆楚惛憂」。念孫案：「翌州」二字，義不可通，「翌」當爲「冀」。王肅注《家語・正論篇》曰「中國爲冀」，僖四年《公羊傳》曰「桓公救中國而攘夷狄，卒怗荆」，故曰「撫存冀州，荆楚惛憂」也。今本作「翌州」者，「冀」誤爲「翼」，又誤爲「翌」耳。孫云「翌、冀，聲之緩急」，非是。

「荆楚惛憂」。案：「惛」者，「悶」之借字也。《吕氏春秋·本生篇》「下爲匹夫而不惛」。高注曰：「惛，讀『憂悶』之『悶』。」故曰：「荆楚惛憂。」孫引《説文》「惛，不憭也」，亦非。

大之事小

「大之事小，弱之事强，久矣」。念孫案：「大之事小」當作「小之事大」，今本「小」、「大」互易，則義不可通。

則爲人主所案據腹而有之　公狥之猛　主安得　無壅國安得無患乎

「不誅之則爲亂，誅之則爲人主所案據腹而有之」。孫曰：「據腹，言據君之腹心也。」念孫案：孫以「據腹」連讀，非也。此當以「案據」連讀。《方言》曰：「據，定也。」《廣雅》同。僖五年《左傳》注曰：「據，猶安也。」案：據，謂安定之也。《史記·白起傳》曰「趙軍長平以案據上黨民」，正與此「案據」同義。《爾雅》曰：「腹，厚也。」《小雅·蓼莪篇》「出入腹我」，毛傳與《爾雅》同。昭二十年《左傳》注曰：「有，相親有也。」「腹而有之」，謂恩厚而親有之，即

「案據」之意也。《説苑・政理篇》文與此同。今本《説苑》「案」誤作「察」，《羣書治要》引不誤。《韓子・外儲説右篇》作「安據」，猶「案據」也。今本《韓子》有脱誤，元和顧氏千里已辯之。而今本《韓子》《説苑》皆有脱誤，唯《晏子》不誤，又經淵如誤讀，故釋其義如此。

「公狗之猛」。案：當依《韓詩外傳》《説苑》作「公之狗猛」。

「主安得無壅，國安得無患乎」。元刻本曰：「或作『則道術之士不得用矣，此治國之所患也』」。沈本同。案：或本是也。此「治國之所患也」，正對景公「治國何患」之問，與各篇文同一例。今本作「主安得無壅，國安得無患乎」，乃後人取《韓子》竄入，又改《韓子》之「無亡」爲「無患」，以牽合《晏子》，《韓子》云：「主焉得無壅，國焉得無亡乎？」斯兩失之矣。《説苑》正與或本同。

圭璋

「寡人意氣衰，身病甚。今吾欲具圭璋犧牲，令祝宗薦之乎上帝宗廟」。念孫案：「圭璋」本作「圭璧」，此後人以意改之也。古者祈禱皆用圭璧，無用璋者。《金縢》曰：「植璧秉珪，乃告大王、王季、文王。」《大雅・雲漢》曰：「圭璧既卒，寧莫我聽。」《諫上篇》曰「寡人之病病矣，使史固與祝佗巡山川宗廟，犧牲珪璧，莫不備具」，是其證。《羣書治要》正作「圭璧犧牲」。

歲事　爲政尚相利故下不以相害行　生有遺教　公不圖晏子曰　不豫

「盡智導民，而不伐焉，勞力歲事，而不責焉」。念孫案：「歲事」本作「事民」，事，治也。見《呂覽》、《淮南》、《戰國策》注。謂盡智以導民，而不自矜伐，勞力以治民，而不加督責也。後人不解「事民」二字之義，而改「事民」爲「歲事」，則既與「勞力」不相承，又與上句「導民」不對矣。《羣書治要》正作「勞力事民而不責」。

「爲政尚相利，故下不以相害，行教尚相愛，故民不以相惡爲名」。案：上二句本作「政尚相利，故下不以相害爲行去聲」，與「教尚相愛」二句對文。後人誤以「故下不以相害」爲一句，「行平聲教尚相愛」爲一句，「故民不以相惡」爲一句，遂移「爲」字於「政尚相利」之上，而以「爲政尚相利」連讀，以對「行教尚相愛」之文，則既失其義，又失其句，而下文「爲名」二字，遂成衍文矣。《羣書治要》正作「政尚相利，故下不以相害爲行，教尚相愛，故民不以相惡爲名」。

「生有遺教」。案：《羣書治要》作「生有厚利，死有遺教」，是也。今本脱去「厚利死有」四字，則文不成義。

「公不圖，晏子曰」。案：此六字衍文也。晏子對景公以「盛君之行」既畢，即繼之以「臣聞問道者更正」云云，其中不得有「公不圖晏子曰」六字也。今本有此六字者，「公不圖」三字涉下文「公不圖」而衍，校書者不知此三字之爲衍文，故加「晏子曰」三字，以别於上文耳。案：此章標題云「景公問古之盛君其行如何，晏子對以問道者更正」，然則「問道者更正」云云，即是對景公之語，而其上更無「公不圖，晏子曰」六字明矣。

「公市不豫」。引之曰：豫，猶誑也。説見《荀子·豫賈下》。

民有如利　及義而謀信民而動　度其義建謀者　及義與事傷民

「國有義勞，民有如利，以此舉事者必成矣」。孫曰：「『如』字疑誤。」念孫案：「如」當爲「加」，字之誤。民有加利，謂一舉事而利加於民也。前第四章曰「上有羨獲，下有加利」，語意與此相似。又曰：「破釐之臣，東邑之卒，皆有加利。」此皆「加利」二字之證。

「故臣聞義謀之法者，者，當爲也。與下對文。民事之本也。故及義而謀，信民而動，未聞存者也」。念孫案：「及義而謀，信民而動」，與下句文義不合。「及」當爲「反」，「信」當爲「倍」。「倍」亦「反」也。義爲謀之法，民爲事之本，故反義而謀，倍民而動，未有能存者也。「未聞存者也」一本作「未聞不存者也」。「不」字乃後人所加，蓋不知「及」、「信」二字爲「反」、「倍」之誤，故於此句内加「不」字以牽合上文耳。

上文云「逃人而謨」，「人」當作「義」，方與上下文合。「雖成不安，傲民舉事，雖成不榮」，正與此文相應。《羣書治要》作「反義而謀，背民而動」。「背」與「倍」古字通，故知「信」爲「倍」之誤。

「昔三代之興也，謀必度其義，事必因于民」。案：「度其義」本作「度於義」。度，待洛反。度之言宅也。薛瓚注《漢書・韋玄成傳》曰：「古文宅、度同。」《堯典》「宅西」，《周官・縫人注》「宅」作「度」；「五流有宅」，《史記・五帝紀》作「度」。《禹貢》「是降丘宅土」，《風俗通義》作「度三危既宅」，《夏本紀》作「度」。《立政》「文王惟克厥宅心」，《漢石經》作「度」。《大雅・皇矣篇》「此維與宅」，《論衡・初稟篇》作「度」。《文王有聲篇》「宅是鎬京」，《坊記》作「度」。宅者，居也。謂謀必居於義也。文十八年《左傳》「不度於善，而皆在於凶德」，杜注曰：「度，居也。」《大雅・緜》及《皇矣》傳竝同。是「度於義」即「居於義」也。「度於義」與「因於民」對文。上文「謀度於義者必得，事因於民者必成」，是其明證。今本作「度其義」，則迥非「居於義」之謂，且與上下文不合矣。《羣書治要》正作「謀必度於義」。「及其衰也，建謀者及義，興事傷民」。案：「及」亦當爲「反」。一本作「建謀不及義」，「不」字亦後人所加。「興事」下當有「者」，字與上句對文。

榮君　富則視其所不取

「如此，則不爲行以揚聲，不掩欲以榮君」。引之曰：「榮」讀爲「營」。營，惑也。見《呂氏春秋》、《淮南》注。「掩欲以營君」者，外爲廉絜以自掩其貪，將以惑君也。第二十一篇説佞人之事君曰「以僞廉求上采聽，而幸以求進」，正謂此也。「營」、「禜」古字通。説見《經義述聞》「不可禜以禄」下。

「故通則視其所舉，窮則視其所不爲，富則視其所不取」。念孫案：「通」與「窮」對，「富」與「貧」對。《羣書治要》作「富則視其所分，貧則視其所不取」，是也。今本脱「分」字及「貧則視其所」五字，則文不成義。

君尊　防下隱利二句　而不以身害之

「爲君節養其餘以顧民，則君尊而民安」。念孫案：「君尊」當爲「身尊」，此承上文「身尊民安」而言，今本「身」作「君」者，涉上下文「君」字而誤。

「防下隱利而求多句從君不陳過而求親」。案：「從君不陳過而求親」，謂臣在君側不陳君過，而但求親近也。「求親」與「求多」對文。孫以「求多從君」連讀，而釋之曰「求其多從君欲」，非是。

「苟有所求于民，而不以身害之」。案：「而」字衍，後第十八章「苟所求于民，不以身害之」，無「而」字。

麄苴學

「縵密不能，麄苴學者詘」。念孫案：當作「縵密不能，麄苴不學者詘。」「麄苴」與「麤粗」同。麤，倉胡反。粗，在户反。二字義同而音異。說見《廣雅疏證》一。言縵密之事既不能，「縵密」，猶緜密，謂事之精微者。麄苴之事又不學，則未有不詘者也。下文曰：「身無以用人，而又不爲人用者卑。善人不能戚，惡人不能疎者危。交游朋友從，無以說於人，「從」字疑衍。又不能說人者窮。事君要利，大者不得，小者不爲者餧。脩道立義，大不能專，小不能附者滅。」語意竝與此同。今本脱去「不」字，則其義相反，且與上文不對矣。《外上篇》曰：「微事不通，麤事不能者必勞。大事不得，小事不爲者必貧。大者不能致人，小者不能至人之門者必困。」語意亦與此同。「微事不通，麤事不能」，正所謂「縵密不能，麄苴不學」也，以是明之。

行己　常行者也

「行己不順，治事不公，不敢以莅衆」。念孫案：「行己」本作「身行」。「行」讀去聲。此後人習聞「行己」之語，而罕見「身行」之文，故改之耳。不知「身」即「己」也。《玉篇》：「己，身也。」下文「身行順，治事公」，正承此文言之。未見全文，而輒以意改，粗心人大抵皆然。《羣書治要》正作「身行不順」。

「二者，君子之常行者也」。案：「常行」下衍「者」字。「常行」，讀去聲。若云「常行者」，則當讀平聲矣。上文「景公問君子常行曷若」，即其證。《羣書治要》無「者」字。

不務於上　下之勸從其教　不害之以實　愛民爲法　相親爲義　不相遺　明王教民之理

「所求於下者，不務於上；所禁於民者，不行於身」。引之曰：「不務於上」義不可通，「不務」當作「必務」。此涉上下文諸「不」字而誤也。《羣書治要》亦作「不務」，則唐初本已然。案：「所禁於民者，不行於身」，謂無諸己而後非諸人也。所求於下者，必務於上，謂有諸己而後求諸人也，則當作「必務」明矣。下文云「苟所求於民，不以身害之」，「苟所禁於民，不以事逆之」，即承此四句而言。

「故下之勸從其教也」。念孫案：「之」字衍。下文曰「故下不敢犯其上也」，文義正與此同，則不當有「之」字明矣。《羣書治要》無。

「不窮之以勞，不害之以實」。案：「害之以實」，義不可通。「實」本作「罰」。謂不以刑罰害民也。窮之以勞，害之以罰，皆虐民之事。《羣書治要》正作「不害之以罰」。

「上愛民爲法，下相親爲義，是以天下不相遺」。案：《羣書治要》作「上以愛民爲法，下以相親爲義，是以天下不相違」，是也。上文云「明王脩道，一民同俗」，故云「天下不相違」，今本脱兩「以」字，「違」字又誤作「遺」，則文義皆不協。

「此明王教民之理也」。案：本作「此明王之教民也」。上章「賢君之治國若此」正對「賢君治國若何」之問，本章「此明王之教民也」亦正對「明王教民何若」之問。今本作「此明王教民之理也」，詞意庸劣，乃後人所改。《羣書治要》正作「此明王之教民也」。

可謂忠乎

「君有難不死，出亡不送，可謂忠乎」。念孫案：「可謂忠乎」本作「其説何也」。下文晏子對詞，正申明「不死」、「不送」之説，今本作「可謂忠乎」者，後人依《説苑·臣術篇》《論衡·定賢篇》改之，《羣書治要》及《太平御覽·治道部一》引此竝作「其説何也」。《雜上篇》高糾謂晏子曰：「臣事夫子三年，無得而卒見逐，其説何也。」

定禄 權居

「稱身就位，計能定禄」。念孫案：禄由君定，非由臣定也。「定禄」本作「受禄」。下文「受禄不過其量」，即其證。《羣書治要》正作「計能受禄」。

「不權居以爲行，不稱位以爲忠」。案：「權居」二字，義不可通，「居」當爲「君」，字之誤也。權，稱也。《周語》「權輕重以振救民」，韋注：「權，稱也。」言忠臣之行去聲必準於道，不稱君以爲行也。《羣書治要》正作「不權君以爲行」。

聖人之得意何如　藉斂和乎百姓樂及其政　天明象而贊

「聖人之得意何如」。念孫案：「聖人」上脱「公曰」二字，《羣書治要》有。

「舉事調乎天，藉斂和乎百姓，樂及其政，遠者懷其德」。案：《羣書治要》作「舉事調乎天，藉斂和乎民，百姓樂其政，遠者懷其德」，是也。既言「民」而又言「百姓」者，古人之文不嫌於複，「子庶民則百姓勸」，即其證也。此四句皆五字爲句，而兩兩相對，今本脱一「民」字，衍一「及」字，而文義皆參差不協矣。

「天明象而贊，地長育而具物，神降福而不靡，民服教而不僞」。下三句皆六字，唯首句少一字。孫曰：「當云『天明象而贊地』，今本脱一『地』字，因下有『地』字故。」念孫案：《羣書治要》作「天明象而致贊」，是也。「致贊」謂天致禎祥以贊王者，昭元年《左傳》「天贊之也」，杜注「贊，佐助也。」非贊地之謂也。《淮南·本經篇》曰：「四時不失其敘，風雨不降其虐，日月淑清而揚光，五星循軌而不失其行。」正所謂「天明象而致贊」。

不危　不弱

「古者君民而不危，用國而不弱，惡乎失之」。念孫案：兩「不」字涉下文「不危」、「不弱」而衍，景公問「君民而危，用國而弱者，惡乎失之」，故下文晏子之對，皆言其所以危弱之故。若云「不危」、「不弱」，則不得言「惡乎失之」，且與下文相反矣。

地不同生

「地不同生，而任之以一種，責其俱生，不可得」。念孫案：「地不同生」，文義不明，《羣書治要》「生」作「宜」，是也。今作「生」者，涉下文「俱生」而誤。《周官·草人》「掌土化之灋，以物地相其宜，而爲之種」，故曰「地不同宜」。

好辯以爲忠　如寇讎　此古離散其民隕失其國　所常行者也

「好辯以爲忠」。念孫案：《羣書治要》作「好辯以爲智，刻民以爲忠」，是也。今本脱「智刻民以爲」五字，則文不成義。

「今民聞公令如寇讎」。盧曰：「『寇』上當有『逃』字，下篇有。」念孫案：「民聞公令如寇讎」，語意自明了，不必定加「逃」字。《諫上篇》亦云：「今君臨民若寇讎。」下篇直用左氏之文，故有「逃」字，不得執彼以例此也。元刻本及標題皆無「逃」字，《羣書治要》亦無。

「此古離散其民，隕失其國所常行者也」。案：此文本作「此古之離散其民，隕失其國者之常行也。」上文「景公問曰『古者離散其民，而隕失其國者，其常行何若』」，正與此文相應。且「常行」之「行」，讀去聲，不讀平聲，今本「古」下脱「之」字，「國」下脱「者」字，則文不成義。「之常行也」作「所常行者也」，則「行」字當讀平聲矣。《羣書治要》作「此古之離其民，隕其國者之常行也」。校今本少「失散」二字者，省文也。

内篇問下

觀於轉附朝舞尊海　夏諺曰從南　公掌　貧　民者

「吾欲觀於轉附、朝舞，尊海而南，至於琅邪」。念孫案：《羣書治要》載此文本作「吾欲循海而南，至於琅邪」。《續漢書・郡國志》注亦云：「齊景公曰：『吾循海而南。』」。今本「吾欲」下有「觀於轉附朝舞」六字，「循海」作「尊海」，皆後人以《孟子》改之。

「夏諺曰」。案：《羣書治要》本作「夏語曰」，今本「語」作「諺」，亦後人以《孟子》改之。「夫從南歷時而不反謂之流，從下而不反謂之連」。《羣書治要》此句中亦有「歷時」二字。案：「南」字義不可通，乃「高」字之誤。「高」與「下」正相對。《孟子》作「從流下而忘反謂之流，從流上而忘反謂之連」。趙注：「浮水而下，樂而忘反，謂之流。連者，引也。使人徒引舟船上行而忘反以爲樂，故謂之連。」據《孟子》及趙注，則此文當云「從高歷時而不反謂之連，從下而不反謂之流」，今以從高爲流，從下爲連，與《孟子》相反，未知孰是。「上」亦「高」也。見《説文》。《羣書治要》正作「從高」。

「令吏計公掌之粟」。引之曰：「掌」字義不可通，當爲「稟」字之誤。「稟」，古「廩」字也。下文「發廩出粟」，是其證。隸書「掌」或作「㝹」，與「稟」字略相似，故諸書「稟」字或誤爲「掌」。説見《管子·輕重甲篇》「一掌」下。

「吏所委發廩出粟，以予貧民者三千鍾，公所身見癃老者七十人」。念孫案：「民」字後人所加，「貧者」與「癃老者」對文，則不當有「民」字明矣。《羣書治要》無「民」字。

君之賊者　逮桓公之後者

「管仲，君之賊者也」。念孫案：賊，害也。管仲射桓公中鉤，故曰「君之賊」。「賊」下不當有「者」字。僖三十三年《左傳》「管敬仲，桓之賊也」，亦無「者」字。下篇「又焉可逮桓公之後者乎」，亦衍「者」字。上文「可以逮先君桓公之後乎」，無「者」字。《羣書治要》亦無。

廉政

「廉政而長久」。念孫案：「政」與「正」同。《文選·運命論》注引作「廉正」。《史記·循吏傳》：「堅直廉正。」

慶善

「慶善而不有其名」。念孫案：「慶」字於義無取，「慶」本作「薦」。「不有其名」，謂不以薦善自居也。隸書「薦」字或作「蔍」，形與「慶」相似而誤。說見《管子·君臣篇》。《羣書治要》正作「薦善」。

高山仰止景行行止之者其人也

「《詩》云：『高山仰止，景行行止』。之者其人也」。盧曰：「下『止』字衍。」又曰：「案，今《詩》作『景行行止』，而古來所引每作『行之』，王伯厚《詩攷》引《史記·孔子世家》作『行之』，今《史記》改作『行止』矣。《禮記·表記》釋文云『行止，《詩》作「行之」』，又互異也。此書必本作『行之』，後人以今《詩》『止』字注其旁，遂誤入正文耳。」念孫案：盧説是矣，而未盡也。此文本作「《詩》云：『高山仰之，景行行之。』」鄭《箋》、孔《疏》皆作「仰之」、「行之」。《釋文》作「仰止」，云：「或作仰之。」《唐石經》依《釋文》。「鄉者其人也」，「鄉」讀南鄉、北鄉之「鄉」。鄉者，謂鄉道而行者也。《表記》引此詩而申言之曰：「鄉道而行，中道而廢，忘身之老也。不知年數之不足也。俛焉日有孳孳，斃而后已。」即此所云「鄉者其人也」，故下文云「列士竝學，終善者爲師」。鄉道不已，斯謂之終善者矣。《淮南·説山篇》曰「故高山仰止，景行行止，鄉者其人也」，語即本於《晏子》。《史記》亦曰：「《詩》有之，高山仰之，景行行之。雖不能至，然心鄉往之。」《三王世家》載武帝《制》又曰：「高山仰之，景行嚮之。朕甚慕焉。」《列女傳·賢明傳》曰：「《詩》云『高山仰止，景行行止』，言當常嚮爲其善也。」若今本《晏子》則兩「之」字僅存其一，又脱去「鄉」字矣。

今吾以魯一國迷慮之不免于亂　國之所以治也

「吾聞之，莫三人而迷，今吾以魯一國迷慮之，不免于亂，何也」。念孫案：既言「迷」，不當更言「亂」，此「迷」字蓋涉上「迷」字而衍。「魯」字當在「不免于亂」上。「今吾以一國慮之，魯不免于亂」者，「以」，猶「與」也，言吾與一國慮之，而魯猶不免于亂也。《韓子·内儲説》作「今寡人與一國慮之，魯不免於亂」，是其證。今本「迷」字重出，「魯」字又誤在「一國」

上，則文不成義。

「夫偪邇于君之側者，距本朝之勢，國之所以治也」。案：「治」上當有「不」字，此言大臣專本朝之權，國之所以不治也。下文「行之所以衰也，身之所以危也」，竝與此文同一例。上文「魯不免于亂」，「亂」即不治也。今本脱「不」字，則義不可通，且與上下文不合。

夫

「夫儼然辱臨弊邑」。孫曰：「『夫』，一本作『大夫』，然作『夫』亦是。秦二世刻石『夫』下積二畫以爲大夫。」念孫案：一本作「大夫」者是，孫説謬。

請問莊公與今孰賢

念孫案：「今」下脱「君」字。「今君」，見下文。

國都之市　無私與

孫曰：「《左傳》作『國之諸市』，非。」念孫案：《晏子》本作「國之都市」。「都」、「諸」古字通，「都市」即「諸市」也。國中之市非一，故曰「諸市」，後人不知「都」爲「諸」之借字，而誤以爲

「都邑」之「都」，故改爲「國都之市」。不知古所謂「國」，即今所謂「都」也。《吴語》注：「都，國也。」《呂氏春秋・明理篇》注：「國，都也。」經傳皆謂「都中」爲「國中」。既言「國」而又言「都」，則贅矣。乃淵如反以爲是，而以《左氏》爲非，不過欲抑《左氏》以尊《晏子春秋》耳。不知所尊者，乃俗改之本，非原本也。

「無私與，維德之授」。案：以上下文考之，則「無私與」上當有「民」字，而今本脱之。

不正爵禄　喪亡

「事君盡禮行忠，不正爵禄」。念孫案：「不正爵禄」，義不可通。「正」當爲「匃」。《廣雅》曰：「匃，求也。」謂以禮與忠事君，而不求爵禄也。下文「持諛巧以正禄」，「正」亦當爲「匃」，謂持諛巧之術以求禄也。俗書「匃」字作「丐」，與「正」相似而誤。襄三十一年《左傳》釋文：「丐，本或作正。」昭六年釋文：「古本士丐，或作王正。」《管子・輕重甲篇》「民食三升，則鄉有丐食而盜」，今本「丐」誤作「正」。

「是以進不喪亡，退不危身」。案：「進不喪亡」，文不成義。「亡」當爲「己」，字之誤也。《管子・法禁篇》「舉國之士，以爲己黨」，又曰「壹士以爲己資，備田以爲己本」，今本「己」字竝誤作「亡」。「喪己」，失己也。「失己」與「危身」對文。下文「交通則辱，生患則危」，「辱」謂「喪己」，「危」謂「危身」。正與此相反。

不阿久私　外不顧其身游

「不阿久私，不誣所能」。孫本「久」作「以」，云：「一本作『久』，非。」念孫案：當作「所」，與下句文同一例。言於人則不阿所私，於己則不誣所能也。作「久」作「以」，皆於文義不合。

「内不恤其家，外不顧其身游」。案：家可以言内，身不可以言外，且「身游」二字，義不相屬。「身」字乃後人所加也。「内不恤其家，外不顧其游」者，「游」謂交游也。下文曰「身勤於飢寒，不及醜儕」，正所謂「外不顧其游」也。《荀子·非十二子篇》注引此正作「外不顧其游」。

不緣　不狡　不銓

「君子之大義，和調而不緣，溪盎而不苛，莊敬而不狡，和柔而不銓，刻廉而不劌」。孫曰：「緣，緣飾也。『溪』當爲『谿』，言谿刻也。『盎』即『詇』假音。《説文》『詇，早知也。』『谿盎而不苛』，言不矜明察。狡，狡猾。僞，爲恭敬也。『銓』疑『㓂』字假音。《説文》『㓂』讀若『畏偄』。」盧曰：「『狡』與『佼』同，言非務爲美好也。」念孫案：《廣雅》：「緣，循也。」《莊子·

列御寇篇》「緣循偃佒困畏不若人」，郭象曰：「緣循，仗物而行者也。」「和調而不緣」，言雖與俗和調，而不循俗以行，猶言「君子和而不同」也。「溪盎」未詳。「狡」者，《文選・洞簫賦》注曰：「狡，急也。」字通作「絞」。《論語・泰伯篇》鄭注曰：「絞，急也。」昭元年《左傳》注曰：「絞，切也。」「莊敬而不狡」，謂從容中禮，而不急切也。「銓」者，《説文》「跧，卑也」，《廣雅》「跧，伏也」，作「銓」者，借字耳。「和柔而不銓」，謂和柔而不卑屈也。「和調而不緣，莊敬而不狡，和柔而不銓，刻廉而不劌」，皆謂其相似而不同。孫以「緣」爲「緣飾」，則與「和調」不相似。以「狡」爲「狡猾」，則與「莊敬」不相似。莊敬而不狡猾，則義不相屬，故加「僞爲恭敬」四字，以曲成其説。又讀「銓」爲「耎」，尤非。盧讀「狡」爲「佼」，而云「務爲美好」，亦非。莊敬而不美好，則義不相屬，故加「務爲」二字以曲成其説。

可以爲下

「有明上，可以爲下，遭亂世，不可以治亂」。念孫案：「可以爲下」上亦當有「不」字，言此反天地之衰，倍先聖之道，塞政教之途者，有明上則足以危身，「明上」，謂明君也。前弟二十曰「狂僻之民，明上之所禁也」，義與此同。遭亂世則足以惑世，故曰：「有明上不可以爲下，遭亂世不可以治亂。」「遭亂世不可以治亂」，即上文所云「世行之則亂」也；「有明上不可以爲下」，即上文所云「身行之則危」也。今本脱去「不」字，則義不可通。

危行　從重　從輕

「正道直行，則不容于世；隱道危行，則不忍」。念孫案：此「危行」與《論語》之「危言危行」不同。「危」讀曰「詭」。「詭行」與「直行」正相反，作「危」者，借字耳。《漢書·天文志》「司詭星」，《史記·天官書》「詭」作「危」。《淮南·説林篇》「尺寸雖齊必有詭」。《文子·上德篇》「詭」作「危」。

「從重不爲進，從輕不爲退」。案：當作「從輕不爲進，從重不爲退」。輕，易也。見《吕氏春秋·知接篇》注。重，難也。見《漢書·元紀注》。謂不見易而進，不見難而退也。今本「輕」、「重」互易，則義不可通。《家語·三恕篇》作「從輕勿爲先，從重勿爲後」，注曰「赴憂患從勞苦，輕者宜爲後，重者宜爲先」，語意正與此同。

晏子春秋弟二

内篇雜上

三年毁聞于國

「景公使晏子爲阿宰，今本「阿」上有「東」字，乃後人所加，盧已辯之。三年毁聞于國」。念孫案：「三年」下有「而」字，而今本脱之。下文云「三年而譽聞于國」，又云「三年而毁聞于君」，「三年而譽聞于君」，則此亦當有「而」字。《羣書治要》及《藝文類聚·職官部六》《太平御覽·職官部六十四》皆作「三年而毁聞于國」。

喟然嘆曰令吏養之

「公悲之，喟然嘆曰：『令吏養之。』」念孫案：「嘆曰」二字，後人所加。公悲之，喟然令吏養之，皆是記者之詞。《諫上篇》「令吏誅之」，《下篇》「令吏謹守之」，《雜下篇》「令吏葬之」，皆記者之詞。後人加

「嘆曰」二字，則以「令吏養之」爲景公語，謬以千里矣。《説苑·貴德篇》有「歎曰」二字，亦後人依俗本《晏子》加之。《藝文類聚·火部》引《晏子》作「公喟然令吏養之」，無「嘆曰」二字。《諫上篇》「公喟然曰」，後人加「嘆」字，《下篇》「喟然流涕」，後人加「嘆而」二字，謬皆與此同。辯見《諫上》《諫下》。

不待時而入見

「晏子聞之，不待時而入見」。各本此下有「景公」二字，乃涉上文而衍。今據《羣書治要》删。念孫案：「不待時而入見」本作「不時而入見」。「時」即「待」字也。不待而入見，謂先入見也。古書「待」字多作「時」。説見《經義述聞》「遲歸有時」下。《外下篇》「晏子不時而入見」，即其證。後人不知「時」爲「待」之借字，故又加「待」字耳。《説苑·貴德篇》作「不待請而入見」。「請」字亦後人所加，其謬更甚。《羣書治要》無「待」字。

天子大夫

「寡人以天子大夫之賜，得率百姓以守宗廟」。念孫案：「天」字後人所加，以「子大夫之賜，得率百姓以守宗廟」，猶宋穆公言「若以大夫之靈，得保首領以没」也。後人不解古書文義，乃妄加一「天」字，「天子」、「大夫」竝稱，斯爲不倫矣。《説苑·正諫篇》有「天」字，亦後人依俗本《晏子》加之。《羣書治要》正作「子大夫」。

將軍　君子曰以下七句

「願與將軍樂之」。孫曰：「《説苑》『將軍』作『夫子』，謬。《正諫篇》」念孫案：此文本作「願與夫子樂之」，與上文荅晏子之言，文同一例。後人以此所稱是司馬穰苴，故改「夫子」爲「將軍」耳。不知春秋之時，君稱其臣無曰「將軍」者。《説苑》作「夫子」，即用《晏子》之文。《羣書治要》所引正作「夫子」。

「君子曰：聖賢之君，皆有益友，無偷樂之臣，景公弗能及，故兩用之，僅得不亡」。案：《羣書治要》及《太平御覽·人事部百九》《飲食部二》所引皆無此文。《説苑》有此文，而無「君子曰」三字，疑後人依《説苑》增入，而又加「君子曰」也。

既醉以酒既飽以德

孫曰：「《小雅·賓之初筵篇》無此二句。」念孫案：此二句，後人所加。晏子引《賓之初筵》以戒景公，前後所引，皆不出本詩之外，忽闌入《既醉》之詩，則大爲不倫，其謬一也；《既醉》之詩，是説祭宗廟旅酬，無筭爵之事，非賓主之禮，今加此二句，則與下文「賓主之禮也」五字不合，其謬二也。《説苑・反質篇》有此二句，亦後人依俗本《晏子》加之，斷不可信。

犯其禮　知千里之外　可謂折衝矣

「臣欲犯其禮，而太師知之」。念孫案：「禮」本作「樂」，此涉上文「不知禮」而誤。太師掌樂，故曰「臣欲犯其樂，而太師知之」。若禮，則非太師所掌，且上文屢言成周之樂，則此不得言禮明矣。《新序・雜事一》作「禮」，亦校書者依俗本《晏子》改之。《韓詩外傳》八及《文選・張協〈雜詩〉》注、《陸機〈演連珠〉》注引《晏子》竝作「欲犯其樂」。

「仲尼聞之曰：夫不出於尊俎之閒，而知千里之外，其晏子之謂也。可謂折衝矣」。案：此文本作「夫不出於尊俎之閒，而知衝千里之外，其晏子之謂也」，無「可謂折衝矣」五字。「知衝」即「折衝」也。「知」、「折」聲相近，故字亦相通。説見《經義述聞・大戴記》。《荀子・勸學篇》「鍥而舍之，朽木不折」，《大戴記》「折」作「知」，宋、元、明本皆如是。俗本依《荀子》改「知」爲「折」，辯見《經義述聞》。是其證也。舊本「知」下脱「衝」字，而後人不知，又於「晏子之謂也」下加「可謂折衝矣」五字，謬矣。高注《吕氏春秋》云「衝車，所以衝突敵軍，而陷破之也。有道之國，不可攻伐，使欲攻己者，折還其衝車於千里之外，不敢來也。」故曰：「不出於尊俎之閒，而折衝千里之外。」作「知衝」者，借字耳，不當更有「可謂折衝矣」五字。《新序》與此同，亦校書者依俗本《晏子》改之。《後漢書·馬融傳》注、《太平御覽·器物部六》引《晏子》竝作「起於尊俎之閒，而折衝千里之外」。《文選·張協〈雜詩〉》注、《册魏公九錫文》注、《爲袁紹檄豫州文》注、《爲石仲容與孫皓書》注、《演連珠》注、《楊荆州誄》注竝引作「不出尊俎之閒，而折衝千里之外，晏子之謂也」，皆無「可謂折衝矣」五字。《大戴記·王言篇》「明王之守也，必折衝乎千里之外」，《吕氏春秋·召類篇》「夫脩之於廟堂之上，而折衝乎千里之外者，其司城子罕之謂乎」，文義竝與《晏子》同。《韓詩外傳》「孔子聞之曰：善乎。晏子不出俎豆之閒，折衝千里」，即本於《晏子》。且據《後漢書》《文選注》《太平御覽》所引皆作「折衝千里之外」，則今本《晏子》「知千里之外」，「知」下脱去「衝」字，而「知衝」即是「折衝」，不當更有「可謂折衝」句明矣。

陰水厥　不知

「陰水厥，陽冰厚五寸」。盧曰：「陰水厥陽，《文選·海賦》注引作『陰冰凝陽』，《御覽》『水』亦作『冰』。《地部三十三》」念孫案：盧讀「陰水厥陽」爲句，非也。此文本作「陰冰凝，句陽冰厚五寸」。《海賦》「陽冰不治」本此。「陰冰」者，不見日之冰也；「陽冰」者，見日之冰也。言不見日之冰皆凝，見日之冰則但厚五寸也。《文選注》及《御覽》皆作「陰冰凝」，自是舊本如此。今本作「陰水厥」，誤也。

「不知，以告晏子」。案：「不知」上脱「公」字。

發其視之

「景公遊於紀，得金壺，發其視之」。念孫案：「發其視之」本作「發而視之」。今本「而」作「其」，則文不成義。《太平御覽·器物部六》《獸部八》、《玉海》十四引此竝作「發而視之」。一本作「乃發視之」，亦後人以意改。

棄國　齊公　君何年之少而棄國之蚤　是則孤其根以下三句　不問墜

「魯昭公棄國走齊，齊公問焉」。念孫案：「棄國」本作「失國」，此後人依《説苑·敬慎篇》改之也。《羣書治要》及《藝文類聚·草部下》《太平御覽·百卉部四》竝作「失國」。「齊公問焉」，「齊」字涉上句「走齊」而誤。當從《御覽》作「景公問焉」。《治要》作「齊景公問焉」，亦衍「齊」字。

「君何年之少而棄國之蚉，奚道至於此乎」。案：《類聚》《御覽》竝作「子之年甚少，奚道至於此乎」。道，由也，言何由至於此也。「此」字正指失國而言，《説苑》作「君何年之少，而棄國之蚉」，無「奚道至於此乎」六字，今既從《説苑》作「君何年之少，而棄國之蚉」，又從《晏子》作「奚道至於此乎」，既言「何」，又言「奚」；既言「棄國」，又言「至於此」，則累於詞矣。

「人多愛我者，吾體不能親；人多諫我者，吾志不能用；是則内無拂而外無輔」。案：「則」本作「以」，「是以」二字，乃推言其所以無輔弼之故，今本作「是則」，亦後人以《説苑》改之。《羣書治要》《類聚》《御覽》竝作「是以」。今本《類聚》脱「以」字，《御覽》脱「是」字，唯《治要》不誤。

「譬之猶秋蓬也，孤其根而美枝葉，秋風一至，根且拔矣」。案：《羣書治要》作「孤其根荄，密其枝葉，春氣至，僨以揭也」。僨，仆也。揭，蹶也。《大雅·蕩篇》：「顛沛之揭。」秋蓬末大而本小，故春氣至，則根爛而仆於地。《類聚》《御覽》竝作「孤其根本，密其枝葉」，今本云云，亦後人以《説苑》竄改。《説苑》作「惡於根本，而美於枝葉，秋風一起，根且拔矣」。程氏易疇《通藝録》曰：「蓬之根孤，而枝葉甚繁，既枯，則近根處易折，折則浮置於地，大風舉之，乃戾於天，故言飛蓬也。《説苑》言『拔』，蓋考之不審矣。曹植詩云：『吁嗟此轉蓬，居世何獨然。』又云：『願爲中林草，秋隨野火燔。糜滅豈不痛，願與根荄連。』可見蓬轉而飛，不得與根荄連，是折而非拔也。司馬彪詩云：『秋蓬獨何辜，飄颻隨風轉，長飆一飛薄，吹我之四遠。搔首望故株，邈然無由返。』若蓬遇風而拔，則故株隨枝而逝，安得云『搔首望故株』邪？」念孫案：程説甚核。又案：《晏子》作「孤其根荄，密其枝葉」，「密」與「孤」正相對。《説苑》作「惡於根本，美於枝葉」，「美」與「惡」亦相對，今本《晏子》作「孤其根而美枝葉」，「美」與「孤」不相對，兩用《晏子》《説苑》之文，斯兩失之矣。

「溺者不問墜，迷者不問路」。案：「墜」本作「隊」。「隊」與「隧」同。《廣雅》曰：「隊，道也。」《大雅·桑柔》傳曰：「隧，道也。」溺者不問隊，謂不問涉水之路，故溺也。「不問隊」、「不問路」，其義一而已矣。《荀子·大略篇》「迷者不問路，溺者不問遂」，楊倞曰：「遂，謂徑隧，水中可涉之徑也。」是其證。後人誤以「隊」爲「顛墜」之「墜」，故妄加「土」耳。《羣書治要》正引作「溺者不問隧」。

脱文六

「晏子出，仲尼送之以賓客之禮，不計之義，維晏子爲能行之」。念孫案：「不計之義」，《初學記·文部》引作「不法之禮」，上有「反，句命門弟子曰」六字。然則「不計之義」二句，乃孔子命門弟子之語，今脱去上六字，則不知爲何人語矣。《外上篇》曰：「晏子出，仲尼送之以賓客之禮，再拜其辱，反，命門弟子曰」云云，文義正與此同。《韓詩外傳》載此事亦云「孔子曰：『善，禮中又有禮。』」

𪋻醢

「湛之𪋻醢而賈匹馬矣」。念孫案：「𪋻醢」當作「麋醢」，字之誤也。《周官·醢人》「麋臡鹿臡」，鄭注曰：「臡，亦醢也。」鄭司農云：「有骨爲臡，無骨爲醢。」《内則》有「麋腥醢醬」，《説苑·雜言篇》《家語·六本篇》竝作「湛之以鹿醢」，則「𪋻」爲「麋」之誤明矣。〔一〕《文選·王粲〈贈蔡子篤詩〉》注、《太平御覽·香部三》引此竝作「麋醢」。

嬰誠革之

「嬰誠革之。迺令糞灑改席，尊醮而禮之」。念孫案：「誠」讀爲「請」。革，改也。向者不辭而入，今者糞灑改席而禮之，則改乎向者之爲矣，晏子以此爲請，故曰「嬰請革之」也。「請」與「誠」聲相近，故字亦相通。《趙策》：「趙王謂樓緩曰：『誠聽子割矣，子能必來年秦之不復攻我乎？』」

〔一〕麋，原作「𪋻」，據《國學基本叢書》本改。

《新序·善謀篇》「誠」作「請」。《墨子·尚同》《節葬》《明鬼》《非樂》諸篇，竝以「請」爲「誠」。此「誠」之通作「請」者也。《吴語》「員請先死」、「請問戰奚以而可」，《吴越春秋·夫差内傳》《句踐伐吴外傳》「請」竝作「誠」，此又「請」之通作「誠」者也。

養其親

「養其親者，身伉其難」。念孫案：「養其親」本作「養及親」。養及於親，則德莫大焉，故必身伉其難也。今本「及」作「其」，即涉「伉其難」而誤。《藝文類聚·人部十七》《太平御覽·人事部百一十》引此竝作「養及親」。《吕氏春秋·士節篇》《説苑·復恩篇》同。

内篇雜下

女子而男子飾　賣馬肉於内　踰月

「寡人使吏禁女子而男子飾，裂斷其衣帶，相望而不止者，何也」。念孫案：「飾」下有「者」字，而今本脱之。上文「女子而男子飾者」，是其證。此「者」字與下「者」字不同義，非複也。《説苑·政理篇》有「者」字。

「君使服之於内，而禁之於外，猶縣牛首於門，而賣馬肉於内也」。「賣」與「鬻」同，字本作「𧶠」，從貝，𡏳聲。「𡏳」，古文「睦」字。「賣」與「賣」不同。賣，莫邂反，字本作「𧷸」，從出，買聲。《御覽》引《晏子》正作「鬻」。盧曰：「内，《御覽》作『市』，《資産部八》似非。」念孫案：作「市」者是也。縣牛首於門，喻服之於内也；賣馬肉於市，喻禁之於外也；則當作「市」明矣。若云「賣馬肉於内」，則義不可通。蓋涉上下文三「内」字而誤。

「踰月而國莫之服」。案：「踰月」本作「不踰月」。不踰月，言其速也。若無「不」字，則非其旨矣。《御覽》引此正作「不踰月」。《説苑》作「不旋月」，文雖小異，而亦有「不」字。

棄去之

「下車而棄去之」。念孫案：「而棄去之」本作「棄而去之」，謂棄車而去之也。今本「棄」、「而」二字倒轉，則文義不順。《太平御覽·車部二》引此正作「棄而去之」。《説苑·政理篇》同。

故殺之斷其頭而葬之

「昔者先君靈公畋，五丈夫罟而駭獸，故殺之，斷其頭而葬之」。念孫案：既言「斷其頭」，則無庸更言「殺之」。「殺之」二字，後人所加也。《説苑·辯物篇》有此二字，亦後人依俗本《晏子》加之，《文選·上建平王書》注引作「悉斷其頭而葬之」，《太平御覽·人事部五》作「斷其頭而葬之」，《人事部四十》作「故并斷其頭而葬之」，皆無「殺之」二字。

不踊　昔者

「景公爲路寢之臺，成而不踊焉」。孫曰：「踊，《説苑》作『通』，言不到也。『踊』當是『通』之誤。」念孫案：作「踊」者是也。成二年《公羊傳》「蕭同姪子踊于棓而闚客」，何注曰：「踊，上也。凡無高下有絶加躡板曰棓。」然則「踊于棓」，即登于棓，故何訓「踊」爲「上」也。此言「不踊」，亦謂臺成而公不登也。《説苑·辯物篇》作「通」者，非字之誤，即聲之通。孫以「不通」爲「不到」，失之。

「有梟昔者鳴」。盧曰：「『者』字衍。昔鳴，夜鳴也。」念孫案：盧説非也。古謂夜曰「昔」，或曰「昔者」。《莊子·田子方篇》曰「昔者寡人夢見良人」是也。後弟六云「夕者，曹與二日鬬」，「夕者」與「昔者」同，則「者」非衍字明矣。《説苑·辯物篇》亦作「昔者」。

室何爲夕

「公召大匠曰：『室何爲夕？』」念孫案：以下文「立室」、「立宮」例之，則「室」上當有「立」字，而今本脱之。

公曹二日與公鬬　故病將已　以臣之言對

「公曹二日與公鬬，不勝」。念孫案：此當作「公曹與二日鬬，不勝」，與上文文同一例。「不勝」，謂公不勝也。今既顛倒其文，又衍一「公」字，則義不可通矣。《風俗通義·祀典篇》正作「公夢與二日鬬」。

「一陰不勝二陽，故病將已」。案：故者，申上之詞。上文未言「病將已」，則此不得言「故病將已」。「故」當爲「公」，下文占曹者對曰「一陰不勝二陽，公病將已」，即用晏子之言，則此文本作「公病將已」明矣。今本「公」作「故」者，涉上文「故請君占曹」而誤。《太平御覽·疾病部六》引此正作「公病將已」，《風俗通義》同。

「古曹以臣之言對，故有益也，使臣言之，則不信矣」。孫依今本作「占曹以占之言對」，云「《風俗通》『占』作『臣』，非。」念孫案：作「臣」者是也。此言以臣之言而出之占曹者之口，故有益，若使臣自言之，則公必不信也。後人不達，而改「臣之言」爲「占之言」，謬矣。元刻本及《太平御覽》竝作「臣之言」。

成陰

「張袂成陰，揮汗成雨」。孫曰：「陰，《説苑》《意林》《藝文類聚》《太平御覽》皆作『帷』，據下云『成雨』，則此當作『陰』。」念孫案：「張袂成帷，揮汗成雨」，甚言其人之衆耳。「成帷」與「成雨」，其意本不相因。《齊策》云「連衽成帷，舉袂成幕，揮汗成雨」，「成帷」、「成幕」與「成雨」，意亦不相因也。今本作「成陰」，恐轉是後人以意改之，《説苑》《意林》《藝文類聚》《太平御覽》皆作「成帷」，則本作「帷」明矣。

晏子將楚　楚聞之　爲其來也

「晏子將楚」。念孫案：「將」下脱「使」字，本或作「晏子將至楚」，此因下文有「晏子至楚」而以意加「至」字耳。《意林》及《北堂書鈔・政術部十四》《藝文類聚・人部九》《果部上》、《太平御覽・果部三》竝引作「晏子使楚」，但省去「將」字耳。《説苑・奉使篇》作「晏子將使荆」，今據以訂正。

「楚聞之，謂左右曰」。案：「楚」下脱「王」字。

「爲其來也，臣請縛一人過王而行」。案：「爲其來」，於其來也。古者或謂「於」曰「爲」。説見《釋詞》。

君之賜卿位以尊其身　寵以百萬以富其家

念孫案：「之賜」當作「賜之」。「寵以」當作「寵之」。與上文文同一例。如今本，則文義參差矣。《説苑·臣術篇》正作「賜之」、「寵之」。

相相然

「名山既多矣，松柏既茂矣，望之相相然，盡目力不知厭」。念孫案：「相相」二字，於義無取。「相」當爲「相」。音「忽」。《説文》：「相，高皃，從木，⽬音「忽」。聲。」故山高皃亦謂之「相」。「相」與「相」字相似，世人多見「相」，少見「相」，故「相」誤爲「相」。此言「望之相相然」，下言「登彼相相之上」，則「相」爲「相」之誤明矣。

怨利生孽　維義可以爲長存

「怨利生孽」。孫曰：「《左傳》『怨』作『蘊』。昭十年杜預注：『蘊，畜也。孽，妖害也。』『蘊』與『怨』聲相近，然據此文，凡有血氣者，皆有争心，則『怨』字直是『怨惡』之『怨』。《左氏》取此書改其文顯然可見。」念孫案：孫説非也。争利而相怨，可謂之怨人，不可謂之怨利。若以「怨」爲「怨惡」，則「怨利」二字，義不可通矣。《左傳》作「蘊利」，本字也。此作「怨利」，借字也。《大戴記·四代篇》「委利生孽」，「委」亦「蘊」也。「蘊」、「怨」、「委」一聲之轉。前《諫上篇》「外無怨治，内無亂行」，言君勤於政，則外無蘊積之治，内無昬亂之行也。是《晏子》書固以「怨」爲「蘊」矣。《荀子·哀公篇》「富有天下而無怨財」，楊倞曰：「怨，讀爲蘊。」言雖富有天下，而無蘊畜私財也。彼言「怨財」，猶此言「怨利」，乃淵如皆不之省，而必以「怨」爲「怨惡」，蓋淵如之意，必欲謂《晏子春秋》在《左傳》之前，凡《左傳》之文與《晏子》不同者，皆是左氏誤改《晏子》，故必訓「怨」爲「怨惡」，以異於左氏，而不知其説之不可通也。其《音義》中多有此論，皆不足深辯。

「維義可以爲長存」。案：當作「維義爲可以長存」，今本「爲」字在「可以」下，則文義不順。

慶氏之邑足欲至所謂幅也　與晏子邶殿至何獨弗欲

「晏子對曰：慶氏之邑足欲，故亡；吾邑不足欲也，益之以邶殿，迺足欲。足欲，亡無日矣。在外不得宰吾一邑，不受邶殿，非惡富也，恐失富也。且夫富如布帛之有幅焉，爲之制度，使無遷也。夫民今本脱「民」字。生厚而用利，于是乎正德以幅之，使無黜慢，謂之幅利，利過則爲敗，吾不敢貪多，所謂幅也。」元刻本曰：「或作『晏子對曰：先人有言曰：「無功之賞，不義之富，禍之媒也。」夫離治闕求富，禍也。慶氏知而不行，是以失之。我非惡富也，諺曰：「前車覆，後車戒。」吾恐失富不敢受之也。』」盧改或本爲正文，而改今本正文入注，云：「《文選·六代論》《五等論》兩注竝引諺曰『前車覆，後車戒』，可知唐時本如是，後人輒以《左傳》『慶氏之邑足欲』以下竄易之，元刻不知此爲本文，而反以爲或本，然猶幸有此異文，今得攷而復之。」念孫案：盧改是也。《西征賦》注、《歎逝賦》注、《運命論》注、《劒閣銘》注竝引《晏子》「前車覆，後車戒」，合之《六代》、《五等》、《諸侯二論》注，凡六引。

又案：上文：「慶氏亡，分其邑與晏子邶殿，其鄙六十，晏子弗受。子尾曰：『富者，人之所欲也。何獨弗欲？』」《初學記·人部中》引《晏子》本作「慶氏亡，分其邑與晏子，晏子不受。人問曰：『富者，人所欲也。何獨不受』」，今本「邶殿」云云，及「子尾」二字，皆後人以

《左傳》改之，其標題内「之子尾」及「足欲則亡」四字，亦後人所改。

安邦而度家

「安邦而度家，宗君而處身」。孫曰：「度，讀如『剫』。」念孫案：「剫家」二字，義不可通。《說文》：「剫，判也。」《爾雅》「木謂之剫」，郭引《左傳》：「山有木，工則剫之。」予謂「度」讀爲「宅」。「宅」、「度」古字通。說見《問上篇》「度其義」下。《爾雅》：「宅，居也。」《大雅・緜》傳曰：「度，居也。」《文王・有聲篇》「宅是鎬京」，《坊記》「宅」作「度」。「安邦而度家，宗君而處身」，「度」亦「處」也，「處」亦「居」也。

割地將封晏子

「旦日，割地將封晏子，晏子辭不受」。念孫案：「割地將」三字，原文所無也。其「封晏子」下有「以都昌」三字，而今本脫之。都昌，齊地名也。《水經・濰水注》曰：「濰水又北，逕都昌縣故城東。漢高帝六年，封朱軫爲侯國。北海相孔融，爲黄巾賊管亥所圍於都昌也。」案：都昌故城，在今萊州府昌邑縣西。鈔本《北堂書鈔・封爵部下》出「晏子都昌辭而不受」八字，注引《晏子》云：「景公封晏子以都昌，晏子辭不受。」陳禹謨依俗本《晏子》刪去注文「以都昌」三字，而正文尚未改。《太平御覽・飲食部七》

同。《太平寰宇記》曰：「都昌故城，齊頃公封逢丑父食采之邑。《晏子春秋》云『齊景公封晏子以都昌，辭而不受』，即此城也。」則此文原有「以都昌」三字明矣。其「割地將」三字，則後人以意加之。既言封晏子以都昌，則無庸更言割地，此是俗本既脱「以都昌」三字後，人因「加割地」將三字也。《書鈔》《御覽》《寰宇記》所引皆無此三字，而陳禹謨又依俗本加之。

脱粟之食

「晏子相齊，衣十升之布，脱粟之食」。念孫案：「脱粟」上當有「食」字。後弟二十六云「食脱粟之食」，即其證，今本脱「食」字，則文義不明，且與上句不對。《後漢書·章帝紀》注、《北堂書鈔·酒食部三》《初學記·器物部》《太平御覽·飲食部八》引此竝云：「晏子相齊，食脱粟之飯。」

恨君

「田桓子謂晏子曰：『君歡然與子邑，必不受以恨君，何也。』」念孫案：「恨」非怨恨之「恨」，乃「很」之借字也。很者，違也。君與之邑而必不受，是違君也，故曰：「必不受以很君。」《説文》：「很，不聽從也。」《吴語》「今王將很天而伐齊」，韋注曰：「很，違也。」古多通用「恨」

字。《齊策》秦使魏冉致帝於齊，蘇代謂齊王曰：「今不聽，是恨秦也。」「恨秦」，違秦也。《新序·雜事篇》「嚴恭承命，不以身恨君」，亦謂違君也。《漢書·外戚傳》：「李夫人病篤，上自臨候之，夫人蒙被謝曰：『妾久寢病，形貌毁壞，不可以見帝。』上欲見之，夫人遂轉鄉歔欷，而不復言。於是上不説而起。夫人姊妹讓之曰：『貴人獨不可一見上，屬託兄弟邪？何爲恨上如此。』」亦謂違上也。此皆古人借「恨」爲「很」之證。

不任

「夫子之禄寡邪？何乘不任之甚也」。念孫案：「不任」本作「不佼」。「佼」與「姣」同，好也。晏子乘敝車，駕駑馬，見上。故景公曰：「何乘不佼之甚也。」《陳風·月出篇》「佼人僚兮」，毛傳曰：「僚，好貌。」釋文「佼，字又作姣」，引《方言》云：「自關而東河濟之閒，凡好謂之姣。」《荀子·成相篇》曰：「君子由之佼以好。」是「姣」、「佼」古字通。後人不知「佼」字之義，而改「不佼」爲「不任」，謬矣。《羣書治要》正作「不佼」。《説苑·臣道篇》作「不任」，亦後人依俗本《晏子》改之。《太平御覽·車部三》引《説苑》正作「不佼」，下有注云：「佼，古巧反。」

耳矣

「食脱粟之食，炙三弋五卵苔菜耳矣」。孫曰：「『耳矣』，前文作『而已』，與此音相近。」念孫案：「耳矣」者，「而已矣」也，疾言之則曰「耳矣」，徐言之則曰「而已矣」。凡經傳中語助用「耳」字者，皆「而已」之合聲也。説見《釋詞》。

未有老辭邑者矣

「自吾先君定公至今，用世多矣，齊大夫未有老辭邑者矣」。念孫案：下「矣」字涉上「矣」字而衍。

發書之言曰

「及壯，發書之言曰」。念孫案：此本作「及壯發書，句書之言曰」，今本少一「書」字，則文義不明。《白帖》十引此重一「書」字，《説苑·反質篇》同。

外篇重而異者

釋衣冠自鼓缶　君子　畏禮義　召衣冠以迎晏子　用三獻

「釋衣冠，自鼓缶」。念孫案：《羣書治要》及《北堂書鈔・衣冠部三》、《太平御覽・人事部百九》《服章部十三》竝引作「去冠被裳，自鼓盆甕」。《御覽・器物部三》又引「自鼓盆甕」，今本云云，乃後人依《新序・刺奢篇》改之。

「羣臣皆欲去禮以事君，嬰恐君子之不欲也」。案：「子」字涉上下文諸「子」字而衍。《諫上篇》曰：「今君去禮，則羣臣以力爲政，彊者犯弱，而日易主，君將安立矣。故曰：『嬰恐君之不欲也。』」今作「恐君子之不欲」，則非其旨矣。《羣書治要》無「子」字。

「今齊國五尺之童子，力皆過嬰，又能勝君，然而不敢亂者，畏禮義也」。孫本刪「義」字，云「據《韓詩外傳九》《新序》，無『義』字。」念孫案：孫刪「義」字非也。此「義」字非「仁義」之「義」，乃「禮儀」之「儀」，《周官・大司徒》「以儀辨等，則民不越」，鄭注曰：「儀，謂君南面臣北面，父坐子伏之屬。」故曰：「不敢亂者，畏禮儀也。」古書「仁義」字本作「誼」。「禮儀」字本作「義」，後人以「義」代「誼」，以「儀」代「義」，亂之久矣。說見《經義述聞・禮記》。此文作

「義」，乃古字之僅存者，良可寶也。《韓詩外傳》《新序》無「義」字者，言禮而儀在其中，故文從省耳，不得據彼以删此。各本及《羣書治要》皆有「義」字。

「公令人糞灑改席，召衣冠以迎晏子」。案：「召衣冠」三字，文不成義。且「易衣革冠」，已見上文，不當重出。「衣冠以迎」四字，乃後人所加，當從《羣書治要》作「召晏子」。

「晏子入門，三讓升階，用三獻焉」。案：《羣書治要》作「用三獻禮焉」，於義爲長。

泰山之上　三人　天之變

「景公置酒于泰山之上」。孫本改「上」爲「陽」，云：「《太平御覽》作『陽』。」念孫案：山南爲陽，山北爲陰。《管子·小匡篇》曰「齊地南至於岱陰」，則景公不得置酒於泰山之陽。《御覽·人事部百三十二》引作「泰山之陽」，乃後人以意改之，元刻本沈本及《御覽·人事部三十二》皆作「泰山之上」。

「今日見怯君一，諛臣三人」。案：「人」字涉上文「三人」而衍。「諛臣三」與「怯君一」對文，則不當有「人」字。《藝文類聚·人部三》及《太平御覽》引此皆無「人」字。《諫上篇》亦云：「不仁之君見一，諂諛之臣見二。」

「自是觀之，茀又將出，天之變彗星之出，庸可懼乎」。「可」讀曰「何」，「何」、「可」古字通。「庸」亦「何」

也。古人自有複語耳。文十八年《左傳》「庸何傷」，襄二十五年《傳》「將庸何歸」，皆其證也。各本「懼」作「悲」，涉上文兩「悲」字而誤。今據諸書所引改。案：「天之變」三字，與上下文皆不相屬，蓋衍文也。下篇曰：「茀星又將見瞢，奚獨彗星乎？」《諫上篇》曰：「何暇在彗，茀又將見矣。」此文曰：「茀又將出，彗星之出，庸何懼乎？」語意前後相同，則不當有「天之變」三字明矣。《續漢書・天文志》注引作「孛又將出，彗星之出庸何懼乎」，《困學紀聞》六同。《太平御覽・咎徵部二》引作「孛又將出，彗星庸可懼乎」，《史記・齊世家》作「茀星將出，彗星何懼乎」，皆無「天之變」三字。

正諫

「不聽正諫」。念孫案：「正」與「証」同。《說文》：「証，諫也。」《齊策》「士尉以証靖郭君」是也。亦通作「正」。《呂氏春秋・慎大篇》「不可正諫」、《達鬱篇》「使公卿列士正諫」是也。

奏䲸無言

念孫案：昭二十年《左傳》作「䲸嘏無言」。此篇全用《左傳》，則此文亦當與彼同。今作「奏䲸無言」者，後人依《中庸》旁記「奏」字，而寫者誤合之，又脱去「嘏」字耳。當依《左傳》

改正。

偪介之關

引之曰：「偪介」本作「偪邇」。「偪邇之關」，謂迫近國都之關也。今本作「偪介」者，後人依誤本《左傳》改之，辯見《經義述聞》。

鳧鴈

「文繡被臺榭，菽粟食鳧鴈」。引之曰：鳧，鴨也。鴈，鵝也。此云「菽粟食鳧鴈」，下云「君之鳧鴈，食以菽粟」，則鳧鴈乃家畜，非野鳥也。《爾雅》「舒鳧鶩」，郭璞曰：「鴨也。」《廣雅》曰：「鳧、鶩，鸗也。」「鸗」與「鴨」同。即此所謂「鳧」也。故對文則「鳧」與「鶩」異，散文則「鶩」亦謂之「鳧」。《爾雅》「舒鴈鵝」，郭璞曰：「今江東呼鴚。」《方言》曰：「鴈，自關而東謂之鴚鵝，南楚之外謂之鵝。」《説文》曰：「鵝，鴈也。」「鴈，鵝也。」《廣雅》曰：「鴚，鵝鴈也。」即此所謂「鴈」也。故對文則「鵝」與「鴈」異，散文則「鵝」亦謂之「鴈」。《莊子·山木篇》「命豎子殺鴈而亨之」，謂殺鵝也。《説苑·臣術篇》「秦穆公悦百里奚之言，公孫支歸取鴈以賀」，鵝是家畜，故歸而取之甚便。《漢書·翟方進傳》「有狗從外入，齧其中庭羣鴈數十」，皆謂「鵝」爲

「鴈」也。詳見《經義述聞·周官·膳夫》下。《楚辭·七諫》「畜鳧駕鵝，滿堂壇兮」，今本「駕鵝」下有「雞鶩」二字，乃後人所加，與王注不合。《齊策》「士三食不得饜，而君鵝鶩有餘食」，《韓詩外傳》及《説苑·尊賢篇》竝作「鴈鶩有餘粟」，即此所謂「菽粟食鳧鴈」也。孫以「鴈」爲「鴨」，云「鴈，鴨聲相近」，又引《本草》「鴈肪」，皆失之。

雍門之橚

「景公登箐室而望，見人有斷雍門之橚者」。孫曰：「《説文》：『橚，長木皃。』」引之曰：此「橚」字非謂長木皃，乃木名也。「橚」即「楸」字也。《説文》「楸，梓也」，徐鍇曰：「《春秋左傳》『伐雍門之楸』，作『萩』同。」襄十八年《中山經》「其狀如橚」，郭璞曰：「即楸字也。」是「雍門之橚」，即「雍門之楸」。

美哉其室將誰有此乎　國澤是

念孫案：「美哉其室，將誰有此乎」當作「美哉室，其誰將有此乎」。今本「其」字誤入上句内，則文義不順。「誰將」又誤作「將誰」。案：本篇標題曰「景公坐路寢曰誰將有此」。「誰將」二字尚不誤，則作「將誰」者，誤也。後弟十五云「後世孰將踐有齊國者乎」，「孰」字亦在「將」字上。

昭二十六年《左傳》正作「美哉室，其誰有此乎」。

「今公家驕汏而田氏慈惠，國澤是將焉歸」。案：「澤」，古「舍」字也。說見《管子・戒篇》。

夜者　子胥忠其君二句　足以爲臣

「寡人夜者聞西方有男子哭者」。盧曰：「『夜者』，『者』乃『昔』之譌，『夜』字衍。」念孫案：盧說非也。古謂夜爲昔，故或曰「昔者」，說見《雜下篇》「昔者」下。或曰「夜者」。夜曰「夜者」，故晝亦曰「晝者」，《雜上篇》「晝者進膳」是也。《雜下篇》曰「夜者公蓸與二日鬭」，本篇弟三章曰「夜者寡人蓸見彗星」，與此「夜者」而三矣。然則「夜」非衍字，「者」亦非「昔」之譌也。

「子胥忠其君，故天下皆願得以爲子」。案：此文原有四句，今脱去中二句，則文不成義。《秦策》云：「子胥忠其君，天下皆欲以爲臣；孝己愛其親，天下皆欲以爲子。」文義正與此同。下文「今爲人子臣」云云，正承上四句言之。

「足以爲臣乎」。案：「臣」上亦當有「子」字。

長患　小寡人　公怨良臣日不足　抙寡人止之

「此國之長患也」。念孫案：「長」當作「常」，與上下文同一例。《羣書治要》作「此治國之常患」。

「公忿然作色不説曰：『夫子何小寡人甚也？』」案：「小」本作「少」，此後人不解「少」字之義而改之也。《史記·李斯傳》：「二世曰：『丞相豈少我哉？』」《曹相國世家》「惠帝怪相國不治事，以爲豈少朕與」，索隱曰：「少者，不足之詞。」竝與此「少」字同義。《羣書治要》正作「少」。

「入則求君之嗜欲能順之，「能」與「而」同。公怨良臣，則具其往失而益之」。念孫案：「公」本作「君」，此涉上文「公不能去」而誤。上文「公不能去」，是指景公而言；此文「君怨良臣」，則泛指爲君者而言，與上句「君」字同義。《羣書治要》正作「君怨良臣」。

「先聖之治也，審見賓客，聽治不留，日不足元刻本有此三字，孫本無。」。案：「審見賓客」二句，皆四字爲句。「日不足」句獨少一字，且語意未明，當依《羣書治要》作「患日不足，聽治不留」。患日不足，言其敏且勤也。

「然則夫子扐寡人止之」。盧曰：「『扐』，孫本改『助』，而《音義》仍作『扐』，亦疑而未定也。」念孫案：「扐」字義不可通，孫改爲「助」，是也。《羣書治要》正作「助」，孫本「助」字係剜改，蓋《音義》先成，而剜改在後，未及追改《音義》耳。

見不足以知之 而

「臣聞見不足以知之者，智也」。念孫案：「不」字衍，下文「臣奚足以知之」，即其證。孫曰「言見所不足而能知之」，非是。

「君臣易施，「施」讀爲「移」。「易移」猶「移易」也。《荀子・儒效篇》「充虚之相施易也」，《漢書・衛綰傳》「人之所施易」，「施」字竝讀爲「移」。倒言之，則曰「易施」，《莊子・人閒世篇》「哀樂不易施乎前」是也。陳氏專國而君失其柄，故曰「君臣易施」。而無衰乎」。念孫案：「而」即「能」字也。「能」古讀若「而」，故與「而」通。說見《淮南・人閒篇》。元刻本作「而」，今本「徑」改爲「能」，而古字亡矣。

非一也

「故三君之心非一也。而嬰之心非三心也」。念孫案：「非一也」本作「非一心也」，與「非三心也」對文，今本「一」下脫「心」字，《羣書治要》有。

權宗 脫一字

「陂池之魚，入于權宗」。念孫案：「權宗」當依《說苑・政理篇》作「權家」，字之誤也。

「君迺反迎而賀臣愚不能復治東阿」。案：「君迺反迎而賀臣」絶句，與上「君反以罪臣」對文，「臣」下當更有一「臣」字，屬下句讀。今本脱一「臣」字，則文義不明，《説苑》亦脱「臣」字。

君之惶

「恐君之惶也」。孫引《説文》「惶，恐也」。念孫案：此「惶」字與「惑」同義，言恐君爲子之所惑也。「惶」、「惑」語之轉，字亦作「遑」。《後漢書・光武紀》曰：「遑惑不知所之。」《蜀志・吕凱傳》曰：「遠人惶惑，不知所歸。」是「惶」與「惑」同義。《淮南・道應篇》作「恐公之欺也。」「欺」與「惑」義亦相近。

外篇不合經術者

道哀

「厚葬破民貧國，久喪道哀費日，不可使子民」。念孫案：「道」當爲「遁」，字之誤也。「遁」與「循」同。《墨子・非儒篇》曰「宗喪循哀，不可使慈民」，文義正與此同。《問上篇》曰「不淫於樂，不遁哀」，即「循哀」也。《問下篇》「晏子逡遁而對」，又曰「晏子逡遁對」，《外上篇》「晏子遵循而對」，是「遁」即「循」也。《管子·戒篇》「桓公蹵然逡遁」，《小問篇》「公遵遁」，亦以「遁」爲「循」。「循」之言「遂」也。遂哀，謂哀而不止也。說見《諫下篇》「脩哀」下。

路世之政單事之教

「此三者，路世之政，單事之教也」。元刻本如是。別本「單」作「道」。孫云：「言市名于道路，一本『道』作『單』，非。」引之曰：作「單」者是也。「單」讀爲「𤺺」。《爾雅》「𤺺，病也」，字或作「癉」。《大雅·板篇》「下民卒癉」，毛傳曰：「癉，病也。」「路」與「單」義相近。《方言》：「露，敗也。」《逸周書·皇門篇》曰：「自露厥家。」《管子·四時篇》曰：「不知五穀之故，國家乃路。」「路」、「露」古字通，路，敗也。尹知章注「路，謂失其常居」，失之。言此三者，以之爲政，則世必敗；以之爲教，則事必病也。孫以「路」爲「道路」，失之。

嬰爲三心

「嬰爲三心，三君爲一心故」。念孫案：「嬰」上當有「非」字，言嬰所以事三君而得順者，非嬰爲三心，乃三君爲一心故也。上篇曰「嬰之心，非三心也」，是其證。今本脫「非」字，則義不可通。

譏之

「今某失之於夫子，譏之，是吾師也」。念孫案：「譏」之上當更有「夫子」二字，而今本脱之，則文義不明。上文曰「君子不及人以爲師」，故此曰：「夫子譏之，是吾師也。」

處君之中

「處民之中，其過之識，況乎處君之中乎」。念孫案：「處君之中」本作「處君子之中」。下文曰「舜者，處民之中，則自齊乎士；處君子之中，則齊乎君子」，是其證。今本脱「子」字，則義不可通。

爲何者也　何以老爲妻

「出於室，爲何者也」。念孫案：當作「何爲者也」。《雜上篇》：「使人問焉，曰：『子何爲者也？』」《下篇》：「王曰：『縛者曷爲者也？』」文義竝與此同。言此出於室者，何等人也。今本作「爲何者也」，則文不成義。《韓詩外傳》正作「何爲者也」。

「位爲中鄉，田七十萬，何以老爲妻」。案：當作「何以老妻爲」。言富貴如此，何用老妻爲也。今作「何以老爲妻」，則文不成義。《韓詩外傳》作「何用是人爲」，文義亦同。

今日

「乃今日而後自知吾不肖也」。念孫案：「日」字後人所加，凡書傳中言「乃今而後者」，加一「日」字，則累於詞矣。《太平御覽·人事部六十七》引此無「日」字。

足游浮雲六句　頸尾咳於天地乎

「足游浮雲，背淩蒼天，尾偃天閒，躍啄北海，頸尾咳於天地乎，然而漻漻不知六翮之所在」。念孫案：「足游浮雲」上原有「鵬」字。自「足游浮雲」以下六句，皆指鵬而言，今本脱去「鵬」字，則不知爲何物矣。《太平御覽·羽族部十四》「鵬」下引此作「鵬足游浮雲」云云，則有「鵬」字明矣。

又案：「頸尾咳于天地乎」，「乎」字本在下句「漻漻」下。「漻漻」即「寥寥」，曠遠之貌也。故曰：「漻漻乎不知六翮之所在」，今本「乎」字在上句「天地」下，則文義不順。《御覽》引此「乎」字正在「漻漻」下。

立於閭

「皆操長兵而立於閭」。今本「操」誤作「摽」，依孫本改。念孫案：下文作「立於衢閭」，則此亦當有「衢」字，而今本脱之。「衢閭」，謂當衢之閭也。《管子・輕重甲篇》：「有餓餒於衢閭者。」《楚策》：「彼鄭周之女，粉白黛黑，立於衢閭。」

伏尸而號

「行哭而往，伏尸而號」。念孫案：「伏尸而號」上有「至」字，而今本脱之，則敘事不備。「行哭而往」，尚未至也。則「至」字必不可少。《説苑・君道篇》及《羣書治要》《太平御覽・人事部百二十八》竝作「至，伏尸而號」。今本《御覽》「至」誤作「制」。《文選・褚淵碑》注、《齊安陸昭王碑》注竝作「至，則伏尸而哭」。

末章缺文

「晏子没十有七年，景公飲諸大夫酒。公射，出質，堂上唱善，若出一口。公作色太息，播弓矢。弦章入，公曰：章」。各本注曰：「下缺。」孫本不缺，云：「據《太平御覽》增。」而所增之文與元刻本及《御覽》皆不合，乃雜取諸書補入者，不足爲據。今録元刻於左。

公曰：「章！吾失晏子，未嘗聞吾不善。」章曰：「臣聞君好臣服，君嗜臣食。尺蠖食黄身黄，食蒼身蒼。君其食諂人言乎？」公曰：「善。」賜弦章魚五十乘。弦章歸，魚車塞途。章撫其僕曰：「曩之唱善者，皆欲此魚也。」固辭不受。此元刻也。與《御覽·鱗介部七》所引皆合，然尚非全文。今録《羣書治要》所引於左。

公曰：「章！自吾失晏子，於今十有七年矣，未嘗聞吾不善。今射出質，唱善者如出一口。」弦章對曰：「此諸臣之不肖也。智不足以知君之不善，勇不足以犯君之顔。然而有一焉，臣聞：君好之，則臣服之；君嗜之，則臣食之。尺蠖食黄其身黄，食蒼其身蒼。君其猶有食諂人之言乎？」公曰：「善。」此文較詳於元刻，惜所引至此而止，而下文皆未引。考《御覽·人事部六十七》引下文亦較詳於元刻。今録於左。

公以五十乘魚賜弦章。弦章歸，魚車塞塗。章撫其御之手曰：「昔者，晏子辭賞以正君，故過失不掩。今諸臣諂諛以干利，吾若受魚，是反晏子之義而順諂諛之欲也。」固辭魚不受。君子曰：「弦章之廉，晏子之遺行也。」

讀墨子雜志

張鋐　點校

讀墨子雜志序

《墨子書》舊無注釋，亦無校本，故脱誤不可讀。至近時盧氏抱經、孫氏淵如始有校本，多所是正。乾隆癸卯，畢氏弇山重加校訂，所正復多於前，然尚有未該備，且多誤改誤釋者。予不揣寡昧，復合各本及《羣書治要》諸書所引，詳爲校正。是書傳刻之本，唯《道藏》本爲最優。其《藏》本未誤而佗本誤，及盧、畢、孫三家已加訂正者，皆不復羅列，唯舊校所未及，及所校尚有未當者，復加考正。是書錯簡甚多，盧氏所已改者，唯《辭過篇》一條，其《尚賢下篇》《尚同中篇》《兼愛中篇》《非樂上篇》《非命中篇》及《備城門》《備穴》二篇，皆有錯簡，自十餘字至三百四十餘字不等，竝見六卷末。其佗脱至數十字、誤字、衍字、顛倒字及後人妄改者尚多，皆一一詳辯之，以復其舊。此外脱誤不可讀者，尚復不少。蓋墨子非樂非儒，久爲學者所黜，故至今迄無校本而脱誤一至於是。然是書以無校本而脱誤難讀，亦以無校本而古字未改，可與《説文》相證。如《説文》「亯」字，篆文作「㝗」，隸作「亨」，又省作「亨」，以爲「亨通」之「亨」，又轉爲普庚反，以爲「亨煮」之「亨」。今經典中「亨煮」字皆作「亨」，俗又作「烹」。「亨」行而「享」廢矣，唯《非儒篇》「子路享普庚反。豚」，其字尚作「亨」。《説文》：「苟，讀若『亟其乘屋』之『亟』。自急敕也。」今經典皆以「亟」代「苟」，「亟」行而「苟」廢矣，唯《非儒篇》「曩與女爲苟生，今與女爲苟義」，其字尚作「苟」。《説文》：「但，裼也。」今經典皆以「袒」代「但」，「袒」行而「但」廢矣，唯《耕柱篇》「羊牛犓豢雍與「饔」同。今本「雍」譌作「維」。人但割而和之」，其字尚作「但」。又有傳寫之譌，可以考見古字者。「城郭」之「郭」，《説文》本作「𩫏」，「郭」行而「𩫏」廢矣，唯《所染篇》云「晉文染於舅犯高偃」，案《國語》晉有郭偃無高偃，「郭」即「𩫏」之借字，知「高」爲「𩫏」之譌也。《説文》：「㪅，古文殺字。」今經典中有「殺」無「㪅」，「殺」行而「㪅」廢矣，唯《尚賢中篇》云「率天下之民以詬天侮鬼，賤傲萬民」，案「賤」、「傲」二字，語意不倫，「賤」乃「賊」字之譌，「殺」字古文作「㪅」，與「敖」相似，知「㪅」譌作「敖」，又譌作「傲」也。説詳本篇。《説文》：「𠈁，以證反。送也。吕不韋曰：『有侁氏以伊尹𠈁女。』」今經典皆以「媵」代「𠈁」，「媵」行而「𠈁」廢矣，唯《尚賢下篇》云「昔伊尹爲莘氏女師僕」，案有莘氏以伊尹𠈁女，非以爲僕也，「𠈁」、「僕」字形相似，知「僕」爲「𠈁」之譌作也。《説文》「衝突」字本作「𧗾」，今經典皆以「衝」代「𧗾」，「衝」行而「𧗾」廢矣，唯《備城門篇》云「以射衕及櫳樅」，「衕」、「𧗾」形相近，知「衕」爲「𧗾」之譌也。「𧗾」謂衝車。是書最古，故假借之字亦最多，如「胡」作「故」；《尚賢中篇》「故不察尚賢爲政之本也」，「故」與

「胡」同。「降」做「隆」；《尚賢中篇》「稷隆播種」，《非攻下篇》「天命融隆，火于夏之城隆」，竝與「降」同。「誠」作「情」，又作請；《尚同下篇》「今天下王公大人士君子中情將欲爲仁義求爲上士」，《節葬下篇》「今天下之士君子中請將欲爲仁義求爲上士」，「情」、「請」竝與「誠」同。後凡「誠」作「情」、作「請」者，放此。「拂」作「費」；《兼愛下篇》「即此言行費也」，下文「費」作「拂」。「知」作「智」；《節葬下篇》「智不智」，下「智」字與「知」同，後凡「知」作「智」者放此。「志」作「之」；《天志中篇》「子墨子之有天之」，下「之」字與「志」同，「天之」即「天志」，本篇之名也，後凡「志」作「之」者放此。「宇」作「野」；《非樂上篇》「高臺厚榭，邃野之居」，「野」與「宇」同。「佗」作「也」；《小取篇》「辟也者舉也物而以明之也」，「也物」即「佗物」，後凡「佗」作「也」者放此。「佗」俗作「他」。「睎」作「欣」；《耕柱篇》「譬若築牆，然能築者築，能實壤者實壤，能欣者欣」，「欣」與「睎」同。「管」作「關」；《耕柱篇》「古者周公旦非關叔」，《公孟篇》「關叔爲天下暴人」，「關」竝與「管」同。「從」作「松」，《號令篇》「松上不隨下」，「松」與「從」同。皆足以見古字之借、古音之通，佗書所未有也。其脱誤不可知者，則槩從闕疑以俟來哲。道光十一年九月十三日，高郵王念孫敘，旹年八十有八。

墨子弟一

親士

正天下

「昔者文公出走而正天下，桓公去國而霸諸侯」。畢氏弇山云：「正，讀如征。」念孫案：畢讀非也。《爾雅》曰：「正，長也。」晉文爲諸侯盟主，故曰「正天下」，與下「霸諸侯」對文。又《廣雅》：「正，君也。」凡《墨子》書言「正天下」、「正諸侯」者，非訓爲「長」，即訓爲「君」，《尚賢篇》曰：「堯、舜、禹、湯、文、武之所以王天下、正諸侯者。」皆非征伐之謂。

焉可以

「分議者延延，而支苟者詻詻，畢云：「『支』、『苟』二字疑誤。」焉可以長生保國」。念孫案：「焉」字下屬爲句。焉，猶「乃」也，言如是乃可以長生保國也。

一源

「是故江河之水，非一源也；千鎰之裘，非一狐之白也」。畢於「源」上增「水之」二字，云據《初學記》《藝文類聚》引。念孫案：此本作「江河之水，非一源之水也」。今本脱「之水」二字，而「一源」二字則不誤。《北堂書鈔·衣冠部三》《初學記·器物部》引此竝作「非一源之水」。《初學記·地部中》引作「非一源之流」，「流」字雖誤，而「一源」二字仍與今本同。畢謂《初學記》作「一水之源」，誤也。《太平御覽·服章部十一》引作「江河之水，非一源；千鎰之裘，非一狐」，皆節去下二字，而「一源」二字亦與今本同。其《藝文類聚·衣冠部》引作「非一水之源」者，傳寫誤耳。

逝淺

「是故谿陝者速涸，逝淺者速竭」。引之曰：「逝」、「淺」二字義不相屬，「逝」當爲「遊」。俗書「遊」字作「逰」，與「逝」相似而誤，「遊」即「流」字也。《曲禮》注「士視得旁遊目五步之中」，《釋文》「遊」作「游」，云：「徐音流。」《漢書·項籍傳》「必居上游」，文穎曰：「居水之上流也。游，或作流。」《韋玄成傳》「德盛而游廣」，如淳曰：「游，亦流也。」此即《荀子·禮論篇》所云「積厚者流澤廣」。「流淺」與「谿陝」對文。

脩身

譖慝

「譖慝之言無入之耳」。念孫案：「譖慝」即「讒慝」，《左傳》「閒執讒慝之口」是也。僖二十八年「讒」與「譖」古字通，故《小雅·巷伯篇》「取彼譖人」，《緇衣》注及《後漢書·馬援傳》竝引作「取彼讒人」。「無入之耳」，言不聽讒慝之言也。故下文曰：「雖有詆訐之民，無所依矣。」

義

「貧則見廉，富則見義」。畢云：「『義』字當作『羛』。《說文》云：『墨翟書義从弗。』則漢時本如此，今書『義』字，皆俗改也。」引之曰：「弗」於聲義均有未協，「弗」當作「𢦓」。「𢦓」，古文「我」字，與「弗」相似，故譌作「弗」耳。周《晉姜鼎銘》「我」字作「𢦓」，是其明證。「⿱羊𢦓」之從𢦓聲，與「義」之從我聲，一也。《說文》「我」字下重文未載古文作「𢦓」，故於此亦不知爲「𢦓」字之譌。蓋鍾鼎古篆，漢人亦不能徧識也。

幾

「本不固者末必幾」。念孫案：《爾雅》：「幾，危也。」《大雅·瞻卬》傳、宣十二年《左傳》注竝同。言木本不固者，其末必危也。畢引《廣雅》「幾，微也」，已非確詁。又引《說文》「禾，《玉篇》古溉、古兮二切。木之曲頭，止不能上也」，以「幾」爲「禾」，則失之愈遠矣。

所染

高偃

「晉文染於舅犯、高偃」。畢云：「『高偃』未詳。《呂氏春秋》『高』作『郤』，疑當爲『郤』。晉有郤氏。」念孫案：「高」當爲「𩫖」。「𩫖」即「城郭」之「郭」，形與「高」相近，因譌爲「高」。《賈子·過秦篇》「據億丈之𩫖」，今本「𩫖」譌作「高」。《墨子》多古字，後人不識，故傳寫多誤耳。《左傳》晉大夫「卜偃」，《晉語》作「郭偃」。韋注曰：「郭偃，晉大夫卜偃也。」《商子·更法篇》《韓子·南面篇》竝與《晉語》同。《呂氏春秋》作「郤偃」，「郤」即「郭」之譌，非郤氏之「郤」也。《太平御覽·治道部一》引《呂氏春秋》正作「郭偃」。

王孫雒

「吳夫差染於王孫雒、大宰嚭」。畢改「雒」爲「雄」，云：「舊誤作『雒』。」盧氏抱經《鍾山札記》曰：「今《外傳·吳語》『王孫雄』，舊宋本作『王孫雒』，《墨子·所染篇》同。《吳越春秋·夫差内傳》《句踐伐吳外傳》、《越絶·請糴内傳》皆作『王孫駱』，《説苑》作『公孫雒』。《雜言篇》唯《吕氏春秋·當染篇》作『王孫雄』，《史記·越世家》作『公孫雄』。宋公序作《國語補音》定作『雄』字，且爲之説曰：『漢改『洛』爲『雒』，疑『雒』字非吳人所名。』今案：宋説殊誤。《周禮·職方氏》：『豫州，其川熒雒。』《春秋·文八年經》書『公子遂會雒戎』，《傳》作『伊雒之戎』。宣三年《傳》：『楚子伐陸渾之戎，遂至于雒。』是漢以前本有『雒』字，豈東京創製此字乎？以『駱』字證之，則『雒』字是矣。」念孫案：盧説是也。隸書「雄」字或作「雄」，與「雒」相似，故「雒」譌爲「雄」。《困學紀聞·左氏類》引《國語》《吕氏春秋》竝作「雒」。《韓子·説疑篇》有「吳王孫頟」，「頟」即「雒」之譌，則其字之本作「雒」益明矣。

必擇所堪必謹所堪

「子墨子言見染絲者而歎曰：『染於蒼則蒼，染於黄則黄。故染不可不慎也。』非獨染絲然也，國亦有染。非獨國有染也，士亦有染。《詩》曰『必擇所堪，必謹所堪』者，此之謂也。」畢云：「『堪』當爲『媅』字假音。」念孫案：「媅」訓爲「樂」，與染義無涉。「堪」當讀爲「湛」，「湛」與「漸漬」之「漸」同。《說文》作「瀸」，云：「漬也。」《月令》「湛熾必絜」，鄭注曰：「湛，漬也。」《內則》說八珍之漬云「湛諸美酒」，注曰：「湛，亦漬也。」《考工記·鍾氏》「以朱湛丹秫」，注曰：「鄭司農云：『湛，漬也。』玄謂『湛』讀如『漸車帷裳』之『漸』。」是「湛」與「漸」同。湛、漬皆染也。《楚辭·七諫》「日漸染而不自知兮」，王注曰：「稍漬爲漸，汙變爲染。」《考工記·鍾氏》注曰：「漬，亦染也。」必擇所湛，猶云必擇所染耳。《荀子·勸學篇》曰：「蘭槐之根是爲芷，其漸之滫中，君子不近，庶人不服，其質非不美也，所漸者然也。」《晏子春秋·襍篇》曰：「今夫蘭本三年而成，湛之苦酒，則君子不近，庶人不佩，湛之麋醢，而賈匹馬矣。非蘭本美也，所湛然也。願子之必求所湛。」《說苑·襍言篇》曰：「今夫蘭本三年，湛之以鹿醢，既成，則易以匹馬，非蘭本美也。願子詳其所湛，既得所湛，亦求所湛。」義竝與《墨子》同。

法儀

而可

「三者莫可以爲治法而可，然則奚以爲治法而可」。念孫案：既言「莫可以爲治法」，則不當更有「而可」二字，此涉下句而衍。

脱文一

「是以天欲人相愛相利，而不欲人相惡相賊也」。念孫案：「是以」下有「知」字，而今本脱之，則文義不明。上文曰：「奚以知天之欲人之相愛相利，而不欲人之相惡相賊也。」「奚以知」正與「是以知」相應。

七患

待禄　憂反

「仕者待禄，游者憂反」。念孫案：「待」當爲「持」，「憂反」當爲「愛交」。持，猶守也。《吕氏春秋·慎大篇》注言仕者守其禄，游者愛其交，皆爲己而不爲國家也。《管子·明法篇》曰：「小臣持禄養交，不以官爲事。」《晏子春秋·問篇》曰：「士者持禄，游者養交。」「養交」與「愛交」同意。今本「持」作「待」，「愛交」作「憂反」，則義不可通。《逸周書·大開篇》「禱無愛玉」，今本「愛」譌作「憂」。隸書「交」字或作「㕛」，與「反」相似而譌。

故食不可不務也以下七句

「故食不可不務也，地不可不力也，用不可不節也。五穀盡收，則五味盡御於主；不盡收，則不盡御」。畢本「力」譌作「立」，云：「『立』、『節』爲韻，『主』、『御』爲韻。」念孫案：畢説非也。古音「立」在緝部，「節」在質部，則「立」、「節」非韻。原本「立」作「力」，「力」在職部，「力」、「節」亦非韻。「主」在厚部，「御」在御部，則「主」、「御」非韻。畢未能了然於古音之界限，但知古人之合而不知古人之分，故往往非韻而以爲韻。若一一辯正，徒煩筆墨，故發凡於此，以例其餘。明於三代、兩漢之音者，自能辨之也。

五穀不孰謂之大侵

「一穀不收謂之饉，二穀不收謂之旱，三穀不收謂之凶，四穀不收謂之餽。畢云：「『餽』與『饋』同，言須饋餉。」念孫案：須餽餉不得謂之餽，畢說非也。邵氏二雲曰：「『餽』與『匱』通。鄭注《月令》曰：『匱，乏也。』」案：邵說是。五穀不收謂之饑」。畢於此下增「五穀不孰謂之大侵」，云：「八字舊脱，据《藝文類聚》增。」念孫案：既言「五穀不收謂之饑」，則不得又言「五穀不孰謂之大侵」。《藝文類聚·百穀部》引《墨子》「五穀不孰謂之大侵」者，乃涉上文引《穀梁傳》「五穀不升謂之大侵」而衍。故《太平御覽·時序部二十》《百穀部一》引《墨子》皆無此八字，《墨子》所記本與《穀梁傳》不同，不可强合也。下文「饑，則盡無禄」，畢依《類聚》於「饑」下增「大侵」二字，亦《御覽》所無。

雍食

「諸侯之客，四鄰之使，雍食而不盛」。畢云：「『雍食』疑一『饔』字之誤。」念孫案：「雍食」當爲「雍飧」。《周官·外饔》「凡賓客之飧饔、饔食之事」，鄭注曰：「飧，客始至之禮。饔，既將幣之禮。」「飧饔」即「饔飧」也。「饔」、「雍」古字通。

重其子此疚於隊

「今有負其子而汲者，隊其子於井中，其母必從而道之。今歲凶、民饑、道餓，句重其子此疚於隊，其可無察邪」。引之曰：「重其子此疚於隊」當作「此疚重於隊其子」。疚，病也。言此病較之隊其子者爲尤重也。今本顛倒不成文義。

辭過

帶茭

「古之民未知爲衣服時，衣皮帶茭」。畢云：「《說文》云：『茭，乾芻。』」念孫案：乾芻非可帶之物，畢說非也。《說文》：「筊，竹索也。」其草索則謂之茭。《尚賢篇》曰：「傅說被褐帶索。」謂草索也。此言「帶茭」，猶彼言「帶索」矣。今楊州府人謂之草約音「要」。子。

夏則絺綌輕且清

「冬則練帛之中，足以爲輕且煖；夏則絺綌，輕且清」。畢云：「舊脱『煖夏則絺綌輕且』七字，据《北堂書鈔》增。」念孫案：「夏則絺綌，輕且清」本作「夏則絺綌之中，足以爲輕且清」，與「冬則練帛之中，足以爲輕且煖」對文。《北堂書鈔・衣冠部三》引作「冬則練帛，輕且煖；夏則絺綌，輕且清」，省文也。若下二句内獨少「之中足以爲」五字，則與上二句不對矣。《羣書治要》所引，上下皆有此五字，當據補。

前方丈

「厚作斂於百姓，以爲美食芻豢，蒸炙魚鼈，大國累百器，小國累十器，前方丈，目不能偏視，手不能偏操，口不能偏味」。畢改「前方丈」爲「美食方丈」，云：「据《文選注》兩引改。」《七命》注、應璩《與從弟君苗君胄書》注。念孫案：「美食」二字與上文相複，畢改非也。《羣書治要》引作「前方丈」，則魏徵所見本正與今本同。《文選注》引作「美食方丈」者，此以上文之「美食」與下文之「方丈」連引，而節去「芻豢」以下十七字，乃是約舉其詞，不得據彼以改此也。「前方丈」，《太平御覽・治道部八》引作「前則方丈」，句法較爲完足。

故

「故法令不急而行，民不勞而上足用，故民歸之」。念孫案：上「故」字涉下「故」字而衍，《羣書治要》無。

脱文二

「是以其民饑寒竝至，故爲姦衺。姦衺多則刑罰深，刑罰深則國亂」。舊本兩「姦衺」脱其一，則義不可通，今據《羣書治要》補。

三　辯

聖王上脱文

「程繁問於子墨子曰：『聖王不爲樂。』」念孫案：「聖王」上當有「夫子曰」三字，而今本脱之，則文義不明。下文「今夫子曰：聖王不爲樂」，是其證。

聆缶

「農夫春耕夏耘，秋斂冬藏，息於聆缶之樂」。畢云：「『聆』當爲『瓴』。」又云：「《太平御覽》引作『吟謠』，是也。『缶』是『䍃』字之壞。」念孫案：今本《墨子》作「聆缶」者，「聆」乃「砱」字之譌。「砱」即「瓴」字也，但移「瓦」於左，移「令」於右耳。《北堂書鈔·樂部七》「缶」下、鈔本《太平御覽·樂部三》及《二十二》「缶」下引《墨子》竝作「吟缶」，「吟」亦「砱」之譌。蓋《墨子》書「瓴」字本作「砱」，故今本譌作「聆」，諸類書譌作「吟」，而「缶」字則皆不譌也。其刻本《御覽》作「吟謠」者，後人不知「吟」爲「砱」之譌，遂改「吟缶」爲「吟謠」耳。上文云「諸侯息於鐘鼓，士大夫息於竽瑟」，此云「農夫息於砱缶」，鐘鼓、竽瑟、砱缶皆樂器也。《淮南·精神篇》：「叩盆拊瓴，相和而歌。」盆即缶也。若吟謠則非樂器，不得言吟謠之樂矣。

命曰騶虞

「周成王因先王之樂，命曰騶虞」。念孫案：《御覽》引作「周成王因先王之樂，又自作樂，命曰騶吾」，是也。上文云「湯因先王之樂，又自作樂，命曰護。武王因先王之樂，又自作樂，命曰象」，即其證。今本脱去「又自作樂」四字，則義不可通，《困學紀聞》所引已同今本。書傳中「騶虞」字多作「騶吾」，故《困學紀聞・詩類》引《墨子》尚作「騶吾」。今作「騶虞」者，後人依經典改之。

尚賢上

古者

「古者王公大人爲政於國家者」。念孫案：此謂今之王公大人，非謂古也。「古者」當依《羣書治要》作「今者」，義見下文。

親疏

「今上舉義不辟親疏」。念孫案：「親」字涉上文而衍，「不避疏」義見上下文。

近

「今上舉義不辟近」。念孫案：「近」字涉上文而誤，「近」當爲「遠」。「不避遠」見下文。

名立而功業彰而惡不生

念孫案：《羣書治要》引作「名立而功成，美章而惡不生」，是也。「功成」與「名立」對文，「惡不生」與「美彰」對文，今本脱「成」字，「美」字又譌作「業」，則文不對，而句亦不協矣。「美」、「業」字形相似，故譌。《漢書·賈誼傳》「一動而五美附」，今本「美」譌作「業」。

尚賢中

故　尚賢爲政之本

「故一本作「胡」。不察尚賢爲政之本也」。盧云：「當云『尚賢之爲政本』。」念孫案：盧説非也。下文曰「胡不察尚賢爲政之本也？且以尚賢爲政之本者，亦豈獨子墨子之言哉」，與此文同一例。則不得倒「之」字於「爲政」上矣。故與「胡」同，故下文又曰「故不察尚賢爲政之本也」。今本脱「爲」字。《管子·侈靡篇》「公將有行，故不送公」，亦以「故」爲「胡」。

外有以

「内有以食飢息勞，將養其萬民，外有以懷天下之賢人」。念孫案：「外有以」三字，涉上文「外有以爲皮幣」而衍。下文曰「内者萬民親之，賢人歸之」，是養民與懷賢皆内事，非外事也。

曰若法　猶若

「既曰若法，未知所以行之術，則事猶若未成」。念孫案：「曰」者，「有」之壞字也。「若法」，此法也。「若」與「此」同義，說見《釋詞》。言既有此法，而無術以行之，則事猶然未成也。「猶若」即「猶然」，說見《釋詞》。畢以「若法」爲「順法」，失之。

予欝

「《詩》曰：『告女憂卹，誨女予欝，孰能執熱，鮮不用濯。』」盧依《毛詩》改「予欝」爲「序爵」。念孫案：「欝」爲「爵」之譌，「予」則非譌字也。上文言「古聖王高予之爵，重予之禄」，下文言「今王公大人之用賢，高予之爵，而禄不從」，此引《詩》「誨女予爵」，正與上下文「予」字同義，則不得改「予」爲「序」矣。《毛詩》作「告爾憂恤，誨爾序爵，誰能執熱，逝不以濯」，今《墨子》兩「爾」字皆作「女」，「序」作「予」，「誰」作「孰」，「逝」作「鮮」，「以」作「用」，是《墨子》所見《詩》固有異文也。

執

「則此語古者國君、諸侯之不可以不執善承嗣輔佐也」。念孫案：「善」謂善待此承嗣輔佐之人，即上文所云「高予之爵，重予之禄，任之以事，斷予之令」也。「善」上不當有「執」字，蓋涉上下文「執熱」而衍。

毋無

「古者聖王唯毋得賢人而使之，般爵以貴之，裂地以封之，終身不厭。賢人唯毋得明君而事之，竭四肢之力以任君之事，終身不倦」。畢改「毋」爲「毌」，云：「『毌』讀如『貫習』之『貫』。」下凡作「毋」者同。念孫案：畢改非也。毋，語詞耳，本無意義。「唯毋得賢人而使之」者，唯得賢人而使之也。若讀「毋」爲「貫習」之「貫」，則文不成義矣。《下篇》曰：「今唯毋以尚賢爲政其國家百姓，使國之爲善者勸，爲暴者沮。」又曰：「然昔吾所以貴堯、舜、禹、湯、文、武之道者，何故以哉？以其唯毋臨衆發政而治民，使天下之爲善者可而勸也，爲暴者可而沮也。」《尚同中篇》曰：「上唯毋立而爲政乎國家，爲民正長，「唯」與「雖」同。曰人可賞吾將賞之。若苟上下不同義，上之所賞，則衆之所非。上唯毋立而爲政乎國家，爲民正長，曰人可罰吾將罰之。若苟上下不同義，上之所罰，則衆之所譽。」《下篇》曰：「故唯毋以聖王爲聰耳明目與？「唯」亦與「雖」同。豈能一視而通見千里之外哉，一聽而通聞千里之外哉。」《非攻中篇》曰：「今師徒唯毋興起，冬行恐寒，夏行恐暑，此不可以冬夏爲者也。春則廢民耕稼樹藝，秋則廢民穫斂。今唯毋廢一時，則百姓飢寒凍餒而死者，不可勝數。」《節用上篇》曰：「且大人唯毋興師以攻伐鄰國，久者終年，速者數月，男女久不相見，此所以寡人之道也。」《節葬下篇》曰：「今雖毋法執厚葬久喪者言，以爲事乎國家。」「雖」與「唯」同。又曰：「今唯無以厚葬久喪者爲政。」《天志中篇》曰：「故唯毋明乎順天之意，奉而光施之天下，則刑政治，萬民和，國家富，財用足，百姓皆得煖衣飽食，便寧無憂。」《非樂上篇》曰：「今王公大人雖無造爲樂器，以爲事乎國家。「雖」與「唯」同。」又曰：「今王公大人唯毋處高臺厚榭之上而視之。」又曰：「今王公大人唯毋爲樂，虧奪民衣食之財，以拊樂如此多也。」此四句，篇内凡三見。又曰：「今唯毋在乎王公大人説樂而聽之，即必不能蚤朝晏退，聽獄治政。」「今唯毋在乎士君子説樂而聽之，即必不能竭股肱之力，亶其思慮之智，内治官府，外收斂關市、山林、澤梁之利，以實倉廩府庫。」「今唯毋在乎農夫說樂而聽之，即必不能蚤出暮入耕稼樹藝，多聚叔粟。」各本「叔」譌作「升」，辯見後「升粟」一條。「今唯毋在乎婦人說樂而聽之，即必不能夙興夜寐，紡績織紝，多治麻絲葛緒，綑布縿。」以上諸篇，其字或作「毋」，或作「無」，皆是語詞，非有實義也。孟康注《漢書·貨殖傳》曰：「無，發聲助也。」凡《詩》言「無念爾祖」、「無競維人」「無競維烈」、「無淪胥以敗」、「無淪胥以亡」，《左傳》言「無寧茲許公復奉其社稷」、「無亦唯是一矢以相加遺」，皆孟康所謂發聲助也。《管子·立政九敗解篇》曰：「人君唯毋聽寢兵，則羣臣賓客莫敢言兵；人君唯毋聽兼愛之說，則視天下之民如其民，視國如吾國；人君唯無好全生，則羣臣皆全其生，而生又養；「又」與「有」同。人君唯無聽私議自貴，則民退靜隱伏，窟穴就山，非世閒上，輕爵祿而賤有司；人君唯無好金玉貨財，必欲得其所好，則必易之以大官尊位，尊爵重祿；人君唯毋聽羣徒比周，則羣臣朋黨，蔽美揚惡；人君唯毋聽觀樂玩好，則敗；人君唯毋聽請謁任譽，則羣臣皆相爲請；人君唯無聽諂諛飾過之言，則敗。」以上諸條，其字或作「毋」，或作「無」，竝與《墨子》同義。

失措

「故雖昔者三代暴王桀、紂、幽、厲之所以失措其國家，傾覆其社稷者」。念孫案：「措」字義不可通，當是「損」字之誤。《大戴記·曾子立事篇》曰：「諸侯日旦思其四封之内，戰戰惟恐失損之。」「損」讀爲「抎」，故《非命篇》作「失抎」。《説文》：「抎，有所失也。」

未知

「故當若之二物者，王公大人未知以尚賢使能爲政也」。念孫案：「未知」當作「未嘗不知」，義見上下文。

有慧

「豈必智且有慧哉」。念孫案：「智且慧」與前「貴且智」、「愚且賤」文同一例。「慧」上不當有「有」字，蓋後人所加。

若處官者

「若處官者爵高而禄厚，故愛其色而使之焉」。念孫案：「若」與「故」義不相屬，「若處官者」當爲「處若官者」。「若官」，此官也。「若」與「此」同義，説見上文。言以處此官者爵高而禄厚，故特用其所愛也。下文曰「雖日夜相接以治若官」，是其證。

漁雷澤

念孫案：「雷澤」本作「濩澤」，此後人習聞舜漁雷澤之事，而以其所知改其所不知也。《漢書・地理志》「河東郡濩澤縣」，應劭曰：「有濩澤在西北。」濩澤在今澤州府陽城縣西嶕嶢山下。《穆天子傳》：「天子四日休于濩澤。」郭璞曰：「今平陽濩澤縣是也。濩音獲。」《水經・沁水注》曰：「濩澤水出濩澤城西白澗渠，東逕濩澤。《墨子》曰：『舜漁濩澤。』又東逕濩澤縣故城南，蓋以澤氏縣也。」又《元和郡縣志・河東道下》《太平寰宇記・河東道下》《初學記・州郡部》正文出「舜澤」二字，注曰：「《墨子》曰：『舜漁于濩澤。』在濩澤縣西。」今本《初學記》作「雷澤」，與注不合，明是後人所改。《太平御覽・州郡部九》《路史・疏仡紀》引《墨子》竝作「濩澤」。是《墨子》自作「濩澤」，與他書作「雷澤」者不同。《下篇》「漁於雷澤」，亦後人所改。

賤　賤傲　殃傲

「其爲政乎天下也，兼而憎之，從而賤之」。念孫案：「賤」當爲「賊」，字之誤也。《尚同篇》「則是上下相賊也」，《天志篇》「上詬天，中詬鬼，下賊人」，《非儒篇》「是賊天下之人者也」，《趙策》「以私誣國賊之類也」，今本「賊」字竝誤作「賤」。此言桀、紂、幽、厲之爲政乎天下，兼萬民而憎惡之，又從而賊害之，非謂賤其民也。上文云「堯、舜、禹、湯、文、武之爲政乎天下也，兼而愛之，從而利之」，「愛」、「利」與「憎」、「賊」正相反。《天志篇》曰：「堯舜禹湯文武之兼愛天下也，從而利之；桀紂幽厲之兼惡天下也，從而賊之。」故知「賤」爲「賊」之誤。又下文「率天下之民以詬天侮鬼，賤傲萬民」，「賤」亦當爲「賊」，「傲」當爲「殺」。《説文》「敖」字本作「𢻫」，「殺」字古文作「𣀔」，二形相似。「敖」古文「殺」字。誤爲「敖」，又誤爲「傲」耳。《墨子》多古字，後人不識，故傳寫多誤。此説桀、紂、幽、厲之暴虐，故曰「詬天侮鬼，賊殺萬民」，非謂其賤傲萬民也。上文言「堯、舜、禹、湯、文、武尊天事鬼，愛利萬民」，「愛」、「利」與「賊」、「殺」亦相反。《法儀篇》曰：「禹、湯、文、武兼愛天下之百姓，率以尊天事鬼，其利人多；桀、紂、幽、厲兼惡天下之百姓，率以詬天侮鬼，其賊人多。」故知「賤傲」爲「賊殺」之誤。《魯問篇》「賊敖百姓」，《太平御覽・兵部七十七》引「賊敖」作「賊殺」，是其明證也。又《明鬼篇》「昔者夏王桀，上詬天侮鬼，下殃傲天下之萬民」，「殃傲」二字義不相屬，亦是「殃殺」之誤。下文殷王紂「殃傲天下之萬民」同。

隆

「稷隆播種，農殖嘉穀」。畢依《呂刑》改「隆」爲「降」。念孫案：古者「降」與「隆」通，不煩改字。《非攻篇》「天命融隆火于夏之城」，亦以「隆」爲「降」。《喪服小記》注「以不貳降」，釋文：「降，一本作隆。」《荀子·賦篇》「皇天隆物，以示下民」，「隆」即「降」字。《魏策》「休祲降於天」，曾、劉本作「休烈隆於天」。《説文》：「隆，從生，降聲。」《書大傳》「隆谷」，鄭注：「隆，讀如厖降之降。」是「隆」、「降」古同聲，故「隆」字亦通作「降」。《荀子·天論篇》「隆禮尊賢而王」，《韓詩外傳》「隆」作「降」。《史記·司馬相如傳》「業隆於繦褓」，《漢書》「隆」作「降」。《淮南·泰族篇》「攻不待衝降而拔」，「衝降」即「衝隆」。

不究

「此道也，大用之天下則不究，小用之則不困」。畢云：「『究』，一本作『窕』，非。」念孫案：作「窕」者是也，説見《管子·宙合篇》。

尚賢下

可而

「使天下之爲善者可而勸也，爲暴者可而沮也」。念孫案：「可而」猶「可以」也。下文曰「上可而利天，中可而利鬼，下可而利民」，與此文同一例。詳見《釋詞》。

僕

「昔伊尹爲莘氏女師僕。」畢云：「僕，佚也。」「佚」，今作「媵」。念孫案：「僕」即「佚」之譌。此謂有莘氏以伊尹媵女，非以爲僕也。《説文》：「佚，送也。吕不韋曰：『有侁「莘」同。氏吕伊尹佚女。』」今本《吕氏春秋》《本味篇》「佚」作「媵」。經傳皆作「媵」，而「佚」字罕見，唯《墨子》書有之，而字形與「僕」相似，因譌而爲「僕」。《淮南・時則篇》「具曲楑音「朕」。筥筐」，今本「楑」作「撲」，誤與此同。

女何擇言人

「女何擇言人？何敬不刑？何度不及？」引之曰：「言」當爲「否」，篆書「否」字作「𠅘」，「言」字作「䇂」，二形相似。隸書「否」字或作「吾」，「言」字或作「音」，亦相似，故「否」誤爲「言」。「否」與「不」古字通，故下二句云「何敬不刑，何度不及」也。今《書》作「何擇非人，何敬非刑，何度非及」，「非」、「否」、「不」竝同義。

言

「今也天下言士君子，皆欲富貴而惡貧賤」。念孫案：「言」當爲「之」，「今天下之士君子，皆欲富貴而惡貧賤」，又見下文。草書「言」與「之」相似，故「之」譌爲「言」。

脱文八

「今天下之士君子皆欲富貴而惡貧賤，然女何爲而得富貴而辟貧賤哉？曰：莫若爲王公大人骨肉之親、無故富貴、面目美好者。自「莫若」以下二十字爲一句，舊本脱「故富貴面目美好者」八字，據上下文補。王公大人骨肉之親、無故富貴、面目美好者，此非可學而能者也」。

無故

「其所賞者已無故矣，其所罰者亦無罪」。念孫案：「故」乃「攻」字之誤，「攻」、「故」字相似，又涉上文「無故富貴」而誤。「攻」即「功」字也，「無功」與「無罪」對文。

脱文十二

「若此，則飢者不得食，寒者不得衣，亂者不得治」。舊本脱「得食」以下十二字，今據上文補。

推而上之以

此五字與上下文義不相屬，蓋涉上文「推而上之」而衍。

尚同上

選天下之賢可者

「是故選天下之賢可者」。念孫案：「選」下有「擇」字，而今本脱之。下文及中、下二篇皆作「選擇」，《太平御覽·皇王部二》引此同。

其

「上以此爲賞罰，其明察以審信」。念孫案：「其」當爲「甚」。「甚明察以審信」，見《中篇》。

今若天　故當若天降寒熱不節

「今若天飄風苦雨，溱溱而至者，此天之所以罰百姓之不上同於天者也」。念孫案：「今若天」，「天」當爲「夫」。「夫」與「天」字相似，篇内又多「天」字，故「夫」誤爲「天」。「今若夫」，猶言今夫。《兼愛篇》曰：「今若夫攻城野戰，殺身而爲名，此天下百姓之所皆難也。」又曰：「今若夫兼相愛、交相利，此自先聖六王者親行之。」又曰：「今若夫兼相愛、交相利。此其有利且易爲也，不可勝計也。」《鴻烈·覽冥篇》曰：「今若夫申、韓、商鞅之爲治也。」皆其證矣。《中篇》云：「故當若天降寒熱不節，雪霜雨露不時，五穀不孰，六畜不遂，疾菑戾疫，飄風苦雨，荐臻而至者，此天之降罰也。」「故當若天」，「天」亦「夫」字之誤。「降」字則因下文「降罰」而衍。

尚同中

己有善　傍

「己有善傍薦之，上有過規諫之」。念孫案：「己」字義不可通，「己」當爲「民」，字之誤也。

傍者，溥也，徧也。《説文》：「旁，溥也。」「旁」與「傍」通。説見《經義述聞·周易》「旁行而不流」下。言民有善，則衆共薦之，若《堯典》所云「師錫」也。《上篇》曰：「上有過則規諫之，下有善則傍薦之。」「下」亦「民」也。下文「己有善不能傍薦之」，「己」亦「民」之誤。

脱文三

「鄉長治其鄉，而鄉既以治矣」。舊本脱「鄉長治」三字。下文曰：「國君治其國，而國既已治矣。」今據補。

運役

「譬之若絲縷之有紀，而罔罟之有綱也，將以運役天下淫暴而一同其義也」。念孫案：「運役」二字義不可通，當依《上篇》作「連收」，字之誤也。「連收」二字，正承「絲縷」、「罔罟」而言。

脱一字

「非高其爵、厚其禄、富貴佚而錯之也」。念孫案：「佚」上有「游」字，而今本脱之，則語意不完。《下篇》曰「非特富貴游佚而擇之也」，是其證。「游佚」，即「淫佚」，語之轉耳。

情請爲通

「故古者聖王唯而畢云：「而」讀與「能」同。審以尚同，以爲正長，是故上下情請爲通」。畢云：「《文選注》《東京賦》引作『是故上下通情』。」念孫案：此本作「是故上下請通」，「請」即「情」字也。《墨子》書多以「請」爲「情」。今作「情請爲通」者，後人旁記「情」字，而寫者遂誤入正文，又涉上文「以爲正長」而衍「爲」字耳。《文選注》引「情通」作「通情」者，乃涉《賦》文「上下通情」而誤。

談謀度

「助之思慮者衆，則其談謀度速得矣」。念孫案：「謀度」上不當有「談」字，蓋涉上文「言談」而衍。

也

「即此語也古者國君諸侯之聞見善與不善也，皆馳驅以告天子」。念孫案：「即」與「則」同。說見《釋詞》。語，猶言也。「則此語」三字文義直貫至「以告天子」而止，則「語」下不當有「也」

字。凡《墨子》書用「則此語」三字者，「語」下皆無「也」字，此蓋後人不曉文義而妄加之。

尚同下

用説

「故古者建國設都，乃立后王君公，奉以卿士師長，此非欲用説也」。念孫案：「説」字義不可通，「説」當爲「逸」，字之誤也。《中篇》曰「夫建國設都，乃作后王君公，否用泰也。卿大夫師長，否用佚也」，「否用佚」，即「非用逸」，是其證。「否」猶「非」也，説見《尚賢下》。僞古文《説命》「建邦設都，樹后王君公，承以大夫師長，不惟逸豫」，即用《墨子》而小變其文。

助治天助明

「唯辯而使助治天助明也」。念孫案：下「助」字衍。「唯辯而使助治天明」者，「辯」讀爲「徧」。古「徧」字多作「辯」，説見《日知録》。「天明」，天之明道也。哀二年《左傳》曰：「二三子順天明。」言所以設此卿士師長者，唯徧使助治天道也。《中篇》作「維辯使治天均」。

脱文六

「故計上之賞譽，不足以勸善，計其毁罰，不足以沮暴。此何故以然？則義不同也。然則欲同一天下之義，將奈何可」。舊本脱此六字。案：「此何故以然」是問詞。「則義不同也」是荅詞。「然則欲同一天下之義，將奈何可」又是問詞。舊脱中六字，則上下文皆不可通矣。今據上文補。

賞使家君

「胡不賞使家君試用家君發憲布令其家」。念孫案：「賞」字義不可通，「賞」當爲「嘗」。「嘗」、「賞」字相似，又涉上下文「賞罰」而誤。「使家君」三字，則涉下文「使家君」而衍。既言「用家君」，則不得又言「使家君」。「胡不嘗試用家君發憲布令其家」作一句讀。

小用之

「故當尚同之爲説也，尚用之天子，舊本「用」作「同」，涉上句「尚同」而誤，今據下文改。可以治天下矣；中用之諸侯，可而治其國矣；小用之家君，可而治其家矣」。引之曰：「小用之」當作「下用之」，與「尚用之」、「中用之」對文，下文「小用之」則與「大用之」對文。今本「下用」作

「小用」者，即涉下文「小用之」而誤。

窕横

「是故大用之治天下不窕，小用之治一國一家而不横者，若道之謂也」。畢云：「《爾雅》云：『窕，閒也。』猶云無閒。」念孫案：畢説非也。窕，不滿也。説見《管子·宙合篇》。横，充塞也。《孔子閒居》「以横於天下」，鄭注：「横，充也。」《祭義》曰：「置之而塞乎天地，溥之而横乎四海。」説見戴先生文集。以小居大則窕，以大入小則塞。唯此尚同之道，則大用之治天下而不窕，小用之治一國一家而不塞也。《大戴記·王言篇》曰：「布諸天下而不窕，内諸尋常之室而不塞。」

差論

「其所差論以自左右羽翼者皆良」。念孫案：差、論皆擇也。《爾雅》曰：「既差我馬。差，擇也。」《所染篇》曰：「故善爲君者，勞於論人而佚於治官。」《吕氏春秋·當染篇》同，高注：「論，猶擇也。」詳見《漢書·武紀》。《非攻篇》「差論其爪牙之士，比列其舟車之衆」，義與此同。

唯

「唯欲毋與我同，將不可得也」。畢改「唯」爲「雖」。念孫案：古者「雖」與「唯」通，不煩改字。說見《釋詞》。

情

「今天下王公大人士君子，中情將欲爲仁義，求爲上士，舊本脱「上」字，據各篇補。上欲中聖王之道，下欲中國家百姓之利，故當尚同之説而不可不察。」舊本脱「可不」二字，據各篇補。念孫案：「情」即「誠」字。言誠將欲爲仁義，則尚同之説不可不察也。《尚賢篇》曰「且今天下之王公大人士君子，中實將欲爲仁義」，「實」亦「誠」也。《非攻篇》曰「情不知其不義也，故書其言以遺後世。若知其不義也，夫奚説書其不義以遺後世哉」，「情不知」，即誠不知。凡《墨子》書中「誠」、「情」通用者不可枚舉。又《齊策》「臣知誠不如徐公美」，劉本「誠」作「情」。《吕氏春秋·具備篇》「三月嬰兒，慈母之愛諭焉，誠也」，《淮南·繆稱篇》「誠」作「情」。《漢書·禮樂志》「正人足以副其誠」，《漢紀》「誠」作「情」。此皆古書「誠」、「情」通用之證。

墨子弟二

兼愛上

不愛其異室

「盜愛其室，不愛其異室」。念孫案：下句不當有「其」字，蓋涉上下文而衍。下文「不愛異家」、「不愛異國」皆無「其」字，是其證。《意林》引無「其」字。

脱文十一

「若使天下兼相愛，愛人若愛其身，猶有不孝者乎？視父若其身，舊脱「猶有」以下十一字，今據下文補。惡施不孝？」

脱文三

「故不孝不慈無有」。舊本脱「故」、「不」、「慈」、「有」四字，畢據下文補「有」字。今以上下文考之，當作「故不孝不慈亡有」。「不孝不慈亡有」，總承上文而言。下文曰「故盜賊亡有」、「故大夫之相亂家、諸侯之相攻國者亡有」，與此文同一例，今補。

脱文一

「故天下兼相愛則治，交相惡則亂」。舊本脱「交」字，今據下二篇補。

兼愛中

脱文九

「昔者晉文公好士之惡衣，故文公之臣皆牂羊之裘，韋以帶劍，練帛之冠，入以見於君，出以踐於朝」。舊本脱「於」字，今據上句補。念孫案：「練帛之冠」下當有「大布之衣，且苴之屨」八字，而今本脱之。上文曰「晉文公好士之惡衣」，此但言冠而不言衣，則與上文不合。「入以見於君」是總承上文而言，「出以踐於朝」則專指且苴之屨而言，「且苴」，即「麤粗」。麤，倉胡反。粗，才户反。説見《廣雅疏證·釋詁》「粗、麤，大也」下。今本脱「且苴之屨」四字，則「踐」字義不可通。下篇曰「大布之衣，牂羊之裘，練帛之冠，且苴之屨，入見文公，出以踐之朝」，是其證。

危

「朝有黧黑之危」。引之曰：「危」與「黧黑」二字義不相屬，「危」當爲「色」。人瘦則面色黧黑，義見上文。

脱文二

「君説之，故臣爲之也」。又下文「君説之，故臣能之也」。念孫案：上文「爲」上脱「能」字，下文「能」下脱「爲」字。前文曰「苟君説之，則士衆能爲之」，後文曰「若苟君説之，則衆能爲之」，皆其證。

荆楚于越南夷之民

「南爲江、漢、淮、汝，東流之，注五湖之處，以利荆、楚、于、越、南夷之民」。畢云：「『荆楚于越』舊作『楚荆越與』，据《文選注》改。《江賦》念孫案：畢改非也。《文選注》本作「荆、楚、干、古寒反。越之民」，今本《墨子》作「楚、荆、越與南夷之民」，但誤倒「荆楚」二字，又脱「干」字耳。若「與南夷」之「與」，則不誤也。上文云「燕、代、胡、貉與西河之民」，此文云「荆、楚、干、越與南夷之民」，「與」非誤字明矣。「南夷」，謂荆、楚、干、越以南之夷，故曰「荆、楚、干、越與南夷」，《文選注》無「與南夷」三字，省文耳。畢誤以「楚荆越與」連讀，故删，去「與」字耳。「干越」即吴越，非《春秋》所謂「於越」也。畢改「干越」爲「于越」，亦非。説見《漢書・貨殖傳》。

連獨無兄弟者

引之曰：「連」與「獨」文義不倫，畢云：「『連』同『鰥』，音相近，字之異也。經典或作『煢』，或作『惸』，皆假音。」案：無兄弟不得謂之鰥。「鰥」、「煢」、「惸」三字聲與連皆不相近，畢説非。「連」疑當作「逴」，與「連」相似而誤。「逴」猶「獨」也，故以「逴獨」連文。《莊子・大宗師篇》「彼特以天爲父，而身猶愛之，而況其卓乎」，郭注曰：「卓者，獨化之謂也。」《秋水篇》「吾以一足趻卓而行」，《玉篇》：「逴，敕角切，蹇也。」蹇者獨任一足，故謂之逴。「逴」與「卓」通。《漢書・河間獻王傳》「卓爾不羣」，《説苑・君道篇》「踔然獨立」。《説文》「稕，特止」，徐鍇曰：「特止，卓立也。」「卓」、「踔」、「稕」竝與「逴」

同聲，皆獨貌也。

兼愛下

人與

「人與爲人君者之不惠也，臣者之不忠也，父者之不慈也，子者之不孝也，此又天下之害也。又與今人衍「人」字。之賤人，執其兵刃毒藥水火，以交相虧賊，此又天下之害也」。念孫案：「人與」當依下文作「又與」。與者，如也。《廣雅》：「與，如也。」説見《釋詞》。上文「若大國之攻小國也」云云，若，如也。此文兩言「又與」，亦謂又如也。畢反欲改「又與」爲「人與」，傎矣。

難哉　哉

「用而不可難哉亦將非之」。念孫案：「難哉」二字與下文義不相屬，「難哉」當爲「雖我」，字之誤也。言兼愛之道，如其用而不可，則雖我亦將非之也。又下文曰：「不識於兼之有是乎？於别之有是乎？哉以爲當其於此也。天下無愚夫愚婦，雖非兼之人，必寄託之於兼之有是也。」「哉」亦當爲「我」。下文又曰「我以爲當其於此也，天下無愚夫愚婦，雖非兼者，舊本「兼者」作「兼君」，涉上下文「兼君」而誤，今改正。必從兼君是也」，是其證。

誰

「誰以爲二士，使其一士者執別，使其一士者執兼」。引之曰：「誰」字義不可通，「誰」當爲「設」。言設爲二士於此，而使之各執一説也。隸書「設」字作「設」，「誰」字作「誰」，二形略相似，故「設」誤爲「誰」。

衍文三

「又有君大夫之遠使於巴、越、齊、荆，往來及否未及否未可識也」。念孫案：此當作「往來及否未可識也」，今本重出「及否未」三字。

費

「即此言行費也」。畢依別本及下文改「費」爲「拂」。念孫案：古者「拂」與「費」通，不煩改字。《大雅·皇矣篇》「四方以無拂」，鄭箋曰：「拂，猶佹也。」《中庸》「君子之道費而隱」，注曰：「費，猶佹也。」釋文：「費，本又作拂，同扶弗反。」是其證。

子

「然而天下之士非兼者之言猶未止也，曰：『意可以擇士，而不可以擇君子。』」念孫案：「子」當爲「乎」，字之誤也。「乎」與「意」文義相承。下文曰「意不忠親之利，而害爲孝乎」，是其證。

有

「其士偃前列，伏水火而死，有不可勝數也」。念孫案：「有」字文義不順，「有」當爲「者」，字之誤也。《中篇》曰「士聞鼓音，破碎亂行，蹈火而死者，左右百人有餘」，是其證。

脱文三

「今若夫兼相愛，交相利。」舊本脱「愛交相」三字，今補。

莫若

「故君子莫若欲爲惠君、忠臣、慈父、孝子、友兄、悌弟，當若兼之不可不行也」。念孫案：「若欲爲惠君、忠臣」云云，「若」上不當有「莫」字，蓋涉上文「莫若」而衍。

非攻上

也

「至殺不辜人也，拖其衣裳，取戈劍者」。念孫案：「也」即「拖」字之誤而衍者。

弗之而非

「今至大爲不義攻國，則弗之而非」。畢云：「一本無『而』字，是。」念孫案：「之」當爲「知」，俗音「知」「之」相亂，故「知」誤爲「之」。上文「皆知而非之」正與「弗知非」相對，且上下文皆作「弗知非」，則「之」爲「知」之誤明矣。

非攻中

古者 脱文一

「古者王公大人爲政於國家者，情欲譽之審，賞罰之當，刑政之不過失」。念孫案：「古者」當爲「今者」，說見《尚賢篇》。「譽」上有「毁」字，而今本脱之，則文義不明。《尚同篇》「舉天下之人，皆欲得上之賞譽，而畏上之毁罰」，是其證。「過失」下有脱文，下文曰：「今者舊本亦作「古者」，今改。王公大人情欲得而惡失，欲安而惡危，故當攻戰而不可不非。」

往

「與其牛馬肥而往、瘠而反，往死亡而不反者」。念孫案：下「往」字涉上「往」字而衍。

食飯

「食飯之不時」。念孫案：「食飯」當爲「食飲」之誤。「食飲不時」見《下篇》。

王民

「然則土地者，所有餘也；王民者，所不足也」。念孫案：「王民」二字義不可通，當是「士民」之誤，「士民」與「土地」對文，下文「王民」同。

徙大内

「越王句踐收其衆以復其讐，入北郭，徙大内，圍王宫」。念孫案：「徙大内」三字義不可通，「大内」當爲「大舟」。隸書「舟」字或作「𠂣」，與「内」相似而誤。《吴語》「越王句踐襲吴，入其郛，焚其姑蘇，徙其大舟」，韋注曰：「大舟，王舟。」《吴越春秋・夫差内傳》亦作「徙其大舟」。

皆列

「故差論其爪牙之士，皆列其舟車之衆」。舊本脱下「其」字，今據上句補。念孫案：「皆」當爲「比」。《天志篇》「比列其舟車之卒」，是其證。《下篇》「皆列」同。

乎

《詩》曰：「魚水不務，陸將何及乎？」念孫案：「陸將何及乎」不類詩詞，「乎」字蓋淺人所加。

非攻下

脱文一

「今天下之所譽善者，其説將何哉」。舊本脱「哉」字。《天志篇》曰「天下之所以亂者，其説將何哉」，今據補。

燔潰

「攘殺其牲牷，燔潰其祖廟」。引之曰：「燔」與「潰」義不相屬，「燔潰」當爲「燔燎」。隸書「尞」字或作「尞」，與「貴」字相似，故字之從尞者或誤從貴。《史記·仲尼弟子傳》索隱引《家語》有「申繚」，今本《家語·七十二弟子篇》作「申績」。《趙策》「魏殺吕遼」，下文又作「吕遺」，皆其類也。「尞」與「貴」隸相似，故「燎」誤爲「熂」，又誤爲「潰」耳。此篇云「攘殺其牲牷，燔燎其祖廟」，《天志篇》云「焚燒其祖廟，攘殺其犧牷」，文異而義同也。

先列　無殺

「又況先列北橈乎哉，罪死無殺」。念孫案：「先列」二字義不可通，當是「失列」之誤，謂失其行列也。「罪死無殺」義亦不可通，當作「罪死無赦」，此涉上下文「殺」字而誤。

剥振神之位　攘殺其犧牲

「此刺殺天民，剥振神之位，傾覆社稷，攘殺其犧牲」。念孫案：「剥」與「振」義不相屬，「振」當爲「㧅」，字之誤也。《説文》：「剥，裂也。」《廣雅》：「㧅，曹憲音必麥反。裂也。」是剥、㧅皆裂也，故曰「剥振神位」。自「刺殺天民」以下皆以四字爲句，今本作「剥振神之位」，「之」字涉上文「取天之人，攻天之邑」而衍。「攘殺其犧牲」，「其」字亦涉上文「攘殺其牲牷」而衍。

周生之本

「此爲周生之本，竭天下百姓之財用」。念孫案：「周」字義不可通，「周」當爲「害」。財者生之本也，用兵而費財，故曰「害生之本」。隸書「害」字或作「㝬」，與「周」相似而誤。《逸周書·度邑篇》「問害不寢」，《管子·幼官篇》「信利害而無私」，《韓子·外儲説》「左害主上之法」，今本「害」字竝誤作「周」。

偏

「偏具此物而致從事焉」。畢云：「『偏』當爲『徧』。」念孫案：古多以「偏」爲「徧」，不煩改字。《非儒篇》「遠施周偏」，《公孟篇》「今子偏從人而説之」，皆是「徧」之借字，而畢皆徑改爲「徧」，則未達假借之旨也。《益·象傳》「莫益之，偏辭也」，孟喜曰：「偏，周帀也。」本或作「偏」者，借字耳。而王弼遂讀爲「偏頗」之「偏」，惠氏定宇已辯之。《檀弓》「二名不偏諱」。夫子之母名『徵在』，言『在』不稱『徵』，言『徵』不稱『在』」，「偏」亦「徧」之借字，故《曲禮》注云：「謂二名不一一諱也。」而《釋文》「偏」字無音，則亦誤讀爲「偏頗」字矣，毛居正《六經正誤》已辯之。又《大戴記·勸學篇》「偏與之而無私」，《魏策》「偏事三晉之吏」，《漢書·禮樂志》「海内偏知上德」，皆以「偏」爲「徧」。又《漢書·郊祀志》「其遊以方偏諸侯」，《張良傳》「天下不足以偏封」，《張湯傳》「偏見貴人」，《史記》竝作「徧」。若諸子書中以「偏」爲「徧」者則不可枚舉。漢《三公山碑》「興雲膚寸，偏雨四海」，亦以「偏」爲「徧」。然則「偏」之爲「徧」，非傳寫之譌也。

傺　之時　廁役

「道路遼遠，粮食不繼傺，食飲之時，廁役以此飢寒凍餒疾病，而轉死溝壑中者，不可勝計也」。念孫案：「傺」字與上下文義不相屬，未詳。「之時」當爲「不時」，「食飲不時」與「粮食不繼」對文。竝見《中篇》。「廁役」二字義無所取，當爲「廝役」之誤。宣十二年《公羊傳》「廝役扈養死者數百人」，是其證。

龍生廟　大哭　鬼呼國

「昔者三苗大亂，舊本「者」下有「有」字，即「者」字之誤而衍者，今據《開元占經》《太平御覽》引删。天命殛之，日妖宵出，雨血三朝，龍生廟，大哭乎市」。念孫案：「龍生廟」當作「龍生於廟」，方合上下句法。《太平御覽·禮儀部十》引此正作「龍生於廟」。下文「鬼呼國」，「呼」下亦當有「於」字，方合上下句法。「大哭乎市」文義不明，「大」當爲「犬」，「犬哭乎市」與「龍生於廟」對文。《開元占經·犬占》引《墨子》曰「三苗大亂，犬哭于市」，《太平御覽·獸部十七》引《隨巢子》曰「昔三苗大亂，龍生于廟，犬哭于市」，皆其證。

乃命元宫

「高陽乃命元宫」。念孫案：此當作「高陽乃命禹於元宫」，下文禹征有苗正承此文而言，又下文「天乃命湯於鑣宫」，與此文同一例。今本脱「禹於」二字，則文義不明。

磨

「禹既已克有三苗，句焉磨爲山川，别物上下」。「焉」字下屬爲句。焉，猶於是也，乃也。下文「湯焉敢奉率其衆」，「武王焉襲湯之緒」，義竝與此同。說見《釋詞》。念孫案：「磨」字義不可通，「磨」當爲「磿」。「磿」與「歷」通。《周官·遂師》注曰：「磿者，適歷。」「適」音「滴」。《中山經》「歷石之山」，郭注：「或作磿。」《史記·高祖功臣侯表》「磿簡侯程黑」，《漢表》作「歷」。《春申君傳》「濮磿之北」，《新序·善謀篇》作「歷」。《樂毅傳》「故鼎反乎磿室」，《燕策》作「歷」。歷之言離也。《大戴記·五帝德篇》曰「歷離日月星辰」，是「歷」與「離」同義。《淮南·精神篇》曰：「別爲陰陽，離爲八極。」然則「磿爲山川」，亦謂離爲山川也。「離」與「磿」皆分別之義，故曰「磿爲山川，別物上下」。又《天志中篇》「磿爲日月星辰以昭道之」，「磨」亦當爲「磿」。「磿爲日月星辰」，猶《大戴》言「歷離日月星辰」也。世人多見「磨」，少見「磿」，故書傳中「磿」字多譌作「磨」。《史記》及《山海經》注「磿」字，今本皆譌作「磨」。又《逸周書·世俘篇》「伐磿」，《楚策》「遠自棄於磿山之中」，今本亦譌作「磨」。《顏氏家訓·勉學篇》曰「太山羊肅讀《世本》『容成造磿』，以『磿』爲『碓磨』之『磨』」，則以「磿」爲「磨」，自古已然矣。

還至　矢之所還　皆還父母妻子同産

「還至乎夏王桀」。念孫案：「還」字義不可通，或曰「還」即「旋」字。案：禹、桀相去甚遠，不得言「旋至乎桀」。「還」當爲「遝」，「遝」與「逮」同。說見《漢書·天文志》。逮，及也。「遝」與「還」字形相似而誤，下文「還至乎商王紂」同。又《迎敵祠篇》「城之外矢之所還」，「還」亦當爲「遝」，謂矢之所及也，下文「矢之所還」同。又《號令篇》「自死罪以上，舊本脱「以」字，今補。皆還父母、妻子、同産」，「還」亦當爲「遝」，謂罪及父母、妻子、同産也。下文曰：「歸敵者，父母、妻子、同産皆車裂。」

序

「天不序其德」。念孫案：序，順也。言天不順紂之德，《非樂篇》引湯之《官刑》曰「上帝不順」是也。《爾雅》曰：「順，敘也。」「敘」與「序」同。《法言·問神篇》曰「事得其序之謂訓」，「訓」與「順」同。周語曰「周旋序順」，「序」亦「順」也。説見《經義述聞》。《逸周書·序》曰：「文王告武王以序德之行。」

兄

「王兄自縱也」。念孫案：「兄」與「況」同。況，益也，言紂益自放縱也。《小雅·常棣篇》「況也永歎」，毛傳曰：「況，兹也。」「兹」與「滋」同。滋，益也。《晉語》「衆況厚之」，韋注曰：「況，益也。」《無逸》「則皇自敬德」，《漢石經》「皇」作「兄」，王肅本作「況」，云：「況滋益用敬德。」《大雅·桑柔篇》「倉兄填兮」，《召閔篇》「職兄斯引」，傳竝曰：「兄，兹也。」

僮子

「夫天下處攻伐久矣，譬若傅子之爲馬然」。畢改「傅」爲「傅」，云：「傅子，言傅舍之人。」念孫案：畢説非也。「傅」當爲「僮」，字之誤也。「僮」，今「童」字也。《説文》：「僮，未冠也。」《魯語》曰：「使僮子備官。」《史記·樂書》曰：「使僮男、僮女七十人倶歌。」《宋世家》曰：「彼狡僮兮。」《玉篇》曰：「僮，今爲童。」《耕柱篇》曰：「大國之攻小國，譬猶童子之爲馬也。童子之爲馬，足用而勞。今大國之攻小國也，攻者農夫不得耕，婦人不得織，以守爲事。攻人者亦農夫不得耕，婦人不得織，以攻爲事。故大國之攻小國也，譬猶童子之爲馬也。」是其證。

之絶

「布粟之絶，則委之；幣帛不足，則共之」。念孫案：「之絶」二字不詞，當是「乏絶」之誤。《月令》曰「賜貧窮，振乏絶」是也。「委」讀「委輸」之「委」。《後漢書·千乘貞王伉傳》「租委鮮薄」，注：「委，謂委輸也。」

序利　有序

「量我師擧之費，以争諸侯之斃，舊本「争」作「静」，涉下文諸字從言而誤，今改。則必可得而序利焉」。引之曰：「序利」當爲「厚利」，隸書「厚」字或作「𠩺」，見漢《荆州刺史度尚碑》。又作「庴」，見《三公山碑》。形與「序」相似而誤。《詩序》「厚人倫」，釋文：「厚，本或作序，非。」《荀子・王霸篇》「桀、紂即厚於有天下之埶」，《鹽鐵論・國病篇》「無德厚於民」，今本「厚」字竝譌作「序」。此言量我興師之費，以争諸侯之斃者，則厚利必可得也。《明鬼篇》曰：「豈非厚利哉？」今本「厚」作「序」，則義不可通。又《備城門篇》「百步一亭，亭一尉，舊本脱下「一」字，據《太平御覽・職官部六十七》補。尉必取有序忠信可任事者」，畢云「『有序』言有資格」，非也。「序」亦當爲「厚」，厚上當有「重」字。人必重厚忠信，然後可以任事，故曰「尉必取有重厚忠信可任事者」。《號令篇》曰：「葆衛必取戍卒有重厚者，請擇吏之忠信者、無害可任事者令將衛。」是其證。今本「厚」作「序」，「序」上又脱「重」字，則義不可通。

者此

「今欲爲仁義，求爲上士，尚欲中聖王之道，下欲中國家百姓之利，故當若非攻之爲説，而將不可不察者此也」。念孫案：「不可不察者此也」，本作「不可不察此者也」。「此」字指非攻之説而言，言欲爲仁義，則不可不察此非攻之説也。今本「此者」二字倒轉，則與上文「今欲」二字義不相屬矣。《節葬篇》「故當若節喪之爲政，而不可不察者此也」，「者此」亦「此者」之誤。《尚賢篇》「故尚賢之爲説，而不可不察此者也」，《明鬼篇》「故當鬼神之有與無之别，以爲將不可以不明察此者也」，舊本脱下「不」字，今補。「此者」二字皆不誤。

節用上

脱文三

「因其國家，去其無用之費」。舊本脱「用之費」三字，今據下文及《中篇》補。

便民

「其發令興事、便民用財也，無不加用而爲者」。念孫案：「便民」二字與下句文意不合，「便民」當爲「使民」。言必有用之事，然後使民爲之也。

所

「其欲蚤處家者，有所二十年處家；其欲晚處家者，有所四十年處家」。念孫案：所，猶時也。言有時二十年，有時四十年也。文十三年《公羊傳》注曰：「所，猶時也。」詳見《經義述聞・左傳・昭三十一年》。

籍斂　作斂　措斂

「其使民勞，其籍斂厚」。引之曰：「籍斂」，税斂也。《大雅・韓奕篇》「實畝實籍」，箋曰：「籍，税也。」正義引宣十五年《公羊傳》曰：「什一而籍。」「籍」古讀若「昨」。説見《唐韻正》。《辭過篇》「厚作斂於百姓」，「作斂」與「籍斂」同。《非樂篇》「厚措斂乎萬民」，「措」字以「昔」爲聲，「措斂」亦與「籍斂」同。

脱文一

「去無用之費，聖王之道，天下之大利也」。舊本脱「費」字，《中篇》曰「諸加費不加于民利者，聖王弗爲」，今據補。

節用中

韇鞄

「凡天下羣百工，輪、車、韇、鞄、陶、冶、梓、匠」。畢云：「韇，《説文》云：『韋繡也。』『鞄』當爲『鞄』，《説文》云：『柔革工也。』」念孫案：「韇」即《攷工記》「函鮑韗韋裘」之「韗」，非謂韋繡也。輪、車、梓、匠爲攻木之工，陶爲搏埴之工，冶爲攻金之工，然則「韇鞄」即韗鮑，爲攻皮之工也。凡文、吻、問與脂、旨、至古音多互相轉，故「韗」字或作「韇」。「鞄」之爲「鞄」，亦借字耳，故《攷工記》又借作「鮑」。

北降

「南撫交阯，北降幽都，東西至日所出入」。念孫案：「降」字義不可通，「降」當爲「際」。《爾雅》「際、接，捷也」，郭注曰：「捷，謂相接續也。」「際」、「降」字形相似，故傳寫易譌。《周易集解·豐·象傳》「豐其屋，天降祥也」，引孟喜曰：「天降下惡祥也。」王弼本「降祥」作「際翔」。「際」、「降」字相似，故《周易》與《墨子》互譌。

飲於土塯

念孫案：「土塯」乃飯器，非飲器。「飲」乃「飯」字之誤，「飯土塯」已見畢注。

斗以酌

念孫案：「斗」上脱一字，此與下文義不相屬，「酌」下必多脱文，不可考。

利

「古者聖王爲大川廣谷之不可濟，於是利爲舟楫」。念孫案：「利」字義不可通，「利」當爲「制」，隸書「制」字或作「刺」，與「利」相似而誤。詳見《管子·五輔篇》。

節葬下

傳

「若苟疑惑乎之二子者言，然則姑嘗傳而爲政乎國家萬民而觀之」。畢本「傳」作「傅」。念孫案：「傳」字義不可通，當依舊本作「傳」，「傳」與「轉」通。《吕氏春秋・必已篇》「若夫萬物之情，人倫之傳」，高注曰：「傳猶轉。」《莊子・天運篇》「無方之傳，應物而不窮」，《漢書・劉向傳》「禹稷與咎繇傳相汲引」，「傳」竝與「轉」同。《淮南・主術篇》「生無乏用，死無轉尸」，《逸周書・大聚篇》「轉」作「傳」。襄二十五年《左傳》注「傳寫失之」，釋文：「傳，一本作轉。」言若疑惑乎二子之言，則試轉而爲政乎國家萬民以觀之也。

且故

「且故與天下之利，除天下之害」。念孫案：「且故」二字文義不順，當爲「是故」之誤。興利除害，正承上文而言。

正夫

「存乎正夫賤人死者」。畢云：「『正』同『征』。」念孫案：畢説非也，「正」當爲「匹」。《白虎通義》曰：「庶人稱匹夫。」上文「王公大人」爲一類，此文「匹夫賤人」爲一類，無取於征夫也。隸書「匹」字或作「疋」，與「正」相似而誤。《禮器》「匹士大牢而祭謂之攘」，釋文：「匹，本或作正。」《緇衣》「唯君子能好其正」，注：「正當爲匹。」

扶

「財以成者，扶而埋之」。引之曰：「扶」字義不可通，「扶」當爲「挾」，謂挾已成之財而埋之也。畢云：「『以』同『已』。」隸書「挾」字或作「扶」，與「扶」相似而誤。《方言》：「挾，護也。」今本「挾」譌作「扶」。

者五　族人　月數

「君死，喪之三年；父母死，喪之三年；妻與後子死者，五皆喪之三年；然後伯父叔父兄弟孽子其；畢云：「同期。」族人五月；姑姊甥舅皆有月數」。念孫案：「者五」當爲「五者」，謂君、父、母、妻與後子也。《非儒篇》曰：「妻、後子三年。」今本「五者」二字倒轉，則義不可通。「族人」當爲「戚族人」，謂族人之近者也，《非儒篇》正作「戚族人五月」。見《儀禮·喪服》。今本脱「戚」字，則義不可通。《公孟篇》「戚族人五月」，今本亦脱「戚」字。「月數」當爲「數月」，《公孟篇》正作「姑姊舅甥皆有數月之喪」。亦見《喪服》。今本「數月」二字倒轉，則文義不明。

三睘

「夫衆盜賊而寡治者，「夫」字承上文而言，舊本「夫」譌作「先」，今改正。以此求治，譬猶使人三睘而毋負己也」。畢云：「『三睘』未詳。」引之曰：「睘」與「還」同，「還」讀「周還」、「折還」之「還」。謂轉折也。使人三轉其身於己前，則或轉而向己，或轉而背己，皆勢所必然。如此而欲使其毋背己，不可得也。故曰「以此求治，譬猶使人三睘而毋負己也」，亦言求治之必不可得也。「負」亦「背」也。《明堂位》「天子負斧依」，注：「負之言背也。」《秦策》「齊東負海，北倚河」，高注：「負，背也。」「負」與「背」古同聲，而字亦相通。又通作「倍」。《史記・魯世家》「南面倍依，以朝諸侯」，「倍依」即「負依」。《主父偃傳》「南面負扆」，《漢書》「負」作「背」。《漢書・高紀》「項羽背約」，《史記》「背」作「負」。

脱文一

「若苟寡，是城郭溝渠者寡也」。念孫案：「城郭溝渠」上當有「脩」字，而今本脱之，則義不可通。此「脩」字正承上文「城郭脩」、「城郭不脩」而言。

反其所

「則惟「惟」與「雖」同，説見《釋詞》。上帝鬼神降之罪厲之禍罰而棄之，「之禍罰」，「之」猶與也，謂罪厲與禍罰也。「之」字古或訓爲與。説見《釋詞》。則豈不亦乃其所哉」。畢改「乃其所」爲「反其所」。念孫案：畢改非也。「乃其所」，猶言固其宜。言以不事上帝鬼神而獲禍，固其宜也。襄二十一年《左傳》曰「若上之所爲，而民亦爲之，乃其所也」，是其證。文二年《傳》「吾以勇求右，無勇而黜，亦其所也」，哀十六年《傳》「克則爲卿，不克則亨，固其所也」。若改爲「反其所」，則義不可通。

久哭

「死者既以葬矣，生者必無久哭」。念孫案：「久哭」當爲「久⿱哭亾」，「⿱哭亾」字從哭亾聲。《墨子》原文蓋本作「⿱㗊亾」，見《玉篇》《廣韻》。而傳寫脱去「亡」字耳。《節用篇》曰「死者既葬，生者毋久⿱哭亾用哀」，是其證。「久⿱哭亾」二字見於本篇及它篇者多矣，若作「久哭」則語不該備。

南己

「舜西教乎七戎，道死，葬南己之市」。念孫案：「南己」，《後漢書・王符傳》注引作「南巴」，

「巴」即「己」之誤。畢以作「巴」者爲是，且云「九疑，古巴地」。案：《北堂書鈔》及《初學記·禮部下》引《墨子》竝作「南己」，《後漢書·趙咨傳》注及《太平御覽》竝引作「南紀」，《吕氏春秋·安死篇》「舜葬於紀市」，即所謂南紀之市，則「己」非誤字也。若是「巴」字，則不得與「紀」通矣。《墨子》稱舜所葬地，本不與諸書同，不必牽合舜葬九疑之文也。至謂九疑爲古巴地，以牽合南巴，則顯與上文「西教乎七戎」不合，此無庸辯也。

九夷

「禹東教乎九夷」。畢云：「《太平御覽》引作『教於越』者，以意改之。」念孫案：鈔本《北堂書鈔》陳禹謨依今本改爲「九夷」。及《初學記》引此竝作「於越」，非作《御覽》者以意改也。今本作「九夷」者，後人因上文「七戎」、「八狄」而改之，不知此説堯、舜、禹所至之地，初非以七戎，八狄，九夷爲次序也。據下文云「葬會稽之山」，會稽正在越地，則當以作「於越」者爲是。

土地

「土地之深，下毋及泉，上毋通臭」。念孫案：「土地」二字文義不明，「土地」當爲「堀地」，寫者脱其右半耳。下文曰「掘地之深，下無菹漏，氣無發泄於上」，《節用篇》曰「堀穴深不通於泉」，皆其證。

以爲如此葬埋之法

「豈憂財用之不足哉？以爲如此葬埋之法」。畢云：「《太平御覽》引作『以爲葬埋之法也』。」念孫案：《北堂書鈔》《初學記》亦如是，於義爲長。

即

「璧玉即具，戈劍鼎鼓壺濫、文繡素練、大鞅萬領、輿馬女樂皆具」。念孫案：「即」字文義不順，「即」當爲「既」，言璧玉既具，而戈劍等物又皆具也。

請謂

「請可以富貧衆寡、定危治亂乎」。畢從一本改「請」爲「誠」。念孫案：古者「誠」與「請」通，不煩改字。《尚同篇》「今天下之王公大人士君子，請將欲富其國家，衆其人民，治其刑政，定其社稷」，「請」即「誠」字也。又本篇下文「今天下之士君子，中請將欲爲仁義，求爲上士」，「謂」即「請」之譌。畢徑改爲「誠」，皆未達假借之旨。後凡改「請」爲「誠」者，放此。《墨子》書「情」、「請」二字竝與「誠」通，說見《尚同篇》。

猶

「若以此若三國者觀之，則亦猶薄矣。若以中國之君子觀之，舊本脱「以」字，據上文補。則亦猶厚矣」。念孫案：《爾雅》：「猶，已也。」言亦已薄，亦已厚也。

墨子弟三

天志上

所

「若處家得罪於家長，猶有鄰家所避逃之」。念孫案：所，猶可也，說見《釋詞》。言有鄰家可避逃也。下文同。畢引《廣雅》「所，尻也」，失之。

幽門　幽澗

「夫天不可爲林谷幽門無人，明必見之」。畢云：「『門』當爲『澗』。」念孫案：畢改「門」爲「澗」，據《明鬼篇》文也。余謂「門」當爲「閒」。「閒」讀若「閑」。言天監甚明，雖林谷幽閒無人之處，天必見之也。《賈子·耳痺篇》曰：「故天之誅伐，不可爲廣虛幽閒、攸遠無人，雖重襲石中而居，其必知之乎！」《淮南·覽冥篇》曰：「上天之誅也，雖在壙虛幽閒，遼遠隱匿，重襲石室，界障險阻，其無所逃之，亦明矣。」義皆本於《墨子》。則「幽門」爲「幽閒」之誤明矣。又《明鬼篇》「雖有深谿博林、幽澗毋人之所」，「幽澗」亦「幽閒」之誤。「深谿博林、幽閒毋人」，即所謂「林谷幽閒無人」也。「幽閒毋人」正指「深谿博林」言之，若作「幽澗」，則與「深谿」相複。

脱文三

「然而天下之士君子之於天也，忽然不知以相儆戒」。舊本脱「士」字及「之於」二字，今據上下文補「士」字，又以意補「之於」二字。

脱文十五

「然則天亦何欲何惡？天欲義而惡不義。然則率天下之百姓以從事於義，則我乃爲天之所欲也。然則我何欲何惡？我欲福禄而惡禍祟。若我不爲天之所欲，而爲天之所不欲，舊本脱「若我」以下十五字，今據《中篇》補。然則我率天下之百姓以從事於禍祟中也」。

次

「是故庶人竭力從事，未得次己而爲政，有士政之」。「政」與「正」同，《下篇》皆作「正」。畢云：

「『次』，『恣』字省文。」引之曰：畢説非也。次，猶即也。下文諸「次」字竝同。此言士在庶人之上，故庶人未得即己而爲正，有士正之也。次、即聲相近，而字亦相通。《康誥》「勿庸以次女封」，《荀子·致士》《宥坐》二篇竝作「勿庸以即女」，《家語·始誅篇》作「勿庸以即女心」，皆其證。《説文》「垐，古文作垐」，亦其例也。

天志中

脱文二

「何以知義之爲善政也？曰：天下有義則治，無義則亂，是以知義之爲善政也」。舊本脱兩「爲」字，《下篇》曰：「何以知義之爲正也？天下有義則治，無義則亂，我以此知義之爲正也。」今據補。

下出

「先王之書曰：『明哲維天，臨君下出。』」引之曰：「下出」二字義不可通，「出」當爲「土」。「明哲維天，臨君下土」，猶《詩》言「明明上天，照臨下土」耳。隸書「出」字或作「士」，若「敳」省作「敖」，「賣」省作「賣」，「歎」省作「款」之類。形與「土」相似，故「土」譌爲「出」。《漢書·外戚傳》「必畏惡吐棄我」，《漢紀》「吐」譌作「咄」，亦其類也。

雷降

「雷降雪霜雨露，以長遂五穀麻絲」。念孫案：「雷降雪霜雨露」義不可通，「雷」蓋「霣」字之誤，「霣」與「隕」同。《左氏春秋經·莊七年》「星隕如雨」，《公羊》「隕」作「霣」。《爾雅》：「隕、降，落也。」故曰：「霣降雪霜雨露。」

天胡說

「若天不愛民之厚，天胡說人殺不辜而天予之不祥哉」。念孫案：「天胡說」之「天」當爲「夫」，此涉上下文「天」字而誤。夫，發聲也。言若天非愛民之厚，則人殺不辜而天予之不祥者，果何說哉？《節葬篇》曰：「厚葬久喪果非聖王之道，夫胡說中國之君子爲而不已、操而不擇哉？」是其證。

既可得留而已　既可謂而知也

「故夫愛人利人，順天之意，得天之賞者，既可得留而已」。畢云：「据下云『既可謂而知也』，此句未詳。」念孫案：「既可得留而已」當作「既可得而智已」，「智」即「知」也。《墨子》書「知」字多作「智」，見於《經說》《耕柱》二篇者不可枚舉。其他書作「智」者，皆見《管子·法法篇》。言順天之意，得天之賞者，既可得而知已。《尚賢篇》曰「既可得而知已」。舊本作「既可得留而已」者，「智」誤爲「留」，又誤在「而」字上耳。下文云「故夫憎人賊人反天之意，得天之罰者，既可謂而知也」，亦當作「既可得而知也」。此因「得」與「謂」草書相似而誤。「既可得而知」五字前後相證，則兩處之誤字不辯而自明。《下篇》亦云「既可得而知也」。

天之意　天之志

「故子墨子之有天之意也」。念孫案：「天之意」本作「天之」，「天之」即「天志」，本篇之名也。「子墨子之有天之」已見上文。古「志」字通作「之」，説見《號令篇》「常司上之」下。後人不達，又見上下文皆云「順天之意」「反天之意」，故於「天之」下加「意」字耳。《下篇》曰「非獨子墨子以天之志爲法也」，又曰「當天之志而不可不察也。天之志者，義之經也」。三「志」字亦後人所加，「之」即「志」字也。

衍文三　脱文一

「觀其行，順天之意謂之善行，反天之意謂之不善行」。舊本「謂之善」下衍「意」字，「謂之不善」下脱「行」字，又衍「意非」二字，今據下文改正。

天志下

極戒

「然而莫知以相極戒也」。引之曰：「極」字義不可通，「極戒」當爲「儆戒」，字之誤也。《上篇》「相儆戒」三字凡五見。

脱文三

「今天下之士君子，皆明於天子之正天下也，而不明於天之正天子也」。舊本「不明於天下」脱「之」字，「正」下又脱「天子」二字，今補。

禍福

「天子賞罰不當，聽獄不中，天下疾病禍福」。念孫案：「福」字義不可通，「禍福」當爲「禍祟」。下者，降也，言降之以疾病禍祟也。「疾病禍祟」見《中篇》。

物

「且天之愛百姓也，不盡物而止矣」。念孫案：「物」字義不可通，「物」當爲「此」。「此」字指上文而言。《中篇》曰「不止此而已矣」，又曰「不止此而已」，舊本脱「不」字，今補。皆其證。

衍文一　脱文六

「今天下之國，粒食之民，殺一不辜者，必有一不祥」。舊本「民」下衍「國」字，今删。「殺一」下脱「不辜者必有一」六字，今據上、中二篇補。

别

「且天之愛百姓厚矣，天之愛百姓别矣」。引之曰：「别」讀爲「偏」，言天偏愛百姓也。古或以「別」爲「偏」，説見《經義述聞・尚書・康誥》。

毁之賁不之廢也

「是以天下之庶民屬而毁之，業萬世子孫繼嗣，毁之賁不之廢也」。畢云：「句疑有脱誤。」念孫案：「賁」當爲「者」。隸書「者」字或作「耆」，見漢《衛尉卿衡方碑》《郃陽令曹全碑》。與「賁」相似而誤。「不之廢」，衍「之」字。廢者，止也。見《中庸》、《表記》注。言業萬世子孫繼嗣，而毁之者猶不止也。《尚賢篇》云「萬民從而非之，曰暴王，至今不已」是也。今本「者」譌作「賁」，下文又衍「之」字，則文不成義。

脱文一

「今輪人以規，匠人以矩，以此知方圜之別矣」。舊本脱「知」字，《中篇》曰「圜與不圜，方與不方，皆可得而知」，今據補。

溝境　御

「入其溝境，刈其禾稼，斬其樹木，殘其城郭，以御其溝池」。念孫案：「溝境」二字不詞，當依《非攻篇》作「邊境」。此涉下文「溝池」而誤也。引之曰：「御」字義不可通，「御」當爲「抑」。抑之言堙也，謂壞其城郭以塞其溝池，若《周語》所云「墮高堙庳」也。《史記·河渠書》「禹抑鴻水」，索隱曰：「抑，《漢書·溝洫志》作『堙』，堙、抑皆塞之也。」是「抑」與「堙」同義。《非攻篇》作「湮其溝池」，「湮」亦「堙」也。隸書「抑」字或作「抑」，見漢《校官碑》。「御」字或作「御」，見《帝堯碑》。二形相似而誤。

係操

「民之格者，則剄拔之，不格者則係操而歸」。引之曰：民可係而歸，不可操而歸。古亦無以「係操」二字連文者。「操」當爲「纍」，即《孟子》所謂「係累其子弟」也。「纍」誤爲「枲」，後人因改爲「操」耳。

舂酋

「丈夫以爲僕圉、胥靡，婦人以爲舂酋」。畢云：「《周禮》云：『其奴男子入于皋隸，女子入于舂槀。』又《説文》云：『酋，繹酒也。《禮》有大酋，掌酒官也。』未詳婦人爲酋之義。『酋』與『舀』聲形相近，《説文》『舀，抒臼也』，亦『舂槀』義與？」念孫案：畢以「酋」爲「或舂或舀」

之「舀」，非也。《説文》：「酋，繹酒也。從酉，水半見於上。《禮》有大酋，掌酒官也。」《月令》注：「酒孰曰酋。」據此，則酒官謂之酋者，以其掌酒也。然則女奴之掌酒者，亦得謂之酋矣。《周官・酒人》「女酒三十人，奚三百人」，鄭注曰：「女酒，女奴曉酒者。古者從坐男女没入縣官爲奴，其少才知以爲奚。」是其證。惠氏半農《禮説》曰：「酒人之奚多至三百，則古之酒皆女子爲之，即《墨子》所謂『婦人以爲舂酋』也。」

法美

「爲人後子者，必且欲順其先君之行，曰：『何不當發吾府庫，舊本脱府字，據上文補。視吾先君之法美。』」念孫案：「法美」二字，義不相屬。「美」當爲「義」，字之誤也。《少儀》「言語之美」，鄭注：「美當爲儀。」案：「美」乃「義」字之誤，「義」即古「儀」字。説見《經義述聞・禮記》「别之以禮義」下。「法義」即「法儀」也。前有《法儀篇》云「天下從事者不可以無法儀」。《非命篇》曰「先立義法」，即「儀法」。「當」讀爲「嘗」。《荀子・性惡篇》「今當試去君上之埶，無禮義之化，去法正之治，無刑罰之禁，則天下之悖亂而相亡不待頃矣」，《呂氏春秋・疑似篇》「戎寇當至」，當竝與嘗同。《史記・西南夷傳》「嘗擊南越者八校尉」，《漢書》「嘗」作「當」。嘗，試也。言試發吾府庫，視吾先君之法儀也。

蚤絫

「與角人之府庫，「角」字有誤。竊人之金玉蚤絫者乎」。引之曰：「蚤絫」二字義不可通，「蚤絫」當爲「布杲」。隸書「布」字作「布」，「蚤」字作「蚤」，二形相似，故「布」譌爲「蚤」。《荀子·儒效篇》「必蚤正以待之也」，《新序·雜事篇》「蚤」作「布」。「杲」，蓋「繰」之借字。布繰即布帛。《説文》：「繰，帛如紺色，或曰深繒，讀若杲。」「繰」、「杲」同音，故字亦相通。凡書傳中從杲、從參之字多相亂，故《非樂篇》「多治麻絲葛緒綑布繰」，今本作「布縿」。而《檀弓》之「布幕衞也，繰幕魯也」，今本亦作「縿幕」。其它從杲之字，亦多變而從參。説見《詩本音·陳風·月出篇》。隸書「參」字作「叅」，與「絫」相似，因譌爲「絫」矣。《西伯戡黎》「乃罪多參在上」，馬融讀「參」爲「絫」，亦以其字形之相似。金玉布繰皆府庫所藏，故曰「角人之府庫，竊人之金玉布杲」。

脱文十

「與踰人之欄牢、竊人之牛馬者。與入人之場園、竊人之引之曰：舊脱「者與入人之場園竊人之」十字，當據上下文補。桃李瓜薑者」。

文義

「有能多殺其鄰國之人，因以爲文義」。念孫案：「文義」二字義不可通，「文」當爲「大」，字之誤也。謂多殺鄰國之人，聞之者不以爲不義，反以爲大義也。《非攻篇》曰「小爲非，則知而非之，大爲非攻國，則不知非，今本「不知」下衍「而」字。從而譽之，謂之義」，此之謂也。

明鬼下

借若

「今若使天下之人借若信鬼神之能賞賢而罰暴也，舊本「罰暴」二字倒轉，據上文改。則夫天下豈亂哉」。念孫案：上言「若使」，則下不得又言「借若」，余謂「若」字涉上文而衍，「借」乃「偕」字之誤。「偕」與「皆」通。《湯誓》「予及女皆亡」，《孟子・梁惠王篇》「皆」作「偕」。《周頌・豐年篇》「降福孔皆」，《晉書・樂志》「皆」作「偕」。言使天下之人皆信鬼神之能賞賢而罰暴，則天下必不亂也。

天下之

「旦暮以爲教誨乎天下之，疑天下之衆」。畢於上「之」字下補「人」字。念孫案：畢補非也。此文本作「旦暮以爲教誨乎天下句」，今本「天下」下有「之」字者，涉下句「天下之衆」而衍。畢不解其故，而於之「下」補「人」字，誤矣。下文「天下之衆」，即天下之人也。

脱文九

「請或聞之見之，則必以爲有；莫聞莫見，舊脱「則必」以下九字，今據下文及《非命篇》補。則必以爲無」。

敢問神

「鄭穆公再拜稽首曰：『敢問神？』曰：『予爲句芒。』」畢據《太平御覽》《神鬼部二》於「神」下加「明」字，云：「『明』同『名』。」念孫案：鈔本《御覽》正作「敢問神名」，刻本「名」作「明」，誤也。「明」古讀若「芒」，不得與「名」通。

馳祖

「燕將馳祖，燕之有祖，當齊之社稷，宋之有桑林，楚之有雲夢也。」畢釋「祖」字云：「祖道也。」念孫案：畢説非也。《法苑珠林·君臣篇》作「燕之有祖澤，猶宋之有桑林，國之大祀也」，據此則「祖」是澤名，故又以雲夢比之。下文「燕簡公方將馳於祖塗」，亦謂祖澤之塗也。然則「祖」非「祖道」之謂。

由猶

「齊君由謙殺之，恐不辜，猶謙釋之，恐失有罪」。念孫案：「由」、「猶」，皆欲也。「謙」與「兼」同，言欲兼殺之、兼釋之也。《大雅·文王有聲篇》「匪棘其欲」，《禮器》作「匪革其猶」。《周官·小行人》「其悖逆暴亂作慝猶犯令者」，《大戴記·朝事篇》「猶」作「欲」。是「猶」即「欲」也。「猶」、「由」古字亦通。

泏洫撼羊

「於是泏洫，撼羊而漉其血」。畢云：「《説文》云：『泏，水皃，讀若窟。』洫，未詳，疑『皿』字，言以水渫皿。《太平御覽》《事類賦》引作『以羊血灑社』，則『漉』當爲『灑』字之誤。『⿰扌㥯』，字書無此字。」盧云：「《玉篇》有『⿰扌⿱爫工』字，云『摇也』，烏可、烏寡二切。」引之曰：「⿰扌㥯」即「㔷」字也。《廣雅》曰：「㔷、曹憲音乙牙反。刑、刻，剄也。」《吴語》「自㔷於客前」，賈逵曰：「㔷，剄也。」作「⿰扌㥯」者，或字耳。此文本作「⿰扌㥯羊出血而灑其血」，謂剄羊出血而灑其血於社也。《太平御覽》《獸部十四》〔一〕引作「以羊血灑社」者，省文耳。今本「出血」作「泏洫」，涉下文「灑」字而誤加「氵」，又誤在「⿰扌㥯羊」之上，則義不可通。

請品先

「請品先不以其請者，鬼神之誅，至若此其憯遫也」。畢云：「『品』當爲『盟』。下『請』字當爲『情』。」引之曰：畢謂「品」當作「盟」是也。上「請」字當爲「諸」。「先」當爲「共」，隸書「先」字或作「先」，與「共」相似而誤。説見《經義述聞·左傳·僖三十一年》。「共」字當在「盟」字上。「共盟」見上文。諸，猶今人言諸凡也。言凡共盟而不以其情者，必受鬼神之誅也。上文曰「諸不敬慎祭祀者，鬼神之誅至若此其憯遫也」，是其證。今本「諸」譌作「請」，「共」譌作「先」，「盟」譌作

〔一〕十四，原作「十三」，據《太平御覽》改。

「品」，又升「品」字於「先」字上，則義不可通。下「請」字即「情」字也，《墨子》書通以「請」爲「情」，不煩改字。

菆位　禁社

「且惟昔者虞夏、商、周三代之聖王，其始建國營都，必擇國之正壇，置以爲宗廟；必擇木之脩茂者，立以爲菆位」。畢云：「『菆』，『蕝』字假音。《説文》云：『朝會，束茅表位曰蕝。《春秋國語》曰：『茅蕝表坐。』韋昭曰：『蕝謂束茅而立之，所以縮酒。』」念孫案：畢説非也。「菆」與「叢」同。「位」當爲「社」，字之誤也。隸書「社」字，或作「社」。又作「社」，因譌而爲「位」。漢《魯相韓勑造孔廟禮器碑》「潁川長社王玄君真」，字作「社」，《魯相史晨祠孔廟奏銘》「夫封土爲社」，字作「社」，是其證也。《急就篇》「祠祀社稷叢臘奉」，「叢」，一本作「菆」。鄭注《喪大記》曰「欑，猶菆也」，釋文：「菆，才工反。本亦作叢。」《説文》曰：「榛，菆也。」《淮南・原道篇》注曰：「藂木曰榛。」「藂」亦與「叢」同。顔師古曰：「叢謂草木岑蔚之所，因立神祠。」即此所謂「擇木之脩茂者，立以爲菆社」也。《秦策》「恒思有神叢」，高注曰：「神祠，叢樹也。」見《史記・陳涉世家》索隱。《莊子・人閒世篇》曰「見櫟社樹，其大蔽牛」，《呂氏春秋・懷寵篇》曰「問其叢社大祠，民之所不欲廢者，而復興之」，《太玄・聚》次四曰「牽羊示于叢社」，皆其證也。「置以爲宗廟」承上「賞於祖」而言；「立以爲菆社」承上

「僇於社」而言。則「位」爲社「字」之誤明矣。《史記·陳涉世家》「又間令吴廣之次近所旁叢祠中」，索隱引《墨子》云「建國必擇木之脩茂者以爲叢位」，則所見本「社」字已誤作「位」，而「菆」字作「叢」，則不誤也。又《耕柱篇》曰「季孫紹、孟伯常治魯國之政。不能相信。而祝於禁社」，「禁社」乃「藂社」之誤。「藂」亦與「叢」同。《爾雅》「灌木，叢木」，釋文曰：「叢，本或作藂。」《漢書·東方朔傳》「藂珍怪」，師古曰：「藂，古叢字。」漢《殽阬君神祠碑陰》有「藂鵠伯鸞」。《說文》：「丵，叢生艸也。」「叢，聚也。從丵取聲。」聚艸謂之叢，聚木亦謂之叢。「叢」、「菆」、「藂」三字或從丵、或從艸、或從林，其義一也。

古者聖王必以鬼神爲

念孫案：「爲」下當有「有」字，而今本脱之。「必以鬼神爲有」見上文。其下仍有脱文，不可考。

咸

「故書之竹帛，傳遺後世子孫。咸恐其腐蠹絶滅，後世子孫不得而記，故琢之盤盂，鏤之金石，以重之」。引之曰：「咸」字文義不順，當是「或」字之誤。言或恐竹帛之腐蠹絶滅，故又琢之盤盂，鏤之金石也。

慎無

「先王之書，慎無一尺之帛，一篇之書，語數鬼神之有，重有重之，「有」與「又」同。亦何書有之哉」。念孫案：「慎無」二字義不可通，「慎無」當爲「聖人」。上文曰「故先王之書，聖人此下脱二字，或當云『聖人之言』。一尺之帛，一篇之書」，是其證。

矧住人面

「《商書》曰：『嗚呼！古者有夏，方未有禍之時，百獸貞蟲，允及飛鳥，莫不比方。矧住人面，胡敢異心？』」畢改「住」爲「在」。引之曰：古「惟」字但作「隹」，古鐘鼎文「惟」字作「隹」，石鼓文亦然。又夏竦《古文四聲韻》載《道德經》「惟」字作「隹」。《墨子》多古字，後人不識，故傳寫多誤。此「住」字蓋「隹」字之誤，不當改爲「在」也。「矧惟」者，語詞。《康誥》曰「矧惟不孝不友」，又曰「矧惟外庶子、訓人」，《酒誥》曰「矧惟爾事，服休服采。矧惟若疇圻父，薄違農父，若保宏父」，皆其證也。《鹽鐵論・未通篇》曰：「周公抱成王聽天下，恩塞海内，澤被四表，矧惟人面，今本「人」作「南」，此後人不曉文義而妄改之也。含仁保德，靡不得其所。」《繇役篇》曰：「普天之下，惟人面之倫，莫不引領而歸其義。」《後漢書・章帝紀》曰：「訖惟人面，靡不率俾。」《和帝紀》

曰：「戒惟人面，無思不服。」竝與《墨子》同意。

誤文二

「此吾所以知《商書》之鬼也。且《商書》獨鬼，而《夏書》不鬼，則未足以爲法也」。舊本上「商書」譌作「商周」，下「商書」譌作「禹書」，今據上文改。

事

「賞於祖者何也？言分命之均也。僇於社者何也？言聽獄之事也」。念孫案：「事」者，「中」之壞字也。中者，平也，與「均」字對文。上文曰「僇於社者何也？言聽之中也」，是其證。

尚書

「故《尚書》《夏書》，其次商、周之《書》」。念孫案：「《尚書》《夏書》」文不成義。「尚」與「上」同，「書」當爲「者」。言上者則《夏書》，其次則商、周之《書》也。此涉上下文「書」字而誤。

若以爲不然

念孫案：此五字隔斷上下文義，蓋涉下文「若以爲不然」而衍。

不可

「鬼神之罰，不可富貴衆强、勇力强武、堅甲利兵，鬼神之罰必勝之」。畢依一本於「不可」下補「恃」字。念孫案：「不可」下一字乃「爲」字，非「恃」字也。下文曰「此吾所謂鬼神之罰，不可爲富貴衆强、勇力强武、堅甲利兵者，此也」，此文凡兩見。是其明證矣。上文曰「鬼神之明，不可爲幽閒廣澤、山林深谷，鬼神之明必見之」，與此文同一例。「不可爲富貴衆强」云云，猶孔子言仁不可爲衆也。其一本作「不可恃」，「恃」字乃後人以意補之，與上下文不合。

主别

「推哆、大戲，主别兕虎，指畫殺人」。畢云：「『主别』，《太平御覽》引作『生捕』。」《皇王部七》念孫案：「主别兕虎」本作「生列兕虎」，「列」即今「裂」字也。《説文》「列，分解也」，「裂，繒餘也」，義各不同。《艮》九三「列其夤」，《大戴記·曾子天圓篇》「割列禳瘞」，《管子·五輔篇》「博帶梨，大袂列」，皆是古「分列」字，今「分列」字皆作「裂」，而「列」但爲「行列」字矣。鈔本《太平御覽》引《墨子》作「生裂兕虎」，故知今本「主別」爲「生列」之譌，刻本作「生捕」者，淺人以意改之耳。

楚毒

「楚毒無罪，刳剔孕婦」。念孫案：「楚毒」本作「焚炙」。此因「焚」誤爲「楚」，則「楚炙」二字義不可通，後人不得其解，遂以意改爲「楚毒」耳。「焚炙」即所謂炮格之刑也。俗作「炮烙」，非。説見《史記·殷本紀》。「焚炙」、「刳剔」皆實有其可指之刑，若改作「楚毒」，則不知爲何刑矣。《北堂書鈔·政術部十五》出「焚炙無罪」四字，注曰「《墨子》云殷紂」，則《墨子》之本作「焚炙無罪」甚明。僞古文《泰誓》「焚炙忠良，刳剔孕婦」，即用《墨子》而小變其文。

百走

「衆畔百走」。引之曰：「百」字義不可通，「百走」蓋「皆走」之誤。

脱文二

「此非所以爲上士之道也」。舊本脱「之」字、「也」字。上文曰「則非所以爲君子之道也」，與此文同一例。今據補。

非樂上

邃野

「非以高臺厚樹邃野之居以爲不安也」。引之曰：「野」即「宇」字也，古讀「野」如「宇」，《周官·職方氏》「其澤藪曰大野」，釋文：「野，劉音與。」「與」、「宇」古同音，餘見《唐韻正》。故與「宇」通。《楚辭·招魂》「高堂邃宇」，王注曰：「邃，深也。宇，屋也。」《鹽鐵論·取下篇》曰「高堂邃宇，廣廈洞房」，《易林·恒之剥》曰「深堂邃宇，君安其所」，皆其證。若「郊野」之「野」，則不得言「邃」，且上與「高臺厚樹」不倫，下與「之居」二字義不相屬矣。

意舍此

此下有脱文，不可考。

遲者　當年

「將必不使老與遲者」。又下文「將必使當年」。念孫案：「遲」讀爲「稺」。「遲」字本有「稺」音，「遲」、「稺」又同訓爲「晚」，《廣雅》：「遲、稺，晚也。」故「稺」通作「遲」。「當年」，壯年也，或曰丁年。説見《經義述聞·爾雅》。

不與

「其説必將與賤人不與君子」。念孫案：此本作「必將與賤人與君子」，下文「與君子聽之」「與賤人聽之」，即承此文而言。今本作「不與君子」，「不」字乃後人不曉文義而妄加之。

醜羸

「食飲不美，面目顔色不足視也；衣服不美，身體從容醜羸，不足觀也」。念孫案：「醜羸」

二字後人所加也。《楚辭・九章》注曰：「從容，舉動也。」古謂舉動爲從容。説見《廣雅疏證・釋訓》。「身體從容不足觀」，謂衣服不美，則身體之一舉一動皆無足觀也。後人乃加入「醜羸」二字，夫衣服不美，何至羸其身體？且「身體從容不足觀」與「面目顔色不足視」對文，加「醜羸」二字則與上文不對矣。鈔本《北堂書鈔・衣冠部三》引此作「身體從容不足觀」，無「醜羸」二字。陳禹謨本删去。《太平御覽・服章部十》《飲食部七》所引竝同。

升粟

「農夫蚤出暮入，耕稼樹藝，多聚升粟」。念孫案：「升」當爲「叔」。「叔」與「菽」同。《大雅・生民篇》「蓺之荏菽」，《檀弓》「啜菽飲水」，《左氏春秋・定元年》「隕霜殺菽」，《釋文》竝作「叔」。《管子・戒篇》「出冬蔥與戎叔」，《莊子・列御寇篇》「食以芻叔」，《漢書・昭帝紀》「以叔粟當賦」，竝與「菽」同。《尚賢篇》云「蚤出莫入，耕稼樹藝，聚菽粟」，是其證也。草書「叔」字作「[illegible]」，「升」字作「[illegible]」，二形相似。《晏子・諫篇》「合升㪷之微，以滿倉廩」，《説苑・正諫篇》「升㪷」作「菽粟」。《齊策》「先生王斗」，《文選・任昉〈齊竟陵文宣王行狀〉》注引作「王叔」，《漢書・古今人表》作「王升」。《後漢書》周章字次叔，「叔」或作「升」。《文選・左思〈魏都賦〉》注引張升《反論》，陳琳《荅東阿王牋》注作「張叔《及論》」，昭七年《左傳》正義作「張叔《皮論》」，皆以字形相似而誤。

《非命篇》「多聚升粟」，誤與此同。

縿

「多治麻絲葛緒，綑布縿」。念孫案：「縿」當爲「繰」。凡書傳中從喿之字，多變而從參，説見《詩本音·陳風·月出篇》。故「繰」誤爲「縿」。《集韻》：「綑，織也。」「綑布繰」，猶言綑布帛。《説文》：「繰，帛如紺色。或曰深繒。從系，喿聲。讀若喿。」《玉篇》：「子老切。」《廣雅》曰：「繰謂之縑。」《檀弓》「布幕，衞也。繰幕，魯也」，鄭注曰：「繰，縑也。繰讀如綃。」今本《檀弓》亦譌作「縿」。又《説文》：「縿，旌旗之游也。從糸，參聲。」《玉篇》：「所銜切。」兩字判然不同。《非命篇》「捆布縿」同。

脱文四

「即必不能蚤出暮入，耕稼樹藝，多聚叔粟，是故叔粟不足。」舊本脱「是故叔粟」四字，今據上下文補。

舞佯佯黄言孔章

畢云：「『舞』當爲『橆』，『橆』與『謨』音同。孔《書》作『聖謨洋洋』。」又云：「『黄』，孔《書》作『嘉』，是。」引之曰：畢説非也。「舞佯佯，黄言孔章，上帝弗常，『常』讀『肆皇天弗尚』之『尚』。説見《經義述聞》。九有以亡」，即下文之「萬舞翼翼，章聞于天，天用弗式」也。此承上文「恒舞于宫」而言，言耽於樂者必亡其國，故下文云「察九有之所以亡者，徒從飾樂也」。東晉人改其文曰「聖謨洋洋，嘉言孔彰，惟上帝不常」，則與《墨子》非樂之意了不相涉，而畢反據之以改原文，慎矣。

非命上

命壽則壽命夭則夭命

此下有脱文，不可考。

廢

「廢以爲刑政」。盧云：「廢，置也。」念孫案：盧説非也。「廢」讀爲「發」。故《中篇》作「發而爲刑政」，《下篇》作「發而爲政乎國」。「發」、「廢」古字通。説見《史記·平原君傳》。

益蓋

「今天下之士君子或以命爲有，句益蓋嘗尚觀於聖王之事」。念孫案：「或以命爲」有絶句，下文云「豈可謂有命哉」。「益」即「蓋」字之譌。「蓋」字俗書作「盖」，形與「益」相近，故「蓋」譌作「益」。《史記·楚世家》「還蓋長城以爲防」，徐廣曰：「蓋，一作益。」今云「益蓋」者，一本作「益」，一本作「蓋」，而後人誤合之耳。「蓋」與「盇」同。盇，何不也。《檀弓》曰：「子蓋言子之志於公乎？」《孟子·梁惠王篇》：「蓋亦反其本矣。」嘗，試也。「尚」與「上」同。言今天下之士君子或以命爲有，則何不試上觀於聖王之事乎？下文曰「今天下之士君子或以命爲有，句益嘗尚觀於先王之書」，「益」亦「蓋」字之譌。

則是以

「與其百姓兼相愛、交相利，則，是以近者安其政，遠者歸其德」。念孫案：「是以」上不當有「則」字，蓋即「利」字之誤而衍者。上下文「是以天鬼富之，諸侯與之，百姓親之，賢士歸之」，「是以」上皆無「則」字。

脱文二

「是故古之聖王發憲出令，設以爲賞罰以勸賢」。畢云：「《中篇》作『勸沮』，是。」念孫案：原文是，「勸賢」不得徑改爲「勸沮」。余謂「勸賢」下當有「沮暴」二字。「勸賢」承賞而言，「沮暴」承罰而言。《尚賢篇》曰「賞不當賢而罰不當暴，則是爲賢者不勸，而爲暴者不沮矣」，《尚同篇》曰「賞譽不足以勸善，而刑罰不可以沮暴」，皆其證。

持

「此持凶言之所自生，而暴人之道也」。念孫案：「持」字義不可通，「持」當爲「特」。《吕氏春秋・忠廉篇》注曰：「特，猶直也。」言此直是凶人之言，暴人之道也。下文同。

心涂

「昔上世暴王，舊本「昔」譌作「若」，據上文改。不忍其耳目之淫，心涂之辟」。畢云：「涂，猶術。」引之曰：畢説非也。「心涂」本作「心志」，「耳目之淫，心志之辟」，竝見《中篇》。《下篇》作「心意」，亦「心志」之譌。

縱之棄

「天亦縱之棄而弗葆」。念孫案：「縱之棄」當作「縱棄之」，「縱棄」，猶放棄也。《中篇》作「天不亦棄縱而不葆」，《孟子·滕文公篇》注曰：「不亦者，亦也。」畢本「不亦」作「亦不」，非。《天志篇》作「天亦縱棄紂而不葆」，皆其證。

脱文三

「上無以供粢盛酒醴，祭祀上帝鬼神，下無以降綏天下賢可之士」。舊本脱「下無以」三字，今據上下文補。

非命下

遲樸

「昔者暴王作之，窮人術之，此皆疑衆遲樸」。引之曰：「遲」字義不可通，「遲」當爲「遇」，字之誤也。「遇」與「愚」同。《晏子春秋·外篇》「盛爲聲樂，以淫愚民」，《墨子·非儒篇》「愚」作「遇」。《莊子·則陽篇》「匿爲物而愚不識」，釋文：「愚，一本作遇。」《韓子·南面篇》「愚贛窳惰之民」，宋乾道本「愚」作「遇」。《秦策》「今愚惑與罪人同心」，姚本「愚」作「遇」。言此有命之説，或作之，或述之，皆足以疑衆愚樸。「樸」謂質樸之人也。《中篇》作「教衆愚樸」，是其證。今本「愚樸」下衍「人」字。畢説非。

惟舌

「今天下之君子之爲文學、出言談也，非將勤勞其惟舌，而利其脣呡也」。「呡」與「吻」同。一本「惟舌」作「頰舌」。念孫案：「惟」與「頰」形聲俱不相近，若本是「頰」字，無緣誤而爲「惟」。一本作「頰」者，後人以意改之耳。「惟舌」當爲「喉舌」，「喉」誤爲「唯」，因誤爲「惟」耳。《潛夫論·斷訟篇》「慎已喉舌，以示下民」，今本「喉」作「唯」，其誤正與此同。凡從侯、從隹之字，隸書往往譌溷。隸書「侯」字作「𠊱」，「隹」字作「隹」，二形相似。《海内東經》「少室在雍氏南，一曰緱氏」，「緱」與「雍」形相近。《晏子·諫篇》「昔夏之衰也，有推侈、大戲」，《韓子·説疑篇》「推侈」作「侯侈」。《淮南·兵略篇》「疾如鍭矢」，高注曰「鍭，金鏃翦羽之矢也」，今本「鍭」作「錐」。《後漢書·臧宫傳》「妖巫維汜」，「維」或作「緱」。《方言》「雞雛，徐魯之閒謂之䳄子」，今本作「秋侯子」。皆以字形相似而誤。

麻統

「多治麻統葛緒」。畢云：「《説文》：『統，絲曼延也。』」念孫案：畢説非也。「統」當爲「絲」，《非樂篇》作「多治麻絲葛緒」，是其證。《墨子》書言「麻絲」者多矣，未有作「麻統」者。且麻絲爲古今之通稱，若「統」爲「絲曼延」，則不得與麻竝舉矣。蓋俗書「統」字作「綀」，與「絲」相似，故「絲」譌爲「統」，非説文之「綂」字也。

不使

「上以事天鬼，天鬼不使」。畢云：「『使』當爲『使』。」念孫案：《爾雅》：「使，從也。」天鬼不從，猶上文言上帝不順耳。《小雅·雨無正篇》「云不可使，得罪于天子」，鄭箋訓「使」爲

「從」。《管子·小匡篇》「魯請爲關内之侯而桓公不使」、「邢請爲關内之侯而桓公不使」，「不使」，謂不從也。「使」非「便」字之誤。

待養

「下以待養百姓」。念孫案：「待」字義不可通，「待養」當爲「持養」，字之誤也。《周官·服不氏》「以旌居乏而待獲」，注：「待當爲持。」《天志篇》曰：「食飢息勞，持養其萬民。」《荀子·勸學篇》曰：「除其害者以持養之。」《榮辱篇》曰：「以相羣居，以相持養。」楊倞注：「持養，保養也。」分言之則曰持、曰養。《管子·明法篇》曰「小臣持禄養交」，《晏子春秋·問篇》曰「士者持禄，游者養交」是也。

共抎

「共抎其國家，傾覆其社稷」。念孫案：「共」字義不可通，當是「失」字之誤。隸書「失」字或作「𠂹」，與「共」相似。《説文》：「抎，有所失也。」《尚賢篇》云「失損其國家，傾覆其社稷」，「抎」、「損」古字通。傾覆其社稷」，《天志篇》云「國家滅亡，抎失社稷」，《齊策》云「守齊國，唯恐失抎之」，皆其證。

脱文六

「今天下之士君子，中實將欲求興天下之利，除天下之害，當若有命者言也」。念孫案：此本作「當若有命者之言，不可不强非也」。《淮南·脩務篇》注曰：「强，力也。」言有命之言，士君子不可不力非之也。《中篇》作「不可不疾非」，「疾」亦「力」也。見《吕氏春秋·尊師篇》注。下文曰「將不可不察而强非者此也」，是其證。今本「言」上脱「之」字，「也」上脱「不可不强非」五字，則義不可通。

非儒下

親親有術

「儒者曰：『親親有術，尊賢有等。』」引之曰：此即《中庸》所謂「親親之殺，尊賢之等」。今云「親親有術」者，「殺」與「術」聲近而字通也。《説文》「殺」字從殳，杀聲，而無「杀」字。《五經文字》曰：「杀，古殺字。」案，「杀」爲古「殺」字，而後又加「殳」。猶「朮」爲古「秫」字，而後又加「禾」也。今案「杀」字蓋從乂，朮聲。《説文》：「乂，芟艸也。從丿乀相交。」《説文》：「乀，讀與弗同。」《玉篇》：「丿，普折切。」或從刀作「刈」。《廣雅》：「刈，殺也。」哀元年《左傳》「艾殺其民」，「艾」與「乂」、「刈」同。是「乂」即「殺」也。故「杀」字從乂，而以朮爲聲。「乂」字篆文作「乂」，今在「朮」字之上，故變曲爲直而作「乂」，《説文》「儿」字解云：「人在下，故詰詘。」此變直爲曲者也，與「乂」正相反。其實一字也。《説文》無「乂」部，故「杀」字無所附而不收。「杀」與「術」竝從朮聲，故聲相近。轉去聲則「殺」音色介反，「術」音「遂」，見《月令》、《學記》注。聲亦相近，故《墨子》書以「術」爲「殺」。

其

「喪父母三年，其妻、後子三年」。念孫案：「其」字涉下文「伯父叔父弟兄庶子其」而衍。《節葬篇》「父母死喪之三年」下無「其」字，是其證。畢讀「其」爲「朞」，而以「喪父母三年其」爲句，大誤。

親伯父宗兄而卑子

「若以尊卑爲歲月數，則是尊其妻子與父母同，上文云：「喪父母三年，妻、後子三年。」而親伯父宗兄而卑子也」。盧云：「似當云『而卑與子同也』。」引之曰：「而卑子也」當作「卑而庶子也」，

「而」讀爲「如」，言卑其伯父宗兄如庶子也。上文云：「伯父叔父弟兄庶子其。」今本「卑而」二字倒轉，又脱「庶」字。余謂「親伯父宗兄」，「親」當爲「視」，言視伯父宗兄如庶子之卑也。「視」「親」字相似，《淮南·兵略篇》「上視下如弟」，今本「視」譌作「親」。又涉上下文「親」字而誤。

列尸弗

「其親死，列尸弗」。畢讀「弗」字句絶，云：「『弗』與『祓』同。」念孫案：喪禮無祓尸之事，畢説非也。此本作「列尸弗斂」，今本脱「斂」字耳。「死三日而後斂」，則前二日猶未斂也，故曰「列尸弗斂」。列者，陳也。鈔本《北堂書鈔·地部二》引此正作「列尸弗斂」。陳禹謨本删去。

如其亡也

「以爲實在，則戇愚甚矣；如其亡也，必求焉，僞亦大矣」。引之曰：「如其亡也」二句，與「僞」字義不相屬。「如」當爲「知」，言既知其亡，而必求之，則僞而已矣。

祇褍

「取妻，身迎，祇褍爲僕，秉轡授綏」。畢云：「《説文》：『祇，敬也。』『褍，衣正幅。』則『褍』亦正意，與『端』同。」念孫案：畢説非也。「祇」當爲「袨」，隸書「祇」字作「袛」，與「袨」相似，故「袨」誤爲「祇」。「袨褍」即「玄端」也。《周官・司服》「其齊服有玄端素端」，鄭注曰：「端者，取其正也。」服虔注昭元年《左傳》曰：「禮，衣端正無殺，故曰端。」「端」與「褍」同，故《説文》以「褍」爲「衣正幅」也。《玉篇》：「袨，黑衣也。」《淮南・齊俗篇》「尸祝袀袨，蔡邕《獨斷》曰：「祠、宗廟則長冠袀玄。」「袀玄」與「袀袨」同，袀亦黑色也。《文選・閑居賦》注引服虔《左傳》注曰：「袀服，黑服也。」大夫端冕」，高注曰：「袀，純服。袨，黑齋衣也。」即《周官》所云「齊服玄端」也。《莊子・達生篇》「祝宗人玄端」，即《淮南》所云「尸祝袀袨」也。

脱文一　誤文一

「吏不治則亂，農事緩則貧，貧且亂政之本，此句有脱文。而儒者以爲道教，是賊天下之人者也」。舊本脱「吏」字，今據上文補。「賊」譌作「賤」，今以意改。後凡「賊」譌作「賤」者，放此。

家翠

「因人之家翠，以爲，此下脱一字。恃人之野以爲尊」。畢云：「《廣雅》：『臎，肥也。』此古字。」引之曰：「因人之家肥」，文不成義。「翠」當讀爲「睟」。《玉篇》「睟，思醉切」，《廣韻》云：「貨也。」謂因人之家財也。《韓子·説疑篇》「破家殘睟」是也。古無「睟」字，故借「翠」爲之。

服古言

「君子必服古言然後仁」。念孫案：「服古言」三字文義不順，當依《公孟篇》作「必古言服然後仁」。

所謂古之者皆嘗新矣而古人服之則君子也然則必法非君子之服言非君子之言而後仁乎

引之曰：此文當作「所謂古之言服者，皆嘗新矣，而古人言之、服之，則非君子也。「非君子」見下。然則必服非君子之服，言非君子之言，而後仁乎」。今本「古之言服」脱「言服」二字，

「古人言之服之」脱「言之」二字,「則非君子也」脱「非」字;「服非君子之服」,上「服」字譌作「法」。

何故相

「仁人以其取舍是非之理相告,無故從有故也,弗知從有知也,無辭必服,見善必遷,何故相」。念孫案:「何故相」下當有「與」字,而今本脱之,則義不可通。「相與」,謂相敵也。古謂相敵爲相與。襄二十五年《左傳》「一與一,誰能懼我」,哀九年《傳》「宋方吉,不可與也」,《越語》「彼來從我,固守勿與」,「與」字竝與「敵」同義。詳見《經義述聞·左傳·襄二十五年》。言既爲仁人,則無辭必服,見善必遷,何故兩相敵也。上文曰「若皆仁人也。則無説而相與」,是其明證矣。

傳術

「因用傳術令士卒曰:『毋逐奔,揜函勿射,施則助之胥車。』」念孫案:「傳術」二字義不可通,「傳術」當爲「儒術」。「毋逐奔」云云,皆儒者之言也,見上文。故曰「用儒術令士卒」。隸書「儒」或作「偄」,「傳」或作「傅」,二形相似而誤。上文「儒者迎妻」,「儒」誤作「傳」。《晏子春秋·外篇》「行之難者在内,而儒者無其外」,「儒」亦誤作「傳」。

也

「暴亂之人也得活，天下害不除」。念孫案：「也」字涉上下文而衍，此言暴亂之人爲天下害，聖人興師誅罰，將以除害也。義見上文。若用儒術令士卒曰「毋逐奔」云云，則暴亂之人得活，而天下之害不除矣。是「暴亂之人」下本無「也」字。

昔　用偏　循身

「昔大以治人，小以任官，遠施用偏，近以循身」。念孫案：此文本作「皆大以治人，小以任官，遠施周偏，與「徧」同。近以脩身」，言君子之行仁義，皆大以治人，小以任官，遠則所施周偏，近則以脩其身也。今本「皆」作「昔」，「周」作「用」，「脩」作「循」，隸書「脩」、「循」相亂，説見《管子·形勢篇》。則義不可通。

行易而從

「是以言明而易知也，行易而從也」。念孫案：「行易而從」，文不成義，當作「行明而易從」，與上句文同一例。下文曰「行義可明乎民」，又曰「行義不可明於民」，皆其證。

儒學

「儒學不可使議世」。畢云：「《晏子》『儒』作『博』，『議』作『儀』。《外篇》」念孫案：作「博」者是，此言孔子博學而不可以爲法於世，非譏其儒學也。今本作「儒學」者，「博」誤爲「傳」，又誤爲「儒」耳。隸書「傳」、「儒」相似。説見上文。「儀」、「議」古字通。

爲亨豚

「子路爲亨豚」。念孫案：「爲」字後人所加。「亨」即今之「烹」字也，經典省作「亨」。後人誤讀爲「燕亨」之「亨」，故又加「爲」字耳。《孔叢子·詰墨篇》《藝文類聚·獸部中》、《太平御覽·人事部百二十七》《飲食部十一》《獸部十五》引此皆作「子路烹豚」，無「爲」字。

茍生　茍義

「曩與女爲茍生，今與女爲茍義」。畢云：「茍，茍且。」念孫案：畢説非也。「茍」讀爲「亟其乘屋」之「亟」。亟，急也。《説文》：「茍，自急敕也。從羊省，從勹口。勹口猶慎言也。」舊本誤作「從包省，從口。口猶慎言也」，今依段注改。與「苟且」之「苟」從艸者不同。「曩與女爲茍生，今與女爲苟義」者，「曩」謂在陳蔡時也，「今」謂哀公賜食時也。具見上文。苟，急也。言曩時則以生爲急，今時則以義爲急也。若以「苟」爲「苟且」之「苟」，則「苟義」二字義不可通矣。《文選·石崇〈王昭君辭〉》注引此亦誤以爲「苟且」之「苟」。案「苟」字不見經典，唯《爾雅》「亟，速也」，釋文曰：「亟字又作苟，同居力反。」此《釋文》中僅見之字，而《通志堂》本乃改苟爲急，謬矣。盧氏抱經已正之。《釋文》而外，則唯《墨子》書有之，亦古文之僅存者，良可貴也。

羸飽

「夫飢約則不辭妄取以活身，羸飽僞行以自飾」。念孫案：「羸飽僞行以自飾」本作「羸飽則僞行以自飾」，羸之言盈也。僖二十八年《左傳》「我曲楚直，其衆素飽」，杜注曰：「直，氣盈飽。」「盈飽」即「羸飽」，正對上文「飢約」而言。今本「飽」下脱「則」字，「羸飽」又譌作「羸飽」，則義不可通。

亦

「周公旦非其人也邪？何爲舍亦家室而託寓也」。念孫案：「亦」字義不可通，「亦」當爲

「亣」。「亣」，古「其」字也。《墨子》書「其」字多作「亣」。説見《公孟篇》。《耕柱篇》曰「周公旦辭三公，東處於商奄」，蓋即此所謂「舍其家室而託寓者」。盧改「舍亦」爲「亦舍」，非是。

墨子弟四

經上

端體之無序而最前者也

引之曰：「序」當爲「厚」，《經説上》云「端。仳，兩「仳」與「比」通。比者，竝也。有端而后可。次，無厚而后可」，是其證也。「無厚」者，不厚也。訓「端」以「無厚」者，凡物之見端，其形皆甚微也。「厚」與「序」隸書相似而誤，説見《非攻下篇》。

纑閒虚也

盧云：「『纑』猶『墳壚』之『壚』。」引之曰：盧説非也。「纑」乃「櫨」之借字。《經説上》云「纑，閒虚也者，今本脱「閒」字。兩木之閒，謂其無木者也」，則其字當作「櫨」。《衆經音義》卷一引《三倉》云：「櫨，柱上方木也。」櫨以木爲之，兩櫨之閒則無木，故曰「櫨，閒虚也者，兩木之閒，謂其無木者也」。

守彌異所也

畢云：「不移其所，故曰守。」引之曰：「彌異所」，非不移其所之謂也，畢説非是。今案「守」當爲「宇」，字形相似而誤。彌，徧也。宇者，徧乎異所之稱也。《經説上》解此云「宇，句東、西、南、北」，今本「東西」下衍「家」字。東、西、南、北可謂異所矣，而徧乎東、西、南、北則謂之宇，故曰：「宇，句彌異所也。」高誘注《淮南・原道篇》云：「四方上下曰宇。」蔡邕注《典引》云：「四表曰宇。」「四表」即東、西、南、北也。

經　下

量一小而易一大而缶

「鑑位，畢云：「當云鑑立，古位、立字通。」案：上文云「臨鑑而立」，此亦當云「臨鑑立」。量一小而易，一大而缶，與「正」同。説在中之」。引之曰：「量」當作「景」，字相似而誤也。《經説下》云：「鑒中之内，鑒者近中，則所鑒大，景亦大；遠中，則所鑒小，景亦小。而必正，起於中，緣正而長其直也。中之外，鑒者近中，則所鑒大，景亦大；遠中，則所鑒小，景亦小。而必易，合於『於』下蓋脱『中』字，説見本篇。而長其直也。」彼文言「鑑」、言「景」、言「易」、言「正」，竝與此同，是其證也。

過仵景不從説在改爲

引之曰：「從」當爲「徙」。徙，移也。《列子・仲尼篇》「景不移者，説在改也」，張湛注云「景改而更生，非向之景」，引《墨子》曰「景不移，説在改爲也」，是其證。

一法者之相與也盡若方之相召也

引之曰：「召」當作「合」。《經説下》云「或木或石，不害其方之相台也」，「台」亦「合」之誤。一，同也。「一法」，同法也。畢以「一」字屬上句，非。與，如也。見《廣雅》。盡，猶皆也。言同法者之彼此相如也，皆若物之方者之彼此相合也。

經說上

所爲不善名　所爲善名

「行，句所爲不善名，行也；所爲善名，巧也，若爲盜」。畢云：「言所爲之事無善名，是躬行也；有善名，是巧于盜名也。」引之曰：「善」疑當爲「著」，形相似而誤也。言所爲之事不著名，是躬行也；所爲之事著名，是巧于盜名者也。

故言也者諸口能之出民者也

引之曰：當作「故言也者，出諸口能下脫一字。之民者也」，「出」字誤倒在下，「能」下又脫一字。「能」與「而」通，說詳《毛詩述聞》「能不我知」下。謂言出諸口而加之民也。《繫辭傳》曰：「言出乎身，加乎民。」

今久古今且莫

引之曰：上「今」字因下「今」字而衍，「且」當爲「旦」。言古今異時，旦莫異時，而徧歷古今旦莫則久矣。故曰：「久，句古今旦莫。」故《經上》云：「久，句彌異時也。」彌，徧也。

損偏也者兼之體也其體或去存謂其存者損

引之曰：《經上》云「損，偏去也」，則此當云「損，偏去也者，兼之體也，其體或去或存，謂其去者損」，寫者脱誤耳。

若夫過楹

「止，句無久之不止，當牛非馬，若夫過楹」。引之曰：「夫」當作「矢」，矢之過楹，久則止而不行，故曰「無久之不止，若矢過楹」。《鄉射禮記》曰「射自楹閒」，故以「矢過楹」爲喻。

經説下

見之智也吉之使智也

引之曰：「吉」當爲「告」。「智」與「知」同。欲使知之，故告之也。下文曰：「告我則我智之。」

宇南北在且有在莫

「宇徙而有處宇，畢讀絶句。宇南北，在且有在莫，宇徙久」。引之曰：《經説上》云「宇，東西南北」，此不當言南北而不及東西，蓋有脱文。「且」當爲「旦」，「有」讀爲「又」。此言宇徙則自南而北自東而西，歷時必久，屢更旦莫，故云「宇徙久」，又云「在旦又在莫」。《經説上》云「久，古今旦莫」是也。今本「旦」亦譌作「且」，辨見本條。

而必易合於而長其直也

引之曰：「於」下蓋脱「中」字。上文云「必正，起於中，緣正而長其直也」，此亦當云「易合於中」。

亦遠

「鑒，鑒者近，則所鑒大，景亦大；亦遠，所鑒小，景亦小」。引之曰：「亦遠」當作「亣遠」。「亣」，古「其」字，説見《公孟篇》。與「亦」相似，又因上下文「亦」字而誤。

且且必然

「且且必然，且已必已，且用工而後已者，必用工後已」。引之曰：「且且必然」當作「且然必然」，以下三句文義例之，可知。「必用工後已」，「後」上亦當有「而」字。

一方貌盡俱有法而異或木或石不害其方之相台也盡貌猶方也

引之曰：當作「一方盡類，或木或石，不害其方之相合也。俱有法而不異，盡類猶方也」。一方盡類者，一，同也，言同具方形則其方盡相類也。隸書「類」、「貌」相似，見《大戴禮·文王官人篇》。故「類」誤爲「貌」，又誤倒於「盡」字上耳。或木或石，不害其方之相合也者，言物之方者，雖有方木、方石之異，而不害其方之彼此相合也。作「台」者，字之誤耳。俱有法而不異，盡類猶方也者，言其法同，則彼此盡相類，亦猶方與方之盡相類也。傳寫者上下錯亂，又脱「不」字耳。「一方盡類」云云，則《經下》所謂「一法者之相與也盡，若方之相合也」。

用牛角馬無角

「曰盧云「『曰』下當有『牛』字。」之與馬不類，用牛角、馬無角，是類不同也」。盧云：「『用牛』當爲『牛有』。」引之曰：「用」非誤字。用者，以也。以牛有角、馬無角，說牛與馬之不類，故云「曰牛與馬之不類，用牛有角、馬無角」也。下文「若舉牛有角、馬無角，以是爲類之不同也，是狂舉也」，以亦用也。上文「以牛有齒、馬有尾，說牛之非馬也，不可」，文義亦同，則「用」非誤字可知。但可云「用牛」下脫「有」字耳。

論誹誹之可不可以理之可誹雖多誹其誹是也其理不可非雖少誹非也

引之曰：當作「論誹之可不可，以理之可誹不可誹。理之可誹，雖多誹，其誹是也；其理不可誹，雖少誹，非也」。今本「論誹」下衍「誹」字，「以理之可誹」下脫「不可誹理之可誹」七字，「其理不可誹」，「誹」又譌作「非」。

大取

愛衆衆也　一若今之世人也　凡學愛人

「愛衆衆也，畢云：「此與下『寡也』舊俱作『世』，以意改。」與愛寡也相若。兼愛之有相若。愛尚世與愛後世，一若今之世人也」。引之曰：「愛衆衆也」，下「衆」字衍，當作「愛衆也與愛寡也相若」。「今之世人」當作「今世之人」，「今世」與「尚世」、「尚」與「上」同。「後世」相對爲文也。又案：下文「凡學愛人」與「小圜之圜」云云，文義不相屬，疑當在「愛衆也」上。「凡學愛人」乃統下文之詞，「愛衆也」云云則承上句而詳言之也，古書錯簡耳。

鬼非人也兄之鬼兄也

引之曰：「鬼非人也」當作「人之鬼非人也」，寫者脱去「人之」二字耳。《小取篇》云「人之鬼，非人也；兄之鬼，兄也」，是其證。

非殺臧也專殺盜非殺盜也

引之曰：「非殺臧也」上有脱文，以下二句例之，當云「專殺臧，非殺臧也」。

愛獲之愛人也生於慮獲之利非慮臧之利也而愛臧之愛人也乃愛獲之愛人也

引之曰：「生於慮獲之利」下當更有「慮獲之利」四字，「慮獲之利，非慮臧之利也」、「而愛臧之愛人也，乃愛獲之愛人也」，相對爲文。

意指之人也

「意指之人也，非意人也」。引之曰：當作「意人之指，非意人也」。意，度也，言所度者人之指，非度人也。下文云「一指，非一人也」，是其證。

故一人指非一人也是一人之指乃是一人也

引之曰：「故一」下衍「人」字，「一人之指」上衍「是」字，當作「故一指，非一人也；一人之指，乃是一人也」。

小取

舉也物而以明之也　無也故焉

「辟也者，舉也物而以明之也」。畢云：「『舉也』之『也』疑衍。」念孫案：「也」非衍字，「也」與「他」同。舉他物以明此物謂之譬，故曰「辟也者，舉他物而以明之也」。《墨子》書通以「也」爲「他」，説見《備城門篇》。又下文云：「此與彼同類，世有彼而不自非也，墨者有此而非之，無故也焉。」引之曰：「無故也焉」當作「無也故焉」，「也故」即「他故」。下文云「此與彼同類，今本脱「類」字。世有彼而不自非也，墨者有此而非之，今本「非」上衍「罪」字。無也故焉《藏》本如是，今本譌作「無故焉也」。」，文正與此同，今本「也故」二字倒轉，則義不可通。

其然也有所以然也同其所以然不必同　其取之也有以取之

引之曰：「同其所以然不必同」當作「其然也同，其所以然不必同」，承上文其然與所以然言之也。下文「其取之也同，其所以取之不必同」，文義正與此合。寫者脱去上三字耳。又下文「其取之也，有以取之」，「以」上當有「所」字，下文「其所以取之不必同」，即承此言之也。上文「其然也，有所以然也」，文義正與此合。寫者脱「所」字。

或一害而一不害

引之曰：兩「害」字俱當作「周」，隸書「周」字與「害」相似，故誤爲「害」。下文「此一周而一不周者也」，與此相應，字正作「周」。

或一是而一不是也不可常用也故言多方殊類異故則不可偏觀也非也

引之曰：此本作「或一是而一非也」，當以「非也」二字接「或一是而一」下。其「不可常用也」以下三句，則因上文而衍。「不是也」三字，又後人所增。蓋後人不知「不可常用」云云爲衍文之隔斷正文者，又不知「非也」二字本與「或一是而一」作一句，乃足以「不是也」三字耳。下文云「此乃一是而一非者也」，與此相應，當據以删正。

獲之視人也獲事其親非事人也

畢云：「『視』當爲『事』。」引之曰：畢説非也。「視」乃「親」字之譌。「獲之親，句人也。獲事其親，非事人也」，兩「親」字上下相應。猶下文云「其弟，美人也；愛弟，非愛美人也」，兩「弟」字亦上下相應。

所謂内膠外閉與心毋空乎内膠而不解也此乃是而然者也

念孫案：上文「白馬，馬也」以下，但言是，不言非，故曰「此乃是而然者也」。「獲之親人也」以下，言是又言非，故曰「此乃是而不然者也」。「然」今本誤作「殺」。「且夫讀書，非好書也」以下，亦是非竝言，而以此三句承之，則亦當云「此乃是而不然者也」，寫者脱去「不」字耳。

乘馬待周乘馬然後爲乘馬也有乘於馬因爲乘馬矣逮至不乘馬待周不乘馬而後不乘馬而後不乘馬此一周而一不周者也

引之曰：「待周乘馬，然後爲乘馬也」，「待」上當有「不」字。「不待周乘馬」，所謂不周也。周，徧也。下文「待周不乘馬」，所謂周也，以相反爲義。「而後不乘馬」，「不」上當有「爲」字，猶上文云「然後爲乘馬也」，寫者脱去耳。其重出之「而後不乘馬」五字，則衍文也。

祭之鬼非祭人也

引之曰：「祭之鬼」當作「祭人之鬼」，承上文「人之鬼」而言也，寫者脱「人」字。

之馬之目盼則爲之馬盼之馬之目大而不謂之馬大之牛之毛黄則謂之牛黄之牛之毛衆而不謂之牛衆

畢云：「『之馬之目盼』，上『之』疑當爲『大』。『則爲之馬盼』，『爲』當作『謂』。」引之曰：上「之」非「大」字之譌。之，猶於也。說見《釋詞》。言「於馬之目盼，則謂之馬盼；於馬之目大，而不謂之馬大。於牛之毛黄，則謂之牛黄；於牛之毛衆，而不謂之牛衆」也。

一馬馬也馬或白者二馬而或白也

引之曰：「一馬，馬也；二馬，馬也」，已見上文。此「一馬，馬也」四字，蓋衍。

耕柱

羊

「駕驥與羊」。念孫案：羊不可與馬竝駕，「羊」當爲「牛」。《太平御覽・地部五》引此已誤作「羊」，《藝文類聚・地部》及《白帖》五竝引作「牛」。

足以責

「子墨子曰：『何故敺驥也？』耕柱子曰：『驥足以責。』」念孫案：「驥足以責」本作「以驥足責」，言所以敺驥者，以驥之足責故也。此正荅墨子「何故敺驥」之問，今本倒「以」字於「足」字之下，則非其旨矣。《類聚》《白帖》《御覽》竝作「以驥足責」。下文本作「子墨子曰：『我亦以子爲足責』」，此正荅耕柱子「以驥足責」之語。今本「足責」作「足以責」，亦誤，《類聚》《御覽》無「以」字。

折金　山川　陶鑄之

「昔者夏后開使蜚廉折金於山川，而陶鑄之於昆吾」。畢據《文選注》《七命》改「折」爲「採」。念孫案：畢改非也。「折金」者，擿金也。「擿」音「剔」。《漢書·趙廣漢傳》「其發姦擿伏如神」，師古曰：「擿謂動發之也。」《管子·地數篇》曰：「上有丹沙者，下有黄金。上有慈石者，下有銅金。上有陵石者，下有鉛錫有銅。上有赭者，下有鐵。君謹封而祭之，然則與折取之遠矣。」彼言「折取之」，此言「折金」，其義一也。《說文》曰：「䂍，上擿山巖空青珊瑚墮之。從石折聲。」「䂍」與「折」亦聲近而義同。《後漢書·崔駰傳》注、《藝文類聚·雜器物部》《初學記·鱗介部》《太平御覽·珍寶部九》《路史·疏仡紀》《廣川書跋》《玉海·器用部》引此竝作「折金」。《文選注》作「採金」者，後人不曉「折」字之義而妄改之，非李善原文也。

「折金於山川」。畢云：「《山海經》云：『其中多金，或在山，或在水。』諸書引多無『川』字，非。」念孫案：山水中雖皆有金，然此自言「使翁難乙[一]折金於山」，不兼「川」言之。《後漢書注》《文選注》《藝文類聚》《初學記》《太平御覽》引此皆無「川」字，則「川」字乃後人以意

[一] 翁難乙，據《墨子》原文應爲「蜚廉」。《墨子閒詁》《墨子校注》引《讀書雜志》皆徑改作「蜚廉」。

加之也。

「陶鑄之於昆吾」本作「鑄鼎於昆吾」，此淺人不曉文義而改之也。金可言鑄，不可言陶。上言「折金」，故此言「鑄鼎」。此言「鑄鼎」，故下言「鼎成」。若以「陶鑄」竝言，則與上下文皆不合矣。《後漢書注》《文選注》《藝文類聚》《初學記》竝作「鑄鼎」，《太平御覽》作「鑄之」，《路史》作「鑄陶」，《玉海》作「陶鑄之」，則羅長源所見本已有「陶」字，蓋唐、宋閒人改之也。

曰

「是使翁難乙卜於白若之龜舊本譌作「白苦之龜」，畢據《藝文類聚》改爲「目若之龜」，引《爾雅》「左睨不類，右睨不若」以爲「目若」之證，殊屬附會。今考《初學記》《路史》《廣川書跋》《玉海》竝引作「白若之龜」，「白」字正與今本同，未敢輒改。曰」。念孫案：曰者，翁難乙既卜，而言其占也。下文「乙又言兆之由曰」，即其證。自「鼎成四足而方」以下六句，皆是占詞。畢依《玉海》於「曰」上加「龜」字，非也。「龜曰」二字義不可通。《藝文類聚》作「使翁難乙灼目若之龜成，句曰」，則「曰」上本無「龜」字明矣。

三足

「鼎成三足而方」。念孫案：「三足」本作「四足」，此後人習聞鼎三足之説，而不知古鼎有四足者，遂以意改之也。《藝文類聚》《廣川書跋》《玉海》引此皆作「四足」，則「三」字必元以後人所改也。《博古圖》所載商周鼎四足者甚多，未必皆屬無稽。《廣川書跋》曰「祕閣二方鼎，其一受太府之量，一斛七斗，又一受量損二斗三升，四足承其下，形方如矩。漢人謂鼎三足以象三德，又謂禹之鼎三足，以有承也。韋昭以左氏説莒之二方鼎，乃謂其上則方，其下則圓。方其時，古鼎存者盡廢，其在山澤丘隴者未出，故不得其形制」，引之曰：《左傳》「莒之二方鼎」，服虔曰：「鼎三足者圓，四足者方。」則漢人説方鼎固有知其形制者。引《墨子》「鼎成四足而方」，以爲古鼎四足之證。

一南一北一西一東

「逢逢白雲，一南一北，一西一東，九鼎既成，遷於三國」。《藝文類聚》同。《太平御覽》《路史》《玉海》竝作「一東一西」。引之曰：作「一東一西」者是，「一東一西」當在「一南一北」之上。「雲」與「西」爲韻。「西」古讀若「駪駪征夫」之「駪」，説見《六書音均表》。「北」與「國」爲韻。

《大雅・文王有聲篇》「鎬京辟廱，自西自東。自南自北，無思不服」，「廱」與「東」爲韻，「北」與「服」爲韻，是其例也。而諸書所引「一南一北」句皆在上，則其誤久矣。

諫

「使聖人聚其良臣與其桀相而諫，豈能智與「知」同。數百歲之後哉」。引之曰：「諫」字與上下文義不合。「諫」當爲「謀」，字之誤也。《管子・立政九敗解》「諫臣死而諂臣尊」，今本「諫」作「謀」，與此文互誤。《淮南・主術篇》「耳能聽而執正進諫」，高注：「諫或爲謀。」言雖聖人與良臣桀相共謀，必不能知數百歲之後也。

能欣者欣

「譬若築牆然，能築者築，能實壤者實壤，能欣者欣，然後牆成也」。畢云：「《說文》：『掀，舉出也。』與欣同。」引之曰：舉出之事與築牆無涉。「欣」當讀爲「睎」。《說文》曰：「睎，望也。」《呂氏春秋・不屈篇》曰：「今之城者，或操大築乎城上，或負畚而赴乎城下，或操表掇以善睎望。」此云「能築者築」，即彼所云「操大築乎城上」也；「能實壤者實壤」，即彼所云「負畚而赴城下」也；「能欣者欣」，「欣」與「睎」同，即彼所云「操表掇以善睎望」也。「睎」通作「希」。《管子・君臣篇》曰：「上下相希，若望參表。」「睎」字從希得聲，古音在脂部。「欣」字從斤得聲，古音在諄部。諄部之音多與脂部相通，故從斤之字亦與從希之字相通。《説文》曰：「昕，從日斤聲，讀若『希』。」《左傳》曹公子欣時，《漢書・古今人表》作「郗時」，是其證也。

荆

「子墨子游荆耕柱子於楚」。念孫案：「耕柱子」上不當有「荆」字。《魯問篇》曰：「子墨子游公尚過於越。」「耕」、「荆」聲相近，則「荆」蓋「耕」字之誤而衍者。

脱文二　耶

「巫馬子謂子墨子曰：『子之爲義也，舊本脱「曰子」二字，今以意補。人不見而耶，鬼不見而富。』」引之曰：「耶」字義不可通，蓋「服」之壞字也。「富」讀爲「福」，「福」、「富」古字通，説見《經義述聞・尚書》「惟訖于富」下。而，汝也。「人不見而服」者，未見人之服汝也。「鬼不見而富」者，未見鬼之福汝也。故下文曰「而子爲之，有狂疾也」。「服」與「福」爲韻。

商蓋

「古者周公旦非關叔，畢云：「『關』即『管』字假音。」辭三公，東處於商蓋，句人皆謂之狂」。念孫案：「商蓋」當爲「商奄」。「蓋」字古與「盍」通，「盍」、「奄」草書相似，故「奄」譌作「盍」，又譌作「蓋」。《韓子·說林篇》「周公旦已勝殷，將攻商奄」，今本「奄」作「蓋」，誤與此同。昭二十七年《左傳》「吴公子掩餘」，《史記·吴世家》《刺客傳》竝作「蓋」，餘亦其類也。畢以「商」字絶句，「蓋」字屬下句，失之。

度

「天下莫不欲與其所好，度其所惡」。畢云：「度謂渡去也。」引之曰：畢說非也。「與」當爲「興」，「度」當爲「廢」，皆字之誤也。「廢」、「度」草書相似，故「廢」譌作「度」。《史記·曆書》「名察廢驗」，今本「廢」字亦譌作「度」，辯見《史記》。「興」與「廢」，「好」與「惡」，皆對文。

貴義

何故則　何故也

「今謂人曰：『予子冠履，而斷子之手足，子爲之乎？』必不爲。何故？則冠履不若手足之貴也。又曰：『予子天下而殺子之身，子爲之乎？』必不爲。何故？則天下不若身之貴也」。又下文「今有人於此，有子十人，一人耕而九人處，則耕者不可以不益急矣。何故？則食者衆而耕者寡也」。念孫案：「何故則」皆本作「何則」，後人誤以「則」字下屬爲句，故於「何」下加「故」字耳。「何則」與「何也」同義。《辭過篇》曰「何則，其所道之然也」，《尚賢篇》曰「何則，皆以明小物而不明大物也」，《荀子·宥坐篇》曰「何則，陵遲故也」，《秦策》曰「臣恐韓、魏之卑辭慮患，而實欺大國也，此何也」，《史記·春申君傳》作「何則」，是其證。詳見《釋詞》。《太平御覽·人事部十一》《六十二》《資産部二》引此竝作「何則」，無「故」字。又下文「今有人於此，負粟息於路側，欲起而不能，君子見之，無長少貴賤，必起之。何故也？曰：義也。」「故」字亦後人所加，《御覽·人事部六十二》引無「故」字。

如

「今天下莫爲義，則子如勸我者也，何故止我」。畢云：「《太平御覽》引『子如勸我』作『子宜勸我』。」《人事部六十二》《資産部二》念孫案：此不解「如」字之義而以意改之也。如，猶宜也，言子宜勸我爲義也。「如」字古或訓爲「宜」。說見《釋詞》。

成

「子之言則成善矣」。畢改「成」爲「誠」。念孫案：古或以「成」爲「誠」，不煩改字。說見《逸周書・柔武篇》。

脱文二

「言足以遷行者，常之；不足以遷行者，勿常。不足以遷行而常之，是蕩口也」。舊本脱下「不足」二字，今據上句補。

脱文二

「使之爲一犬一彘之宰」。舊本脱「一犬」二字，今據《羣書治要》補，《魯問篇》亦云「竊一犬一彘」。

遺

「今聞先王之遺而不爲，是廢先王之傳也」。念孫案：「遺」字義不可通，「遺」當爲「道」，此涉上文「傳遺」而誤也。上文曰「古之聖王欲傳其道於後世」，故此文曰「今聞先王之道而不爲，是廢先王之傳也」。

百人

「若有患難，則使百人處於前，數百於後」。畢云：「『數百』下當脱『人處』二字。」念孫案：「百人」亦當爲「數百人」。上文曰「千人有餘」，故此分言之，曰「數百人處於前，數百人處於後」，今作「百人」，則與上下文不合。

千盆

「子墨子仕人於衛，所仕者至而反。子墨子曰：『何故。』對曰：『與我言而不當，曰待女以千盆，授我五百盆，故去之也。』」畢改「盆」爲「益」，云：「古無『鎰』字，只作『益』，或作『溢』。」念孫案：古「鎰」字皆作「溢」，無作「益」者。《漢書·食貨志》「黃金以溢爲名」，孟康曰：「二十兩爲溢。」賈逵《國語》注云：「二十四兩。」念孫案：此言「千盆」、「五百盆」，皆謂粟，非謂金也。《荀子·富國篇》「今是土之生五穀也，人善治之，則畝數盆」，楊倞曰「蓋當時以盆爲量」，引《考工記》曰「盆實二鬴」，又引《墨子》曰「待女以千盆，授我五百盆」，則「盆」非「益」之譌也。《富國篇》又云「瓜桃棗李，一本數以盆、鼓」，鼓亦量名。

以戊己殺黃龍于中方

「且帝以甲乙殺青龍于東方，以丙丁殺赤龍於南方，以庚辛殺白龍于西方，以壬癸殺黑龍于北方」。畢於此下增「以戊己殺黃龍于中方」，云：「此句舊脱，据《太平御覽》增。《鱗介部一》」念孫案：畢增非也。原文本無此句，今刻本《御覽》有之者，後人不知古義而妄加之也。古人謂東西南北爲四方者，以其在四旁也。若中央爲四方之中，則不得言中方，一謬也；行者之所向，有東有西，有南有北，而中不與焉，二謬也。鈔本《御覽》及《容齋續筆》所引皆無此句。

公孟

身也

「是言有三物焉，子乃今知其一身也」。引之曰：「身」字義不可通，「身」當爲「耳」。隸書「身」字或作「耳」，見漢《荆州從事苑鎮碑》。與「耳」相似，故「耳」誤爲「身」。《管子·兵法篇》「教其耳以號令之數」，今本「耳」誤爲「身」。所謂「是言有三物」者，不扣則不鳴者一，雖不扣必鳴者二，而公孟子但云「不扣則不鳴」，是知其一而不知其二也，故曰「子乃今知其一耳」。今本「耳」誤爲「身」，「身」下又衍「也」字。

脱文十一 精

「且有二生於此，善筮，舊本「筮」誤作「星」，今據下文改。一行爲人筮者，一處而不出者。行爲人筮者，舊脱「一處」以下十一字，今據上下文義補。與處而不出者，其精孰多」。念孫案：「精」當爲

「糈」，字之誤也。《莊子·人閒世篇》「鼓筴播精」，釋文：「精，如字，一音所，字則當作糈。」是「糈」與「精」字形相似而易譌也。郭璞注《南山經》曰：「糈，先呂反，今江東音所。」《說文》：「糈，糧也。」言兩人皆善筮，而一行一處，其得米孰多也？《史記·貨殖傳》云「醫方諸食技術之人，焦神極能，爲重糈也」，是其證。

絳衣

「昔者楚莊王鮮冠組纓，絳衣博袍」。哀十四年《公羊傳》「反袂拭面，涕沾袍」，何注曰：「袍，衣前襟也。」引之曰：「絳」當爲「綘」，字之誤也。「綘」與「縫」同。《集韻》「縫」或省作「綘」。漢《丹陽太守郭旻碑》「彌綘袞□」，「綘」即「縫」字。字從夆，不從夅。縫衣，大衣也。字或作「逢」，又作「摓」。《洪範》「子孫其逢」，馬注曰：「逢，大也。」某氏傳以「子孫其逢吉」爲句，訓「逢」爲「遇」，皆非是。說見《經義述聞》。《儒行》「衣逢掖之衣」，鄭注曰：「逢，猶大也。大掖之衣，大袂禪衣也。」《莊子·盜跖篇》「摓衣淺帶」，向秀注曰：「儒服寬而長大。」見《列子·黄帝篇》釋文。釋文曰：「摓，本又作縫。」《荀子·非十二子篇》「其冠進，其衣逢」，《儒效篇》「逢衣淺帶，解果其冠」，楊倞注竝曰：「逢，大也。」《列子·黄帝篇》曰「女逢衣徒也」。「縫」、「綘」、「逢」、「摓」字異而義同。「綘衣」與「博袍」連文。綘、博皆大也。《淮南·齊俗篇》作「裾衣博袍」，高注曰：「裾，褒也。」褒，亦大也。

《氾論篇》又云「褒衣博帶」。

亦

「教人學而執有命，是猶命人葆此字未詳。而去亦冠也」。畢改「亦」爲「亓」，云：「『亓』即『其』字。」引之曰：古「其」字亦有作「亓」者，《玉篇》「亓，古文其」，是其證。今本《墨子》「其」作「亦」，則是「亓」之譌，非「亓」之譌也。後凡「亓」譌作「亦」者，放此。

無祥不祥

「公孟子謂子墨子曰：『有義不義，無祥不祥。』」畢改「無祥不祥」爲「有祥不祥」，云：「据下文改。」念孫案：畢改非也。公孟子之意，以爲壽夭貧富皆有命，而鬼神不能爲禍福，故曰「有義不義，無祥不祥」。墨子執非命之説，以爲鬼神實司禍福，義則降之祥，不義則降之不祥，故曰「有祥不祥」。「有祥不祥」乃墨子之説，非公孟子之説，不得據彼以改此也。

國治

「國亂則治之，國治則爲禮樂。舊本脱「國」字，據下文補。國治則從事，國富則爲禮樂」。念孫案：下「國治」當爲「國貧」。「治」與「亂」對，「富」與「貧」對。「國亂則治之」即上文所謂君子聽治也，「國貧則從事」，即上文所謂庶人從事也。《非儒篇》曰「庶人怠於從事則貧」，故曰「國貧則從事」。今本「貧」作「治」者，涉上文「國治」而誤。

戾虚

「是以身爲刑僇，國爲戾虚者，皆從此道也」。念孫案：「戾虚」當爲「虚戾」。《魯問篇》曰「是以國爲虚戾，身爲刑戮也」，《趙策》曰「齊爲虚戾」，又曰「社稷爲虚戾，先王不血食」。戾，猶厲也。《非命篇》曰「國爲虚厲，身在刑僇之中」，是「虚戾」即「虚厲」也。《小雅·節南山篇》「降此大戾」，《大雅·瞻卬篇》「戾」作「厲」。《小宛篇》「翰飛戾天」，《文選·西都賦》注引《韓詩》「戾」作「厲」。《孟子·滕文公篇》「樂歲粒米狼戾」，《鹽鐵論·未通篇》「狼戾」作「梁厲」。《莊子·人閒世篇》「國爲虚厲，身爲刑僇」，釋文：「李云：『居宅無人曰虚，死而無後爲厲。』」

此各

「儒固無此各四政者，而我言之，則是毁也」。念孫案：「此各」當爲「此若」。「若」亦「此」也。言儒無此四政也。下文曰「今儒固有此四政者」，是其證。今本「此若」作「此各」，則文義不順。《墨子》書多謂「此」爲「此若」。説見《魯問篇》。

後坐

「反，後坐，進復曰」。畢讀「反」爲一句，「後」爲一句，云：「請反而後後留之。」念孫案：畢説非也。「後」當爲「復」。「復」「後」字相似，故書傳中「復」字多譌作「後」。説見《史記・韓王信傳》。「反」爲一句，「復坐」爲一句，謂程子反而復坐也。今本「復」作「後」，則義不可通。「進復曰」者，「復」如《孟子》「有復於王者曰」之「復」，謂程子進而復於墨子也。

吾

「厚攻則厚吾，薄攻則薄吾」。引之曰：「吾」讀爲「利禦寇」之「禦」。「禦」古通作「吾」。《趙策》曰「王非戰國守吾之具，其將何以當之乎」，是其證。

云

「烏魚可謂愚矣，禹湯猶云因焉」。念孫案：「云」猶「或」也。言烏魚雖愚，禹湯猶或因之也。古者「云」與「或」同義。説見《釋詞》。

人哉

「先生以鬼神爲明知，舊本「神爲」二字倒轉，今乙正。能爲禍人哉福，爲善者富之，「富」與「福」同。爲暴者禍之。舊本脱「爲」字，今補。」念孫案：此當以「能爲禍福」連讀，不當有「人哉」二字。下文曰「先生以鬼神爲明，能爲禍福，爲善者賞之，舊本脱「爲」字，今補。爲不善者罰之」，是其證。今本「禍福」二字之閒衍「人哉」二字，則義不可通。

何遽

「雖子不得福，吾言何遽不善？而鬼神何遽不明」。念孫案：「遽」亦「何」也，連言「何遽」者，古人自有複語耳。説見《漢書·陸賈傳》。

脱文二

「百門而閉一門焉，則盜何遽無從入」。舊本脱「閉」字、「入」字，今據《魯問篇》及《太平御覽·疾病部一》引補。

魯問

非願無可爲者

畢云：「『非願』言非此之爲願。」念孫案：畢説非也。「願」當爲「顧」，字之誤也。「顧」、「願」草書相似。「顧」與「固」通，説見《釋詞》。「顧」上當有「此」字，言非此固無可爲者也，「此」字即指上數事而言。今本「顧」譌作「願」，又脱「此」字，則義不可通。

國太子

「昔者吴王北伐齊，取國太子以歸於吴」。念孫案：「國太子」本作「國子」，謂齊將國書也。吴敗齊於艾陵，獲國子，事見《春秋·哀十一年》。淺人誤以「國」爲「國家」之「國」，因加「太」字耳。

用是

「是以國爲虚戾，身爲刑戮，用是也」。念孫案：「用是」二字涉上文而衍，上文「是以國爲虚戾，身爲刑戮也」，無「用是」二字，是其證。

此若言

「此若言之謂也」。畢改「此若」爲「若此」。念孫案：畢改非也。古者謂此爲「若」，連言之則曰「此若」。「此若言之謂也」已見《尚賢篇》，又《節葬篇》曰「以此若三聖王者觀之」，又曰「以此若三國者觀之」，《墨子》書言「此若」者多矣，它書亦多有之。詳見《釋詞》「若」字下。

脱文二

「尚同而無下比，此文具見《尚同》三篇，舊本脱「同」字，今補。是以美善在上而怨讎在下，安樂在上而憂慼在臣。舊本脱「是」字，今據《尚賢篇》補。」

糶讐　費

「是猶欲糶，糶讐，則慍也，畢云：「售字正作讐。」豈不費哉」。念孫案：「糶」當爲「糴」，《廣雅》：「糴，買也。」「糶，賣也。」故云「是猶欲糴，糶讐，則慍也」。今本「糴」作「糶」，則義不可通。

「豈不費哉」，「費」讀爲「悖」，即上文之「豈不悖哉」也。《緇衣》「口費而煩」，鄭注曰：「費或爲悖。」案：作「悖」者正字，作「費」者借字也。說見《經義述聞》。

倒文四

「翟慮耕而食天下之人矣」。舊本「而食」二字在「天下」之下，今據下文乙正。

盛

「盛，句然後當一農之耕」。念孫案：「盛」與「成」同，下兩「盛」字放此。謂耕事已成也。古字或以「盛」爲「成」。說見《經義述聞·周易·說卦》。

脫文二

「國家務奪侵凌，即語之兼愛、非攻，故曰擇務而從事焉。」舊本脫「攻故」二字，今據上文及《非攻篇》補。

衍文二

「子墨子曰出曹公子而於宋，三年而反」。畢云：「『子墨子曰出』，未詳。」念孫案：此本作「子墨子出曹公子於宋」，猶上文言「子墨子游公尚過於越」也。今本衍「曰」字、「而」字，則義不可通。

脱文二

「短褐之衣，藜藿之羹」。舊本脱「藜」字、「之」字，今以意補。

脱文一　誤文一

「今而以夫子之教，家厚於始也」。念孫案：此言吾始而家貧，今而以夫子之教，家厚於始也。今本脱「今」字，「教」字又誤作「政」，則義不可通。

擢季

「夫鬼神豈唯擢季拑肺之爲欲哉」。畢云：「『擢季拑肺』四字有誤。」引之曰：「季」蓋「黍」字之謌。祭有黍有肺，故云「擢黍拑肺」。

執函

「昔者楚人與越人舟戰於江，楚人順流而進，迎流而退，見利而進，見不利則其退難。越人迎流而進，順流而退，見利而進，舊脱「而」字，今補。見不利則其退速。越人因此若執，句函敗楚人」。念孫案：「執」字、「函」字皆義不可通。「執」當爲「埶」，「埶」即今「勢」字。「此若勢」者，此勢也。「若」亦「此」也，古人自有複語耳。《墨子》書多謂「此」爲「此若」，説見上文。「函」當爲「亟」，俗書「函」字或作「凾」，與「亟」相似。讀「亟稱於水」之「亟」。亟，數也。言越人因此水勢，遂數敗楚人也。下文「楚人因此若執，函敗越人」同。

焉始

「公輸子自魯南游楚句焉始爲舟戰之器」。念孫案：「焉」字下屬爲句。焉，猶於是也，言於是始爲舟戰之器也。《月令》曰「天子焉始乘舟」，今本「焉」字在「天子」上，屬上句讀，乃後人不曉文義而妄改之。説見《釋詞》。《晉語》曰「焉始爲令」，《大荒西經》曰「開焉始得歌《九招》」，今本「始」字在「得」字下，亦後人所改。此皆古人以「焉始」二字連文之證，詳見《釋詞》。

脱文一

「公輸子削竹木以爲䧿，成而飛之，三日不下」。念孫案：此當作「削竹木以爲䧿，䧿成而飛之」，今本少一「䧿」字，則文不足義。《太平御覽·工藝部九》所引已與今本同，《初學記·果木部》《白帖》九十五竝多一「䧿」字。

劉

「子之爲䧿也，不如匠之爲車轄。舊本「匠」作「翟」，涉上下文「翟」字而誤。今據《太平御覽·工藝部九》引改。須臾劉三寸之木，而任五十石之重」。畢云：「『劉』，『鏤』字假音。」念孫案：畢説非也。「劉」當爲「斲」，《集韻》「斲」或作「斲」。《廣雅》曰：「斲，斫也。」今本《廣雅》譌作「劉」，俗書「斲」字作「斲」，故「斲」字亦作「劉」。形與「劉」相似，因譌爲「劉」。此言爲車轄者，斫三寸之木，而任五十石之重，非刻鏤之謂也。

公輸

子墨子聞之三句

「子墨子聞之，起於齊，行十日十夜而至於郢」。畢云：「『起於齊』，《吕氏春秋》云『自魯往』，是。《愛類篇》《文選注》引云：『墨子聞之，自魯往，裂裳裹足，十日至郢。』《廣絶交論》」念孫案：《世説新語·文學篇》注引此作「墨子聞之，自魯往，裂裳裹足，日夜不休，十日十夜而至於郢」。《文選注》所引從略，然亦有「自魯往，裂裳裹足」七字。《吕氏春秋·愛類篇》曰「墨子聞之，自魯往，裂裳裹足，日夜不休，十日十夜而至於郢」，正與《世説新語》注所引同，則其爲《墨子》原文無疑。《淮南·脩務篇》曰「墨子聞而悼之，自魯趨而往，十日十夜，足重繭而不休息，裂裳裹足至於郢」，文亦小異而大同。今本「自魯往」作「起於齊」，又無「裂裳裹足，日夜不休」八字，蓋後人删改之也。

必爲竊疾矣

念孫案：《尸子·止楚師篇》及《宋策》竝作「必爲有竊疾矣」，此脱「有」字，則文義不明。

《耕柱篇》亦曰「有竊疾也」。

狐貍

「宋所爲無雉兔狐貍者也」。畢云：「《太平御覽》引『狐貍』作『鮒魚』。」念孫案：作「鮒魚」是也。「無雉兔」對上文荆有「犀兕麋鹿」言之，「無鮒魚」對上文荆有「魚鼈黿鼉」言之。若「狐貍」，則與「魚鼈黿鼉」不相應，此後人不曉文義而改之也。《尸子》《戰國策》竝作「鮒魚」。

牒

「子墨子解帶爲城，以牒爲械」。畢依《太平御覽》改「牒」爲「褋」，《兵部六十七》引《説文》「南楚謂襌衣曰褋」，《玉篇》作「褋」。念孫案：襌衣不可以爲械，畢改非也。《史記·孟子荀卿傳》集解引此正作「牒」，索隱曰：「牒者，小木札也。」《説文》：「札，牒也。」《廣雅》曰：「牒，版也。」故可以爲械。《後漢書·張衡傳》注亦引作「牒」。

墨子弟五

備城門

容至

引之曰：「容」字義不可通，「容」當爲「客」。「客」、「容」字相似，又涉上文「容一人所」而誤。客至，謂敵人至城下也。下文曰「客馮面而蛾傳之」，即其證。

持水麻升草盆救之　傳火者必以布麻什革盆　二升　三十斤

畢云：「麻一升，草一盆也。」念孫案：草一盆，非救火所用，畢説非也。「升」當爲「斗」，隸書「斗」字作「𣁬」，因譌而爲「升」。後凡「斗」譌作「升」者，放此。「草盆」當爲「革盆」。《備穴篇》曰：「傳火者，必以布麻什、革盆。」案：「傳火」當爲「持水」，草書「持」、「傳」二字右畔相似，故「持」譌爲「傳」。「水」「火」亦字之譌。「什」亦當爲「斗」，隸書「斗」字作「𣁬」，與「什伍」之「什」相似，《説文·序》所云「人持十爲斗」也，後凡「斗」譌作「什」者，放此。即《備城門》所云「持水麻斗、革盆救之」也。然則「斗」與「革盆」皆所以持水明矣。「革盆」又見《備蛾傅篇》。又《備城門篇》「瓦石重二升以上」，「升」當爲「斤」。隸書「斤」字或作「斤」，因譌而爲「升」。後凡「斤」譌作「升」者，放此。又《備穴篇》「罌容三十斤以上」，「斤」當爲「斗」。隸書「斗」字或作「升」，因譌而爲「斤」，後凡「斗」譌作「斤」者，放此。「斗」、「什」、「升」、「斤」四字相似，故傳寫多譌。

潒弋

「二寸一潒弋，弋長二尺」。引之曰：「潒」當爲「涿」，字本作「椓」。《說文》：「椓，擊也。」《周南・兔罝》傳曰「丁丁，椓杙聲」是也。「杙」與「弋」同。通作「涿」，《周官・壺涿氏》注曰「涿，擊之」是也。「涿弋」又見下文。《史記・趙世家》「伐魏敗涿澤」，今本「涿」字亦誤作「潒」。凡經傳中從豖、丑玉反。從彖之字多相亂。說見《漢書・天文志》。

火

「城門上所鑿以救門火者，各一垂，水火三石以上」。念孫案：下「火」字義不可通，「火」當作「容」。下文言「容斗以上」、「容石以上」者多矣，則「火」爲「容」之壞字無疑。

脱文一

「二步一苔，廣九尺，袤十二尺」。念孫案：此當作「二步一苔，苔廣九尺」。上文「二步一渠，渠立程丈三尺」，與此文同一例。今本少一「苔」字，則文不足意，如淳注《漢書·鼂錯傳》引此重「苔」字。

衜

「以射衜及櫳樅」。畢云：「『衜』疑『衝』字，文未詳。」念孫案：「衝」，《説文》本作「衜」，今作「衜」者，即「衜」之譌。

脱文一

「有奚，奚蠡大容一斗」。念孫案：「有奚」下當有「蠡」字，下句「奚蠡」即承此而言。杜子春注《周官·鬯人》曰：「瓢，謂瓠蠡也。」「瓠蠡」、「奚蠡」，一聲之轉。

井屏

「五十步一井屏，周垣之高八尺」。畢斷「五十步一井」爲句，又云「屏」當爲「井」。念孫案：下文言「百步一井」，則此不得又言「五十步一井」，此當以「五十步一井屏」爲句。下文「周垣之高八尺」，謂井屏之垣，非謂井垣也。《旗職篇》云「其井爲屏，三十步而爲之圜，高丈」，是其證。《初學記·地部下》引此正作「五十步一井屏」。

立樓

「二百步一立樓」。畢改「立」爲「大」，云據《太平御覽》。念孫案：畢改非也。《初學記·居處部》、鈔本《御覽·居處部四》《玉海·宮室部》所引竝作「立樓」，刻本《御覽》譌作「大樓」，不足爲據。

夫

「城上七尺一渠，長丈五尺，（舊本脱「尺」字，據《襍守篇》補。）貍三尺，去堞五寸，夫長丈二尺」。畢云：「『夫』字未詳，疑即『扶』字，所以著手。」念孫案：畢説非也。「夫」當爲「矢」，隸書「矢」

字或作「夫」，見漢《泰山都尉孔宙碑》。又作「天」，見《成陽令唐扶頌》。竝與「夫」相似，故譌作「夫」。《襍守篇》「渠長丈五尺，其埋者三尺，矢長丈二尺」，其字正作「矢」。故知此篇諸「夫」字皆「矢」字之譌。後凡「矢」譌作「夫」者，放此。

也

「城上皆毋得有室，若也可依匿者」。畢改「也」爲「他」。念孫案：「他」古通作「也」，不煩改字。說見《史記・韓非傳》。

積藉

「城下州道内，畢云：「即周道。」百步一積藉，毋下三千石以上，善塗之」。引之曰：「積藉」不知何物，「藉」當爲「薪」。「薪」、「藉」字形相似，又涉上文兩「藉」字而誤也。積薪必善塗之者，所以防火也。上文云「五十步積薪，毋下三百石，善蒙塗，毋令外火能傷也」，與此文同一例，特彼以城上言之，此以城下言之耳。《襍守篇》亦曰：「塗積薪者，厚五寸已上。」

渠譫

「城上之備：渠譫、藉車」。畢云：「『渠譫』疑『渠荅』假音字。『譫』與『幨』同。《淮南子·氾論訓》云『渠幨以守』，高誘注云：『渠，壍也。「壍」，今作「塹」。一曰甲名，《國語》「奉文渠之甲」是也。幨幰，所以禦矢也。』」念孫案：「譫」非「荅」之假音字，「渠譫」與「渠荅」亦不同物，畢説非也。據高注前説，以「渠」爲「壍」，壍非幨類，不得與「幨」竝言之。後説以「渠」爲「甲」，引《吴語》「奉文渠之甲」，猶爲近之。今《吴語》作「奉文犀之渠」，韋注以「渠」爲「盾」，是也。盾與幨皆所以禦矢，故竝言之。「譫」蓋「襜」字之誤，《齊策》曰「百姓理襜蔽，舉衝櫓」，「襜蔽」即高注所云「幨幰」，所以禦矢也。故《廣雅》曰：「幨謂之幰。」「幨」與「襜」字異而義同。

五十步

「五十步一堞，下爲爵穴」。引之曰：下文云「五步一爵穴」，則此亦當云「五步一堞」，不當云「五十步」，「十」字蓋涉下文「五十步一積竈」而衍。

兩後字 辛字

「後使辛急爲壘壁，以蓋瓦後之」。引之曰：此當作「復使卒急爲壘壁，以蓋瓦復之」，「復之」即「覆之」，謂以蓋瓦覆壘壁也。今本兩「復」字皆譌作「後」，隸書「復」字作「復」，與「後」相似。「卒」字又譌作「辛」，隸書「卒」字或作「卒」，與「辛」相似。則義不可通。畢以「辛」爲「薪」字，失之。

高磨𢊁

「城四面四隅，皆爲高磨𢊁，使重室子居亓上候適」。「亓」，古「其」字。畢云：「『高磨𢊁』未詳。」引之曰：「磨」當爲「磿」，郎擊反。字書無「𢊁」字，「𢊁」當爲「㯕」，先雞反。字之譌。「磿」、「㯕」疊韻字，其音蓋如《說文》之「櫪㯕」，而義則不同。《説文》：「櫪㯕，柙指也。」「磿㯕」蓋樓之異名也。《號令篇》曰：「他門之上，必夾爲高樓，使善射者居焉。女郭、馮垣一人，一人守之。使重字子五十步一擊。」「重字子」即「重室子」之譌。二篇之意大略相同，彼之「高樓」即此之「高磿㯕」也。

函　選木　匝

「適人爲穴而來，我函使穴師選本，匝而穴之」。念孫案：「函」當爲「亟」。俗書「函」、「亟」相似，說見《魯問篇》。亟，急也。「選本」當爲「選士」。隸書「士」字或作「圡」，因譌而爲「本」。畢改「本」爲「木」，非。「匝」當爲「迎」。草書「迎」字作「[illegible]」，因譌而爲「匝」。言敵人爲穴而來，我急使穴師選善穴之士，鑿穴而迎之也。下文云「適人穴土，急壍城内，穴亣土直之」，又曰「審知穴之所在，鑿穴迎之」，今本「鑿穴」作「鑿内」，篆文「穴」字作「[illegible]」，因譌而爲「内」。皆其證也。又《號令篇》曰「凡守城者，以函傷敵爲上」，又曰「部吏函令人謁之大將」，又曰「卒民欲言事者，函爲傳言請之」，又曰「城圍罷，主函發使者往勞」。《襍守篇》曰「女子函走入」，又曰「寇近，函收諸雜鄉金器，若銅鐵及他可以左守事者」。以上諸「函」字，皆「亟」字之譌。

杵　蓋　凡

「民室杵木瓦石，可以蓋城之備者，盡上之」。引之曰：木瓦石皆可以作室，而杵非其類。「杵」當爲「材」，字之誤也。「材」本作「杆」，「杵」本作「杆」，二形相似。《號令篇》「民室材木」，即其證。「蓋城之備」四字，義不相屬。「蓋」當爲「益」，亦字之誤也。俗書「益」、「蓋」相似，說見《非命篇》。言民室之材木瓦石，可以益守城之備也。又《號令篇》「悉舉民室材木，凡若藺石數」。案：「凡」字義不可通，「凡」當爲「瓦」，亦字之誤也。隸書「瓦」字作「凡」，與「凡」相似。若，猶及也，與也。說見《釋詞》。謂民室之材木、瓦及藺石也。「藺石」又見《襍守篇》。《漢書・鼂錯傳》曰：「具藺石，布渠荅。」「材木」、「瓦」、「藺石」即《備城門篇》之「材木」、「瓦」、「石」。

也

「凡守圍城之法，厚以高，壕也深以廣」。畢云：「『也』字疑衍。」引之曰：「也」當爲「池」。「壕池深以廣」爲句，「其厚以高」上當有與「壕池」對文者，而今本脫之。

左葆宮中　得

「召三老左葆宮中者與計事，句得」。引之曰：「左」當爲「在」。《襍守篇》曰「父母昆弟妻子有在葆宮中者，乃得爲侍史」，是其證。「得」下有脫文，不可考。各本「得」下有「自爲之奈何」至「以謹」，凡二十四字，乃《備穴篇》之錯簡。說見六卷末。

此十四者具

此上有脱文，不可考。

本

「城下樓本，率一步一人」。念孫案：「樓本」當爲「樓卒」，謂守樓之卒也。隸書「卒」字或作「卆」，因譌而爲「本」。《淮南·詮言篇》「其作始簡者，其終卒必調」，《漢書·游俠傳》「卒發於睚眦」，今本「卒」字竝譌作「本」。《備高臨篇》「足以勞本，不足以害城」，「本」亦當爲「卒」。

守圉

「乃足以守圉」。念孫案：「守圉」二字義不可通，「圉」當爲「圉」，字之誤也。《齊策》「則是圉塞天下士而不利説途也」，《韓子·揚搉篇》「主將壅圉」，《淮南·詮言篇》「以圉强敵」，今本「圉」字竝誤作「圉」。「守圉」即「守禦」。《公輸篇》「子墨子守圉有餘」，《淮南·主術篇》「瘖者可使守圉」，《漢書·賈誼傳》「守圉扞敵之臣」，竝與「守禦」同。

千人

「廣五百步之隊，丈夫千人，丁女子二千人，老小千人，凡千人而足以應之」。畢云：「上三『千』字皆當作『十』，『凡千人』當云『凡四十人』。」引之曰：畢説非也。「丈夫千人，丁女子二千人，老小千人」，則下句當云「凡四千人」，不當改上三「千」字爲「十」，而云「凡四十人」也。上文「五十步丈夫十人，丁女子二十人，老小十人」，共四十人，此廣五百步，則人數不得與上文同矣。

智知

「令吏民皆智知之」。念孫案：此本作「令吏民皆智之」，「智」即「知」字也。《墨子》書「知」字多作「智」，説見《天志中篇》。今本作「智知之」者，後人旁記「知」字，而寫者因誤合之耳。

不可不審也

各本此下有「候望適人」至「穴土之攻敗矣」，凡三百四十五字，乃《備穴篇》之錯簡。説見六卷末。

斬艾與柴長尺

自此以下多言鑿穴之事，亦當移置於《備穴篇》，然未知截至何句爲止，今姑仍其舊。

迎穴爲連

引之曰：「連」下當有「版」字，而今本脱之。上文曰「連版以穴高下廣陜爲度」，是其證。

皆爲穴月屋　覆以月

「與柱交者穴二窯，皆爲穴月屋」。引之曰：「皆爲穴月屋」當作「皆爲穴門上瓦屋」，謂於穴門上爲瓦屋也。《備突篇》曰「突門各爲窯竈，竇入門四五尺，爲亣門上瓦屋」，是其證。隸書「瓦」字作「凡」，與「月」相似而誤，又脱「門上」二字，則義不可通。又下文「爲作水甬，深四尺，堅幕貍之。十尺一，覆以月而待」，「月」亦當爲「瓦」。上文曰「鑿坎覆以瓦」，是其證。畢改「月」爲「穴」，非也。

身井

「俟亣身井且通居版上而鑿其一偏」。念孫案：「身」者，「穿」之壞字也。隸書「身」字或作「□」，見漢《處士嚴發殘碑》。與「穿」字下半相似而誤。

苴

「五步一爵穴，大容苴」。引之曰：「苴」字義不可通，「苴」當爲「苣」，字之誤也。《說文》：「苣，束葦燒也。」此云「爵穴大容苣」，下云「内苣爵穴中」，二文上下相應，故知「苴」爲「苣」之譌。

自

「疏數自適爲之」。畢云：「言視敵而爲疏促。『自』，『視』字之誤。」引之曰：「自」蓋「因」字之誤，言因敵之多少而爲疏數也。隸書「因」字或作「□」，與「自」相似而誤。

筵陝

「城筵陝不可塹者，勿塹」。引之曰：「筵」字義不可通，「筵」當爲「筳」。《玉篇》：「筳，狹也。」亦作「筳」，與「筵」相似而誤。

入壇

「入壇苣長五節」。引之曰：「入壇」二字義不可通，「入壇」當爲「人擅」。「擅」讀曰「撣」，《說文》：「撣，提持也。徒旱切」古通作「擅」。凡字之從單者或從亶，若「癉」或作「癉」、「鱓」或作「鱣」、「墠」或作「壇」之類。「人擅苣」者，人持一苣也。《備水篇》曰「臨三十人，人擅弩」，又曰「三十人共船，亣二十人，人擅有方，畢改「方」爲「弓」。劍甲鞮瞀；十人，人擅苗今本脱一「人」字，畢云：「『苗』同『矛』。」」，是凡言「人擅」者，皆謂人人手持之也。「人」「入」、「擅」「壇」，字之誤。

三丈　下地至

「高地三丈，下地至」。引之曰：此本作「高地丈五尺，下地至泉三尺而止」，《備穴篇》曰「高地丈五尺，下地得泉三尺而止」，是其證。今本脱「下」字，辯見六卷末。今本「丈五尺」譌作

「三丈」，「至」下又脱「泉三尺」三字，則義不可通。

賊

「施賊亣中，上爲發梁，而機巧之」。引之曰：「賊」字義不可通，「賊」當爲「棧」。上文城上之備有「行棧」「行樓」，《説文》：「棧，棚也。」謂設棚於塹中，上爲發梁，而機巧之，以陷敵也。義見下文。

而出佻且比

引之曰：當作「而出佻戰且北」。北，敗也。「佻」與「挑」同。言出而挑戰，且佯敗以誘敵也。故下文曰「適人遂入，引機發梁，適人可禽」。《備穴篇》曰「穴中與適人遇，則皆圉而毋逐，且戰北，以須鑪火之然」。彼言「且戰北」，猶此言「佻戰且北」也。今本脱「戰」字，「北」字又譌作「比」，則義不可通。畢改「且」爲「旦」，而以佻旦爲佻達，大誤。

備高臨

羊黔

「薪土俱上，以爲羊黔」。畢云：「《褋守》作『羊坽』，未詳其器。」念孫案：《褋守》作「羊坽」，《集韻》：「坽，郎丁切，峻岸也。」非作「羊坽」也。「坽」與上下兩「城」字爲韻，則作「坽」者是。

羊黔者

「子問羊黔者，將之拙者也」。畢云：「『羊黔』下疑更有『羊黔』二字。」念孫案：當作「子問羊黔之守邪？羊黔者，將之拙者也」。《備梯篇》曰「問雲梯之守邪？雲梯者，重器也，亓動移甚難」，《備蛾傅篇》曰「子問蛾傅之守邪？蛾傅者，將之忿者也」，《褋守篇》曰「子問羊坽之守邪？今本脱「之」字。羊坽者，攻之拙者也」，皆與此文同一例。今本脱「之守邪羊黔」五字，則文義不明。

備矣

「然則羊黔之攻敗矣。備矣臨以連弩之車」。畢以「備矣」絶句，云：「『備』同『備』。」引之曰：畢説非也。「備矣」之「矣」即因上「敗矣」而衍，「備臨以連弩之車」當作一句讀。「備臨」，即備高臨也。《備蛾傅篇》「然則蛾傅之攻敗矣」，下云「備蛾傅爲縣脾」，猶此云「備臨以連弩之車也」。若以「備矣」爲句，則下句「臨以連弩之車」文不成義矣。

銅距

「銅距臂博尺四寸，厚七寸，長六尺」。念孫案：「銅距」當爲「鉤距」，字之誤也。《説文》：「軡，車軡上曲鉤也。」今本「鉤」誤作「銅」。「鉤距」見上文及《備穴篇》。

磨鹿

「以磨麃卷收」。畢云：「『磨』疑『麻』，『麃』乃『麤』字之譌。」引之曰：畢説非也。「磨麃」當爲「磿鹿」。磿，郎擊反。上文云「備臨以連弩之車」，則此謂車上之磿鹿，轉之以收繩者也，故曰「以磿鹿卷收」。磿鹿猶鹿盧，語之轉耳。《方言》曰：「維車，趙魏之閒謂之轣轆。」《廣雅》曰：「維車謂之磿鹿。」竝字異而義同。

備梯

樵

「以樵禽子」。畢云：「『樵』當爲『譙』。」引之曰：《方言》：「自關而西，秦晉之閒，凡言相責讓曰譙讓。」上文「子墨子甚哀之，乃管酒槐脯」云云，殊無譙讓之意。「樵」蓋「醮」之借字也。《士冠禮》注曰：「酌而無酬酢曰醮。」故上文言酒脯。

煙資

「敢問客衆而勇，煙資吾池」。念孫案：「煙」當爲「堙」。堙，塞也。《備穴篇》「救闉池者」，「闉」與「堙」同。引之曰：「資」疑當爲「填」。堙、填皆塞也。「堙」「煙」、「填」「資」亦皆字之誤。

闕文一

「子墨子曰：『問雲梯之邪？』」念孫案：此當作「問雲梯之守邪」。上文曰「敢問守道」，又曰「願遂問守道」。《備城門篇》曰「問穴土之守邪」，《備蛾傅篇》曰「子問蛾傅之守邪」，《襍守篇》曰「子問羊坽之守邪」，舊脱「之」字，今補。皆其證。今脱「守」字，則文不成義。

錢

「機、衝、錢、城，廣與隊等」。引之曰：「錢」字義不可通，當是「棧」字之誤。「衝」見《襍守篇》。《備城門篇》説城上之備有「行棧」，即此所謂棧也。「城」即「行城」，見上文。

沙炭

「城上繁下矢石沙炭以雨之」。引之曰：「炭」當爲「灰」，俗書「灰」字作「𡋯」，與「炭」相似而誤。「灰」見《備城門篇》。沙、灰皆細碎之物，炭則非其類矣。《襍守篇》亦誤作「炭」，《太平御覽·兵部五十五》引此正作「灰」。

脱文一

「城希裾門而直桀」。引之曰：「城」下當有「上」字。「希」與「睎」同，「直」與「置」同，「桀」與「楬」同。言城上之人望裾門而置楬也。《備蛾傅篇》作「城上希薄門而置楬」，是其證。舊本「榪」誤作「搗」，辯見《備蛾傅篇》。今本脱「上」字，則文不成義。

持鼓　撚火

「皆立而持鼓而撚火」。畢云：「《備蛾傅》云：『待鼓音而燃。』俗「然」字。『待』『持』、『燃』『撚』字相似，然此義較長，不必改从彼。《説文》云：『撚，執也。』」念孫案：此當依《備蛾傅篇》作「皆立而待鼓而然火」，謂燒門之人皆待鼓音而然火也。畢謂「持」、「撚」二字不必改，又訓「撚」爲「執」，皆非也。既執火，則不能又持鼓矣。

除火

「適人除火而復攻」。引之曰：「除」字義不可通，「除」當爲「辟」，辟與避同。言我然火以燒敵人，敵人避火而復攻城也。隸書「辟」字或作「辟」，見漢《益州大守高眹脩周公禮殿記》及《益州大守高頤碑》。與「除」相似而誤。《備蛾傅篇》正作「敵人辟火而復攻」。

賁士

「令賁士、主將皆聽城鼓之音而出」。引之曰：「賁」字義不可通，「賁」當爲「者」，字之誤也。

隸書「者」、「賁」二字相似，説見《天志篇》。「者」與「諸」同。秦《詛楚文》「者侯」即「諸侯」。《泰山刻石》「者産得宜」即「諸産得宜」。《大戴記・衛將軍文子篇》「道者孝悌」，《鹽鐵論・散不足篇》「者生無易由言」，《漢書・武五子傳》「其者寡人之不及與」，竝以「者」爲「諸」。上文已令死士出擊矣，故諸士及主將皆聽城鼓之音而出，即可勝敵也。《號令篇》有「諸人士」，又云「諸吏卒民」。

素

「因素出兵」。畢改「素」爲「數」，云據《備蛾傅》改。念孫案：鄭注《喪服》曰：「素，猶故也。」因素出兵，猶言照舊出兵耳。畢改「素」爲「數」，則義不可通。《備蛾傅篇》正作「素」，不作「數」也。

備水

鞮瞀

「人擅有擅與撣同，謂提持也。説見《備城門篇》。「有」字疑衍。方，畢改「方」爲「弓」。劍甲鞮瞀」。畢云：「《説文》云：『鞮，革履也。』『瞀』，『鍪』字假音，《説文》云：『鍑屬。』」引之曰：畢分鞮、鍪爲二物，非也。「鞮鍪」即兜鍪也。兜鍪，胄也。故與「甲」連文。《韓策》曰「甲盾鞮鍪」，《漢書·楊雄傳》「鞮鍪生蟣蝨，介胄被霑汗」，師古曰：「鞮鍪，即兜鍪也。」字亦作「鞮鞪」，《漢書·韓延壽傳》「被甲鞮鞪」，皆其證。

備突

輔

「寇即入，下輔而塞之」。畢云：「《後漢書》注引『輔』作『輪』。」《袁譚傳》念孫案：「輪」字是也。上文曰「吏主塞突門，用車兩輪」，是其證。

備穴

廣喪　表

「樓四植，植皆爲通舄，下高丈，上九尺，廣、喪各丈六尺」。念孫案：「喪」當爲「袤」，《廣雅》：「袤，長也。」又下文「鑿廣三尺，表二尺」，「表」亦當爲「袤」。

丈六尺　長丈　毋傑堞三尺

「渠長丈六尺，矢長丈，「矢」舊本譌作「夫」，辯見《備城門篇》。臂長六尺，亣貍者三尺，樹渠毋傑堞三尺」。引之曰：「渠長丈六尺」當作「渠長丈五尺，廣丈六尺」。《備城門篇》曰「渠長丈五尺」，《褋守篇》曰「渠長丈五尺，廣丈六尺」，皆其證。今本「長丈」下脱「五尺廣丈」四字，則失其制矣。「矢長丈」當作「矢長丈二尺」，《備城門篇》《褋守篇》竝作「矢長丈二尺」，是其證。今脱「二尺」二字，則失其制矣。「樹渠毋傑堞三尺」當作「樹渠毋傅堞五寸」，謂渠與堞相去五寸也。《備城門篇》曰「渠去堞五寸」，《褋守篇》曰「樹渠毋傅葉五寸」，「葉」與「堞」同。皆其證。今本「傅」作「傑」，涉下「堞」字而譌。「五寸」又譌作「三尺」，則失其制矣。畢改「毋」爲「毌」，讀與「貫」同，大誤。

界

「斬亣穴，深到界」。引之曰：「界」字文義不明，「界」當爲「泉」。《備城門篇》「下地，得泉三尺而止」，今本脱「下」字，辨見六卷末。是其證。隸書「泉」字或作「宀/尔」，見漢《郃陽令曹全碑》。「界」字作「𤰞」，見《衛尉卿衡方碑》。二形相似而誤。

備蛾傅

⿰氵缶程

「敢問適人强弱，遂以傅城，後上先斷，以爲⿰氵缶程」。畢云：「『⿰氵缶』字未詳。」念孫案：「⿰氵缶」者，「法」之誤耳。言敵人蛾附登城，後上者則斷之，斷，斬也。《號令篇》曰：「不從令者斷，擅出令者斷，失令者斷。」以此爲法程也。《吕氏春秋・慎行篇》曰「後世以爲法程」，《説苑・至公篇》曰「犯國法程」，《漢書・賈誼傳》曰「後可以爲萬世法程」。篆書「去」字作「⿱大凵」，「缶」字作「⿱午凵」，二形相似。隸書「去」字作「⿱土厶」，「缶」字作「⿱土凵」，亦相似，故從去、從缶之字，傳寫多誤。《管子・輕重甲篇》「三月解匋」，「匋」字作「⿹勹去」。漢《冀州從事張表碑》「復攸陶父」，「陶」字作「⿰阝⿹勹去」。此從缶之字而誤從去者也。亦有從去之字而誤從缶者。《説文》：「⿱鼓缶，鼓鼙聲。從鼓，缶聲。土盍切。」「⿱鼓缶」乃「⿱鼓去」字之誤。「⿱鼓去」從去聲而音土盍切，「⿸广去」從去聲而音口盍切，「怯」從去聲而音去劫切，「劫」從去聲而音居怯切，其義一也。《玉篇》「⿱鼓去」字亦誤作「⿱鼓缶」，後人又加「⿱鼓去」字，音七盍切，而不知「⿱鼓缶」即「⿱鼓去」之誤也。《廣韻》有「⿱鼓去」無「⿱鼓缶」，是其證矣。「法」之爲「⿰氵缶」，誤亦與「⿱鼓缶」同。

丈各

「荅廣從音「縱横」之「縱」。丈各二尺」。引之曰：「廣從丈各二尺」義不可通，「丈各」當爲「各丈」，言苔之廣從各丈二尺也。

燒傳湯

「燒傳湯，斬維而下之」。引之曰：「燒傳湯」三字，義不相屬，「燒」下當有「苔」字，而今本脱之。《備城門篇》「城上二步一苔」。上文兩言「燒苔」，是其證。

找

「找長五尺」。畢云：「『找』未詳。」引之曰：「找」當爲「杙」。《備城門篇》曰「杙閒六寸，剡其末」，此亦云「剡其末爲五行，行閒廣三尺」，故知「找」爲「杙」之譌。

搗

「城上希薄門而置搗」。引之曰：「搗」字義不可通，「搗」當爲「楬」，字之誤也。楬，杙也。希與睎同，望也。言望薄門而立杙也。《備梯篇》「置楬」作「直桀」。「置」「直」、「楬」「桀」竝通。《廣雅》：「楬，杙也。」《爾雅》：「雞棲於弋爲桀。」

墨子弟六

迎敵祠

請守　之氣

「巫、卜以請守，守獨智巫、卜望之氣請而已」。念孫案：「請」皆讀爲「情」，《墨子》書通以「請」爲「情」。此文當作「巫卜以請報守，守獨智與「知」同。巫卜望氣之請而已」。言巫卜以情報守，巫卜望氣之情唯守獨知之而已，勿令他人知也。《號令篇》曰「巫祝吏與望氣者必以善言告民，以請上報守，舊本「上」字倒在「報守」下，今乙正。守獨知其請而已」，是其證。舊本脱「報」字，「氣之」二字又誤倒，則義不可通。

旗職《墨子》書「旗識」字如此，舊本從俗作「幟」，篇内放此。

雩旗

「竟士爲雩旗。」畢云：「『竟士』猶云『彊士』。『雩』，『虎』字假音。」念孫案：「雩」即「虎」之譌，非其假音也。鈔本《北堂書鈔・武功部八》引此爲「虎旗」，上脱二字，陳禹謨本作「士爲黄旗」，此以意改之。而「虎」字則不誤。《通典・兵五》亦曰「須戰士鋭卒，舉熊虎旗」。隸書「虎」字或作「虒」，見漢《殽阬君神祠碑陰》。與「雩」字相似而誤。

金鐵

「金鐵有積，粟米有積」。念孫案：「金鐵」當爲「金錢」，字之誤也。金錢、粟米，皆守城之要物，故竝言之。若鐵則非其類矣。《號令篇》曰「粟米、錢金、布帛」，又曰「粟米、布帛、錢金」，《襍守篇》曰「粟米、布帛、金錢」，皆其證。《太平御覽・居處部二十》引此正作「金錢」。

輒部職如進數

「有大寇傅攻前池外廉，城上當隊鼓三，舉一職；到水中周，鼓四，舉二職；到藩，鼓五，舉三職；到馮垣，鼓六，舉四職；到女垣，鼓七，舉五職；到大城，鼓八，舉六職；乘大城半以上，鼓無休。夜以火，如此數。寇卻解，輒部職如進數，而無鼓」。引之曰：「部」讀爲「踣」，謂仆其識也。《周官・大司馬》「弊旗」，鄭注曰：「弊，仆也。」「仆」、「踣」、「部」，古字通。《吕氏春秋・行論篇》引《詩》曰「將欲踣之，必高舉之」，「踣」與「舉」正相反。故寇來則舉識，寇去則踣識也。如進數者，如寇進之識數而遞減之。識之數以六爲最多，故寇進則自一而遞加之，寇退則自六而遞減之也。畢以「部」爲「部署」，失之，又誤解「如進數」三字。

城上吏卒　脱五字

「城上吏卒置之背，卒於頭上，城下吏卒置之肩，在軍於左肩，中軍置之胷」。引之曰：「城上吏卒置之背」，「卒」字涉下文「吏卒」而衍。下文卒置於頭上，則不得又置之背也。「在軍於左肩」，惠氏《禮説》改「在」爲「左」。案：「左軍於左肩」下當有「右軍於右肩」五字，而今本脱之。又案：頭上也、肩也、背也、膂也，皆識之所置也。《説文》：「徽，識也。㠯絳帛箸於背。」張衡《東京賦》「戎士介而揚揮同「徽」。」，薛綜曰：「揮謂肩上絳幟。」皆其證。今不言識者，「城上吏」之上又有脱文耳。

當應鼓而不應不當應而應鼓

念孫案：此當作「當應鼓而不應鼓，不當應鼓而應鼓」，今本上下二句皆脱一「鼓」字。

鐵𢐀

「其井置鐵𢐀」。畢云：「《説文》云：『𢐀，弓曲也。』」引之曰：「弓曲」之義與「鐵」字不相屬，且井旁亦非置弓之處，竊謂「𢐀」乃「雍」字之譌。「雍」讀若「甕」，《大取篇》「其類在漏雍」，「雍」與「甕」同。《井》九二「甕敝漏」，《釋文》「甕」作「雍」。《北山經》「縣雍之山」，郭璞曰：「音汲甕。」《水經·晉水篇》作「縣甕」。《漢紀·孝成紀》「申徒狄蹈甕之河」，《漢書·鄒陽傳》「甕」作「雍」。《備城門篇》云「百步一井，井十甕」，故曰「其井置鐵甕」。

衍　衣章微

「城中吏卒民男女，皆衍異衣章微，令男女可知」。引之曰：「衍」字義不可通，「衍」當爲「辨」，「辨異」二字連文。《周官·小行人》曰「每國辨異之」。隸書「辨」字或作「辡」，見漢《李翕析里橋郙閣頌》。因譌而爲「衍」。左畔之「丰」譌而爲「彳」，右畔之「丰」譌而爲「亍」，中央之「刂」譌而爲「氵」。念孫案：「衣章微」當作「衣章微職」。《說文》：「微，識也。「識」，俗作「幟」。吕絳帛箸於背。」《墨子》書「微識」皆作「微職」。見《號令》《襍守》二篇。「章」亦微識之類也，故《齊策》云「變其徽章」。「徽」亦與「微」同。此言男女之衣章微識皆有別也，故曰「皆辨異衣章微職，令男女可知」。且此篇以《旗職》爲名，則當有「職」字明矣。今本「辨」譌作「衍」，「微」下又脱「職」字，故義不可通。

號令

心其旁

「門者及有守禁者皆無令無事者得稽留舊本「稽」下衍一「稽」字，今刪。心其旁」。畢云：「『心』當爲『必』。」引之曰：改「心」爲「必」，義仍不可通。「心」當爲「止」，言勿令無事者得稽留而止其旁也。隸書「止」「心」相似，故「止」譌爲「心」。

如今

「敵去邑百里以上，城將如今盡召五官及百長」云云。畢云：「『令』當爲『令』。」引之曰：畢説非也。如，猶乃也。古或謂「乃」爲「如」，説見《釋詞》。言敵人將至，城將乃今召五官百長而命之也。下文曰「輔將如今賜上卿丞」，與此文同一例，則「今」非「令」之譌。

官符

「以富人重室之親舍之官符」。引之曰：「符」當爲「府」，言舍富人重室之親於官府也。下文云「其有符傳者，善舍官府」，是其證。篇内言「官府」者多矣，若云「舍之官符」，則義不可通。此涉上下文諸「符」字而誤。

父老小　不舉

「里中父老小不舉守之事及會計者」。引之曰：「父老」下不當有「小」字，蓋涉下文「老小」

而衍。「舉」讀爲「吾不與祭」之「與」，「與」、「舉」古字通。說見《經義述聞·周官》「王舉則從」下。謂里中父老不與守城及會計之事者。

有分者

「吏從卒四人以上有分者，大將必與爲信符」。引之曰：「分」下當有「守」字，而今本脱之，則文義不明。分守，謂卒之分守者也。下文曰「男女老小先分守者，人賜錢千」，是其證。

三最

「令吏民無敢三最竝行」。引之曰：「最」當爲「冣」。「冣」與「聚」通。謂三人相聚，二人竝行也。《說文》「冣，才句切。積也」，徐鍇曰：「古以聚物之聚爲冣。」「冣」與「最」字相似，故諸書中「冣」字多譌作「最」。說見《漢書·馮唐傳》。

常司上之　松上

「爲人下者，常司上之，句隨而行，句松上不隨下」。畢云：「『司』即『同』字。」引之曰：「司」非「同」字，乃古「伺」字也。「之」讀爲「志」。《墨子》書或以「之」爲「志」字，見《天志》中下二篇。《史記·刺客傳》「趙國志士」，《趙策》「志」作「之」。言爲人下者，常伺察上人之志，隨之而行也。「松」讀爲「從」，《學記》「待其從容」，鄭注：「從，或爲松。」是其例也。言從上不隨下也。

之取

「非其分職而擅之取，若非其所當治而擅治爲之，斷」。引之曰：「擅之取」當爲「擅取之」，與「擅治爲之」對文，今「取之」二字倒轉，則文不成義。

去者之父母妻子

此下有脱文，不可考。

父母

「鄉長者、父老、豪傑之親戚父母、妻子」。又下文「及勇士父母親戚妻子」。引之曰：「父母」二字，皆後人所加也。古者謂父母爲親戚，說見《經義述聞·左傳》「親戚爲戮」下。故言「親戚」則不言「父母」。後人不達，故又加「父母」二字耳。篇内言「父母妻子」者多矣，皆不言「親戚」。下文有「親戚妻子」，則但言「親戚」而不言「父母」，是「親戚」即「父母」也。

時酒肉

「及勇士親戚妻子，皆時酒肉」。念孫案：「酒肉」上當有「賜」字，而今本脱之，則文義不明。下文曰「父母、妻子皆同其宫，賜衣食酒肉」，是其證。

無

「無與望氣妄爲不善言」。引之曰：「無」即上文「巫」字，因聲同而誤。

占悉　款

「民各自占家五種石斗數，《史記·平準書》「各以其物自占」，索隱引郭璞云：「占，自隱度也。謂各自隱度其財物多少，爲文簿送之於官也」。爲期，期盡匿不占，占悉，令吏卒款得，皆斷。」引之曰：「占悉」當作「占不悉」，「令吏卒款得」當作「令吏卒敳得」。「敳」與「覹」同，《説文》：「覹，司也。」「司」今作「伺」，「覹」字亦作「微」。上文曰：「守必謹微察。」《迎敵祠篇》曰：「謹微察之。」《史記·廉頗藺相如傳》曰：「趙使人微捕得李牧。」《漢書·游俠傳》「使人微知賊處」，師古曰：「微，伺問之也。」言使民各自占其家穀，而爲之期，若期盡而匿不占，或占之不盡，令吏卒伺察而得者，皆斬也。《史記·平準書》曰「各以其物自占，匿不自占，占不悉，戍邊一歲，没入縎錢」，即用《墨子》法也。今本脱「不」字，「敳」字又譌作「款」，則義不可通。

牧　主人券

「牧粟米、布帛、錢金，出内畜産，皆爲平直其賈，與主人券書之」。念孫案：「牧」字義不可通，「牧」當爲「收」，字之誤也。《備城門篇》「收諸盆罋」，《備高臨篇》「以磿鹿卷收」，今本「收」字竝譌作「牧」。《月令》「農有不收藏積聚者」，正義：「收，俗本作牧。」「收粟米」即承上文令民自占五種數而言，布帛、錢金則連類而及之耳。引之曰：「主人券」當作「主券人」，謂與主券之人，使書其價也。《襍守篇》曰「民獻粟米、布帛、金錢、牛馬、畜産，皆爲置平賈，與主券書之」，是其證。今本「券人」二字誤倒，則義不可通。

贖士　士候

「其不欲爲吏，而欲以受賜賞爵禄，若贖士親戚所知罪人者，以令許之」。引之曰：「贖士」二字義不可通，「士」當爲「出」，謂以財物贖出其親戚、所知罪人也。上文云「知識昆弟有罪而欲爲贖，若以粟米、錢金、布帛、他財物免出者，許之」，是其證。又下文「士候無過十里」，「士」亦當爲「出」，謂出候敵人無過十里也。下文曰「候者日暮出之」，是其證。隸書「出」「士」二字相似，故諸書中「出」字多譌作「士」。説見《經義述聞・大戴記》「稱以上士」下。

欲爲利　三石之侯

「其不欲受賞而欲爲利者，許之三石之侯」。念孫案：「利」當爲「吏」，上文云「不欲受賜而欲爲吏者」，即其證。「吏」、「利」俗讀相亂，故「吏」譌作「利」。引之曰：「三石之侯」當作「三百石之吏」。上文「候三發三信，許之二百石之吏」，此文「能入深至主國者，賞之倍他候」，見上文。故許之三百石之吏。上文云「有能捕告之者，封之以千家之邑，若非其左右及他伍捕告者，封之二千家之邑」，是其例也。今本「石」上脱「百」字，「吏」字又譌作「侯」，則義不可通。

衍二字

「其欲復以佐上者，其構賞、爵禄、罪人倍之」。引之曰：「罪人」二字與上下文不相屬，蓋衍文。

北至城者三表

念孫案：「北」字義不可通，「北」當爲「比」。比，及也。引之曰：「三表」當爲「五表」，説見後「垂」字下。

可□　平而迹

「人所往來者，令可□，迹者無下里三人，平而迹」。引之曰：此當作「人所往來者，令可以迹，句迹者無下里三人，平明而迹」。言人所往來之道，必令可以迹，《周官·迹人》注：「迹之言跡，知禽獸處。」《襍守篇》曰：「可以迹知往來者少多。」其迹者之數，無下里三人，至平明時而迹之也。《襍守篇》云「距阜山林皆令可以迹，平明而迹」，是其證。今本「可」下脱「以迹」二字，「平」下又脱「明」字，則義不可通。

少　無知可也

「令卒之少居門内，令其少多無知可也」。引之曰：此當作「令卒之半居門内，令其少多無可知也。」言令其卒半在門外，半在門内，不令人知我卒之多少也。《襍守篇》云「卒半在内，令多少無可知」，是其證。上文云「慎無令民知吾粟米多少」，意與此同。今本「半」作「少」者，涉下句「少多」而誤，「可知」又誤作「知可」，則義不可通。

垂　捶

「望見寇，舉一垂；舊本脱「見寇」二字，《襍守篇》「望見寇，舉一烽；入竟，舉二烽」，今據補。入竟，舉二垂；狎郭，舉三垂；入郭，舉四垂；舊本脱「郭」字，今據上文補。狎城，舉五垂。夜以火，皆如此」。引之曰：「垂」字義不可通，「垂」當爲「表」。上文言候者各立其表，則此所舉者皆表也。又此文曰「望見寇，舉一垂；入竟，舉二垂；狎郭，舉三垂；入郭，舉四垂；狎城，舉五垂」，即上文所謂「比至城者五表」也，今本「五」譌作「三」，與此文不合。則「垂」字明是「表」字之譌。隸書「表」字作「表」，「𠂹」字或作「垂」，見漢《魯相韓勑造孔廟禮器碑》。二形略相似，故「表」譌作「垂」。《通典·兵五》曰：「城上立四表，以爲候視，若敵去城五六十步，即舉一表；橦梯逼城，舉二表；敵若登梯，舉三表；欲攀女牆，舉四表。夜即舉火如表。」此「舉表」二字之明證也。又案：《襍守篇》「守表者三人，更音「庚」。立捶表而望」，當作「更立表而望」，蓋一本誤作「垂」，一本正作「表」，而校書者誤合之，淺人不知「垂」爲「表」之誤，又妄加手旁耳。

外空井　外空窒

「外空井盡窒之，無令可得汲也。舊本脱「令」字。案下文曰「無令客得而用之」，《襍守篇》曰「無令寇得用之」，今據補。外空窒盡發之，木盡伐之」。引之曰：「外空井」當作外宅井，謂城外人家之井也。恐寇取水，故塞之。故下文云「無令可得汲也」。《襍守篇》云「外宅溝井可窴塞」，是其證。「外宅」二字，《襍守篇》屢見。若空井，則無庸塞矣。「外空窒」當作「外宅室」，謂城外人家之室也。發室伐木，皆恐寇得其材而用之也，故下文云「無令客得而用之」。《襍守篇》云「寇薄，句發屋伐木」，是其證。今本「外宅」作「外空」，誤與上文同。「室」之作「窒」，則又涉上文「盡窒之」而誤。

枚木　既燒之

「當遂枚木，「遂」與「隧」同，道也。不能盡内，與「納」同。既燒之，無令客得而用之」。引之曰：「枚木」文不成義，「枚」當爲「材」。「既燒之」當爲「即燒之」。言當道之材木不能盡納城中者，即燒之，無令寇得用之也。《襍守篇》云「材木不能盡入者，燔之，無令寇得用之」，是其證。今本「材」作「枚」，涉上文「枚數」而誤。「即」字又誤作「既」，則義不可通。

伐之服罪

「凡有司不使去此字有誤。卒、吏民聞誓令，伐之服罪」。引之曰：「伐」字義不可通，「伐」當爲「代」。卒吏民不聽誓令者，其罪斬。若有司不使之聞誓令，則當代之服罪矣。

脱文一

「門下謁者一長」。引之曰：「長」下當有「者」字，而今本脱之。下文曰「吏中涓一長者」，是其證。

參食　劒驗

「札書得，必謹案視參食者」。念孫案：「參食」當爲「參驗」。《襍守篇》曰「吏所解皆札書今本「札」譌作「禮」，辯見《襍守篇》。藏之，以須告之，至以參驗之」，是其證。此「驗」譌爲「僉」，又譌爲「食」耳。又《襍守篇》「守節出入，使主節必疏書署其情，令若其事，而須其還報以劒驗之」。「劒驗」亦當爲「參驗」，謂參驗其事情也。此「參」譌爲「僉」，隸書「參」或作「叅」，「僉」或作「㑒」，二形相似而誤。又譌爲「劒」耳。

襍守

少

「多執數少，卒乃不殆」。念孫案：「多執數少」義不可通，「少」當爲「賞」。「賞」字脱去大半，僅存「小」字，因譌而爲「少」。言我之卒能多執敵人者，數賞之，則卒乃不怠也。「怠」、「殆」古字通，説見《經義述聞·大戴記》「殆教」下。下文正作「多執數賞，卒乃不怠」。

椁

「則以木椁之」。引之曰：「椁」字義不可通，「椁」當爲「椁」，字之誤也。《説文》：「朾，撞也。」朾，宅耕反。《廣雅》曰：「椁，撞刺也。」「椁」與「朾」同，謂以木撞其堙、衝、梯、臨也。見上文。

賞審行罰

念孫案：當爲「審賞行罰」，今本「審賞」二字倒轉，則文義不順。《備梯篇》正作「審賞行罰」。

恚瘂

「恚瘂高憒，民心百倍」。畢云：「《説文》云：『恚，恨也。』『恿，古文勇。』則字當作『恿』。」引之曰：畢以「瘂」爲「恿」之誤，是也。「恚」當爲「恙」，字之誤也。「恙」與「養」古字通。說見《經義述聞·兑》「爲恙」下。「憒」與「奮」同。上文云「養勇高奮，民心百倍」，是其明證也。

兄弟知

「葆者或欲從兄弟知者，許之」。引之曰：「知」下當有「識」字，而今本脱之，則文義不完。《號令篇》曰「其有知識、兄弟欲見之」，是其證。

寇至隨葉去

「候無過五十，寇至隨葉去」。畢改「葉」爲「棄」。引之曰：畢改非也。此當作「寇至葉「葉」與「堞」同，上文「樹渠無傅葉五寸」，亦以「葉」爲「堞」。隨去之」，言候無過五十人，及寇至堞時，即去之也。《號令篇》曰「遣卒候者無過五十人，客至堞，去之」，是其證。今本「去」下脱「之」字，又升「隨」字於「葉」字上，則義不可通。

望見寇以下十句

「望見寇，舉一烽；入境，舉二烽；射妻，舉三烽一藍；郭會，舉四烽二藍；城會，舉五烽五藍」。引之曰：「藍」字義不可通，蓋「鼓」字之誤。「鼓」字篆文作「[illegible]」，上「屮」誤爲「廿」，中「[illegible]」誤爲「臥」，下「ㅍ」誤爲「血」，遂合而爲「藍」字。此文當云：「望見寇，舉一烽一鼓；入境，舉二烽二鼓；射妻，二字有誤。舉三烽三鼓；郭會，舉四烽四鼓；城會，舉五烽五鼓。」上文曰「烽火以「已」同。舉，輒五鼓傳」，正與此舉五烽五鼓相應。《史記·周本紀》「幽王爲熢燧大鼓，有寇至則舉熢火」，是有烽即有鼓也。今本「舉一烽」、「舉二烽」下脱「一鼓」、「二鼓」四字。「舉三烽三鼓」、「舉四烽四鼓」，「鼓」字既皆誤作「藍」，而上句「三」字又誤作「二」，下句「四」字誤作「二」。唯下文「舉五烽五藍」，「藍」字雖誤而兩「五」字不誤，猶足見烽鼓相應之數，而自「一烽一鼓」以至「五烽五鼓」皆可次第而正之矣。下文曰「夜以火如此數」，正謂如五烽五鼓之數，《號令篇》「夜以火皆如此」，亦謂如五表之數。則「藍」爲「鼓」字之誤甚明。畢以「藍郭」二字連讀，又謂「藍」、「藺」聲相近，而以爲「蹂躙」字，大誤。

無迹　下城之應

「平明而迹，「迹」字解見《號令篇》。無迹，各立其表，下城之應」。引之曰：此本作「平明而迹，迹者無下里三人，各立其表，城上應之」。言迹者之數，每里無下三人，各立其表，而城上應之也。《號令篇》云「迹者無下里三人，平明而迹，各立其表，城上應之」是其證。今本「迹者無下里三人」七字，祇存「無迹」二字，「城上應之」又譌作「下城之應」，則義不可通。

到傳到城正

引之曰：上「到」字當爲「鼓」，「正」當爲「止」。「鼓傳到城止」，見下文。上文又曰「烽火以舉，輒五鼓傳」。

水廉

「池水廉」。念孫案：「水廉」當爲「外廉」。鄭注《鄉飲酒禮》曰：「側邊曰廉。」池外廉，謂池之外邊近敵者也。下文曰「前外廉三行」，《旗職篇》曰「大寇傳攻前池外廉」，皆其證。隸書「外」字或作「𡰿」，見漢《司隸校尉魯峻碑》。與「水」相似而譌。《史記·秦本紀》「與韓襄王會臨晉外」，正義：「外字一作水。」

歲不爲

「令民家有三年畜蔬食，以備湛旱歲不爲」。畢以「歲」字絕句，「不爲」屬下讀。念孫案：「不爲」二字與下文義不相屬，當以「歲不爲」連讀。「湛旱」，水旱也。《論衡・明雩篇》「日久雨爲湛」。言令民多畜蔬食，以備水旱歲不爲也。《晉語》注曰：「爲，成也。」《廣雅》同。「歲不爲」，猶《玉藻》言「年不順成也」。《賈子・孽產子篇》曰「歲適不爲」，是其證。古謂五穀不成曰不爲，説見《漢書・食貨志》。

烏彘

「寇至，先殺牛、羊、雞、狗、烏、鴈，收其皮革、筋、角、脂、葪、此字未詳。羽、彘」。畢云：「《説文》云：『鴈，鵝也。』此與鴻鴈異。」念孫案：畢説是也。「烏」非家畜，不得與「牛」、「羊」、「雞」、「狗」、「鵝」竝言之。「烏」當爲「鳧」，此鳧謂鴨也，亦非「弋鳧與鴈」之「鳧」。《廣雅》：「鳧、鶩，鴄也。」「鴄」與「鴨」同。《晏子春秋・外篇》「君之鳧鴈食以菽粟」是也。故曰「殺牛羊雞狗鳧鴈」。引之曰：「彘」與「皮革」、「筋」、「角」、「脂」、「羽」竝言之，亦爲不倫。

「兘」字當在上文「牛、羊、雞、狗」之閒。《迎敵祠篇》亦云「狗、兘、豚、雞」。

步界　脱文一

「吏各舉其步界中財物可以左守備者，「左」與「佐」同。上」。引之曰：「步界」二字義不可通，「步」當爲「部」。吏各有部，部各有界，故曰「部界」。《號令篇》云「因城中里爲八部，部一吏」，又云「諸吏卒民非其部界而擅入」，皆其證也。俗讀部、步聲相亂，故「部」譌作「步」。「上」下當有「之」字，「上之」謂上其財物也。《備城門篇》云「民室材木瓦石可以益城之備者，盡上之」，與此文同一例。今本脱「之」字，則文義不明。

禮書

「吏所解皆禮書藏之，以須告之至以參驗之」。引之曰：「禮書」當爲「札書」，古「禮」字作「礼」，與「札」相似，「札」譌爲「礼」，後人因改爲「禮」耳。《莊子・人閒世篇》「名也者，相札也」，崔譔曰：「札，或作禮。」《淮南・説林篇》「烏力勝日，而服於鵻札」，今本「札」譌作「禮」。「札書」見《號令篇》。

錯簡六條

《尚賢下篇》：「是故昔者堯有舜，舜有禹，禹有皋陶，湯有小臣，武王有閎夭、泰顛、南宮括、散宜生而天下和，庶民阜。是以近者安之，遠者歸之。日月之所照，舟車之所及，雨露之所漸，粒食之所養，自「而天下和」至此，凡三十七字，舊本誤入下文「國家百姓之利」之下，今移置於此。得此莫不勸譽。且今天下之王公大人士君子，中實將欲爲仁義，求爲上士，上欲中聖王之道，下欲中國家百姓之利，自「得此莫不勸譽」至此，凡四十五字，舊本誤入上文「而天下和」之上，今移置於此。「得此莫不勸譽」，舊本脱「莫」字，今補。「求爲上士」，舊本脱「上」字，今據各篇補。故尚賢之爲説，而不可不察此者也。」

《尚同中篇》：「其爲正長若此，是故上者天鬼有厚乎其爲政長也，下者萬民有便利乎其爲政長也。天鬼之所深厚，而能彊從事焉，則自「上者天鬼」以下至此，凡三十八字，舊本誤入下文「入守固」之下，今移置於此。「而能彊從事焉」，舊本脱「能」字，今據下文補。天鬼之福可得也。萬民之所便利，而能彊從事焉，則萬民之親可得也。其爲政若此，是以謀事得，舉事成，入守固，出誅勝者，何故之以也？曰：唯以尚同爲政者也。故古者聖王之爲政若此。今天下之人曰：方今之時，自「出誅勝」以下至此凡三十八字，舊本誤入上文「上者天鬼」之上，今移置於此。天下之正長猶未廢乎天下也，而天下之所以亂者，何故之以也？」

《兼愛中篇》：「是故諸侯相愛則不野戰，家主相愛則不相篡，人與人相愛則不相賊，君臣相愛則惠忠，父子相愛則慈孝，兄弟相愛則和調。天下之人皆相愛，强不執弱，衆不劫寡，富不侮貧，自「君臣相愛」以下至此，凡四十字，舊本誤入下文「今大下之士」之下，今移置於此。貴不敖賤，詐不欺愚。凡天下禍篡怨恨可使毋起者，以相愛生也，是以仁者譽之。然而今天下之士自「貴不敖賤」以下至此，凡三十八字，舊本誤入上文「君臣相愛」之上，今移置於此。「凡天下禍篡怨恨，可使毋起者，以相愛生也，是以仁者譽之」，舊本脱去「以相愛生也是」六字，案上文云「凡天下禍篡怨恨，其所以起者，以不相愛生也，是以仁者非之」，今據補。君子曰：「然而今天下之士君子曰」爲一句，舊本「君子曰」作「子墨子曰」，此因與下文「子墨子言曰」相涉而誤。下文云「然而今天下之士君子曰」，今據改。然，乃若兼則善矣。雖然，天下之難物於故也。」

《非樂上篇》：「今王公大人雖無造爲樂器，以爲事乎國家，「雖」與「唯」同，説見《釋詞》。無，語詞也。説見《尚賢中篇》。非直掊潦水、折壤坦而爲之也，句意未詳。將必厚措斂乎萬民，以爲大鍾鳴鼓、琴瑟竽笙之聲。古者聖王亦嘗厚措斂乎萬民，以爲舟車，既已成矣。曰：吾將惡許用之？許，所也。説見《釋詞》。曰：舟用之水，車用之陸，君子息其足焉，小人休其肩背焉。故萬民出財齎而予之，不敢以爲慼恨者，何也？以其反中民之利也。然則樂器反中民之利亦若此，即我弗敢非也。然則當用樂器譬之若聖王之爲舟車也，即我弗敢非也。」案此文兩言「然則」，兩言「即我弗敢非也」，皆上下相應。舊本「譬」之以下十六字誤入上文「竽笙之聲」之下，今移置於此。《非命中篇》：「初之列士桀大夫，慎言知行，此上有以規諫其君長，下有以教順其百姓，故上得其君長之賞，下得其百姓之譽。列士桀大夫聲聞不廢，傳流至今，而天下皆曰其力也，必不能曰我見命焉。是故昔者三代之暴王，不繆其耳目之淫，不慎其心志之辟，外之歐騁田獵畢弋，内沈於酒樂，而自「必不能曰」以下至此，凡四十五字，舊本誤入下文「身在刑僇之中」之下，今移置於此。不顧其國家百姓之政。繁爲無用，暴逆百姓，使下不親其上，是故國爲虛厲，身在刑僇之中，自「不顧其國家」以下至此，凡三十五字，舊本誤入上文「必不能曰」之上，今移置於此。舊本「不顧」上又衍「一」字，今據下篇删。不曰：我罷不肖，我爲刑政不善。必曰：我命故且亡。」《備穴篇》：「禽子再拜再拜曰：敢問適人有善攻者，舊本「適」作「古」，「古」乃「適」之壞字，今改正。穴土而入，縛柱施火，以壞吾城，城壞，或中人爲之奈何？子墨子曰：問穴土之守邪？備穴者，城内爲高樓，以謹引之曰：自「爲之奈何」至「以謹」，凡二十四字，舊本誤入《備城門篇》，今移置於此。候望適人。適人爲變，築垣聚土非常者，若彭有水濁非常者，若，猶與也。說見《釋詞》。「彭」與「旁」通。此穴土也，急壍城内，穴亣土直之。穿井城内，五步一井，傅城足，高地，丈五尺，地得泉三尺而止。引之曰：當作「下地，得泉三尺而止」。「下地」與「高地」對文，今本脱「下」字。令陶者爲罌，容四十斗以上，固順之，以薄輅革置井中，使聰耳者伏罌而聽之，審知穴之所在，鑿穴迎之。舊本「穴」譌作「内」，辨見《備城門篇》。令陶者爲月明，畢云月明未詳。引之曰：「月明」當爲「瓦罌」。《備城門篇》「瓦木罌容十升以上」，是其證。隸書「瓦」字作「凡」，與「月」相似而誤。「明」者，「罌」之壞字耳。長二尺五寸，六圍，「六圍」上當有「大」字，《備城門篇》「木大二圍」，即其證。中判之，合而施之穴中，偃一，覆一。柱之外，善周塗亓傅柱者，勿燒。柱者勿燒。畢云：「四字衍。」柱善塗亓竇際，勿令泄。兩旁皆如此，與穴俱前。下迫地，置康若疾其中，勿滿。疾康長五竇，左右俱雜相如也。兩「疾」字畢皆改爲「矢」。引之曰：畢改非也。「疾」乃「灰」之誤，非「矢」之誤。《備城門篇》「爨灰康粃」，即其證。康、灰皆細碎之物，故同置於穴中，矢則非其類矣。「灰」俗作「灰」，「疾」本作「疾」，二形相似，又涉下文「疾鼓橐」而誤耳。穴内口爲竈，令如窯，令容七八員艾，左右竇皆如此，竈用四橐。穴且遇，以頡皋衝之，疾鼓橐熏之，必令明習橐事者勿令離竈口。連版以穴高下廣陝爲度，令穴者與版俱前，鑿亓版，令容矛，參分亓疏數，令可以救竇。穴則遇，以版當之，以矛救竇，勿令塞竇。竇則塞，引版而郤，遇一竇而塞之，鑿亓竇，通亓煙，煙通疾，鼓橐以熏之。徒穴内聽穴之左右，畢改「徒」爲「徙」。引之曰：畢改非也。敵人穴土而來，我於城内鑿穴而迎之，此本無他穴可徙，不得言徙穴也。「徒」當爲「從」，謂從穴内聽之也。隸書「從」字作「従」，與「徒」相似而誤。《漢書・王莽傳》「司恭、司從、司明、司聰」，今本「從」譌作「徒」。急絕亓前，勿令得行。若集客穴，塞之以柴塗，令無可燒版也。然則穴土之攻敗矣。」引之曰：自

「候望適人」至「穴土之攻敗矣」，凡三百四十五字，舊本亦誤入《備城門篇》，今移置於此。「以謹候望適人」六字，文義緊相承接，不可分屬他篇。且上文曰「備穴者城内爲高樓」，下文曰「然則穴土之攻敗矣」，則爲《備穴篇》之文甚明。